KB186734

들이 좋다

힘이 정의다

2015년 10월 20일 1판 1쇄 발행
2015년 11월 30일 1판 2쇄 발행

지은이 ㅣ 래그나 레드비어드
옮긴이 ㅣ 성귀수
펴낸이 ㅣ 양승윤

펴낸곳 ㅣ (주)영림카디널
　　　　서울특별시 강남구 강남대로 354 혜천빌딩
　　　　(전화) 555-3200 (팩스) 552-0436

출판등록 1987. 12. 8. 제16-117호
http://www.ylc21.co.kr

값 15,000원

ISBN 978-89-8401-201-1　03100

「이 도서의 국립중앙도서관 출판예정도서목록(CIP)은 서지정보유통지원시스템
홈페이지(http://seoji.nl.go.kr)와 국가자료공동목록시스템(http://www.nl.go.kr/kolisnet)에서
이용하실 수 있습니다.(CIP제어번호: CIP2015025655)」

힘이 정의다

래그나 레드비어드 지음 | 성귀수 옮김

영림카디널

■ 일러두기

• 《Might is right(힘이 정의다)》는 1890년에 처음 타자본으로 유통되다가 1896년
  에 정식으로 출판되었다. 이후 2015년까지 출판사를 바꿔가며 20여 차례 재판
  이 거듭되었다. 이 책은 2005년 Dil Pickle Press에서 출판된 판본을 저본으로
  삼아 번역했다.

• 원서의 주석은 (원주)로 표시했으며 나머지 주석은 모두 옮긴이의 것이다.

"용기가 있다면, 읽어 보라(Read it if you dare)!"

지난 125년(1890~2014)에 걸쳐 격렬한 논란 속에서도 20판(版) 이상 거듭 출간되어온 이 '전설적인' 문헌을 읽고, 21세기 어느 독자가 남긴 서평의 마지막 구절이다.

놀랍게도, 한때 책의 저자가 프리드리히 니체일 거라는 설이 있었다고 한다. 그런가 하면 1966년 '사탄의 교회(The Church of Satan)'를 창설한 안톤 산도르 라베이(Anton Szandor LaVey. 1930~1997)는 소설가이자 열렬한 사회주의자 잭 런던(Jack London. 1876~1916)이야말로 이 책의 저자라고 주장했다.[1] 나아가 뉴질랜드 출신 시인이자 무정부주의자 아서 데즈먼드(Arthur Desmond. 1859~1929)가 진짜 저자일 거라는 추정은 꽤 광범위하게 퍼져있던 설이기도 하다. 독특하면서도 현란하기 이를 데 없는 문체와 과격함을 넘어 섬뜩하기까지 한 내용을 근거로 제기되어온 이런 주장들은 그러나 모두 사실이 아닌 것으로 판명된 상태다.[2]

---

1) 라베이는 '사탄의 교회'를 위한 일종의 경전으로 저 유명한 《사탄의 바이블(The Satanic Bible)》(1969)을 펴냈는데, 그 내용 대부분이 지금 이 책의 완벽한 표절임은 널리 알려진 사실이다. 그밖에도 대표적인 악마주의 뮤지션 보이드 라이스(Boyd Rice)를 비롯한 수많은 블랙메탈(Black Metal) 그룹들, 언더그라운드 예술집단에서 이 문헌은 막대한 영향력을 행사하고 있다.

래그나 레드비어드(Ragnar Redbeard). 그 이름 뒤에 숨겨진 저자의 정체는 오늘날까지 베일에 철저히 가려져 있다. 역동적인 느낌에 카리스마 넘치는 래그나 레드비어드라는 이름은 결국 누군가의 필명인 셈. 다만, 스스로 오딘 신의 후손이라 칭하며 프랑스와 영국을 공포에 몰아넣은 전설의 바이킹 영웅 라그나르 로드브로크(Ragnar Lodbrok, 8~9세기)와 신성로마제국 황제로서 글자 그대로 '붉은 수염(red beard)'을 자랑한 프리드리히 1세 '바르바로사(Barbarossa)'(1123~1190)로부터 각각 이름을 따왔다는 사실만으로도 저자의 문화적 배경과 성향을 짐작하기는 그리 어렵지 않다. 때로는 포효하듯 때로는 냉소하듯 쏟아내는 이 책의 온갖 독설과 역설을 일일이 들추지 않고서도 우선 분명한 것은, 저자가 성서를 포함한 각종 문헌을 자유자재로 인용할 만큼 해박한 지식을 갖추었으며 당장이라도 지면(紙面)을 찢어발길 것처럼 용트림하는 필력까지 겸비했다는 사실이다.

'Might is Right.' '힘이 정의(正義)다'(또는 '힘은 옳다')로 옮길 수 있는 이 책의 제목은 이미 유명한 경구로 일반화될 정도의 보편적 진실을 담고 있다.[3] 1905년 11월 12일자 〈시카고 트리뷴(Chicago Tribune)〉 지에 실

---

2) 니체의 경우는 무엇보다 언어상의 괴리(이 책의 저자는 독일어를, 니체는 영어를 모른다는 점)가 문제이고, 잭 런던의 경우는 시기상의 괴리(책이 출간된 시점에 잭 런던은 겨우 14살인 점), 아서 데즈먼드의 경우는 책의 내용상 괴리(마르크스주의자로서 그의 화려한 경력이 책의 논조와 상반된다는 점)가 추정의 신빙성을 떨어뜨리는 결정적 요인으로 작용한다. 그밖에도 풍자작가 앰브로즈 비어스라든가, 제1차 세계대전에 참전했다가 전사한 어느 군인이 실제 저자라는 등, 근거가 희박한 주장들이 여럿 제기되어왔다.

3) 플라톤의 《국가》에 "힘이 정의를 만든다(Might makes Right)"는 구절이 나온다. 에이브러햄 링컨은 대통령이 되기 전인 1860년 2월 27일 연설에서 이 구절을 뒤집어 "정의가 힘을 만든다(Right makes Might)"는 말을 한 것으로 유명하다.

6

린 광고 문안은 당대에 어떤 의미와 위상으로 책이 받아들여졌는지를 가늠케 해준다는 점에서, 다소 장황하지만 살펴볼 가치가 충분하다.

이 책은 지금으로부터 약 15년 전 런던과 베를린에서 타자본으로 유통되어 엄청난 반향을 불러일으킨 바로 그 원고의 완전본이다. 그동안 강한 정신력과 깨어있는 지성을 자랑하는 수많은 명사(名士)들이 탐독하여 영향을 받아온 이 책의 내용은, 여태껏 기독교 국가에서 공론화된 예가 없는 강력하고 노골적인 메시지를 담고 있다. 비스마르크 독일수상, 윌리엄 매킨리 미국대통령이 죽기 전 타자본으로 그것을 접했고, 세실 로즈나 네빌 체임벌린 수상, 카이저 빌헬름 2세, 압둘 하미드 2세 같은 쟁쟁한 인사들이 거기서 영감을 얻어 세계를 뒤흔들 엄청난 결정을 내린 것으로 알려져 있다. 레프 톨스토이는 이 책에 대한 진지한 비평의 글을 남겼고, 조지 버나드 쇼는 그 속에 담긴 정신을 토대로 〈인간과 초인〉이라는 극작품을 쓰기도 했다. 그밖에 마르크스와 라살, 장 조레스, 윌리엄 랜돌프 허스트, 아우구스트 베벨을 추종하는 지식인 집단에 대한 이 책의 영향력은 일일이 거론하기 힘들 정도다. 이 책은 지난 2천여 년을 군림하다시피 해온 지상의 암울하고도 거짓된 철학을 일거에 무너뜨리면서, 그야말로 정치적으로 종교적으로 지각변동이라 할 충격을 대중에게 안기고 있다. 현재 이 책을 공개적으로 판매하는 서점이 전 세계 열 곳을 넘지 않음에도 불구하고 이미 4개 국어로 번역되어 있으며, 지금까지 총 12만 권 이상이 팔려나갔다.

모름지기 독자들 대다수는 평생 이와 같은 책을 읽어본 적이 없을 것이다. 한마디로 전례가 없는 책이며, 한번 정독을 하고도 정신이 무너지지 않고 멀쩡하다면, 독자께서는 지금까지와는 다른 차원으로 심신을 무장한 채 이 무자비하고 처절한 세상을 향해 스스로도 놀랄 만큼 대범한 발걸음을 내딛게 될 것이다.

위에서 밝혔듯 15년 전인 1890년 처음 이 문헌이 공개된 것은 책이 아닌 타자본(typewritten) 형태의 사적인 경로를 통해서였다. 이어서 1895년까지 같은 방식으로 유통되다가, 1896년 처음으로 정식 출판되기에 이른다. 책이 나오자마자 저자는 당대 문화계의 거물급 인사인 레프 톨스토이에게 한 권을 보냈고, 톨스토이는 같은 해 나온 자신의 저서 《예술이란 무엇인가?》에 이를 언급하는데, 그 요지는 다음과 같다.

(최근 내게 배달된) 책의 내용에 따르자면, 히브리 예언자들이나 "처량한" 메시아의 가짜 철학에 의해 '옳고 그름'을 판별하는 것은 한마디로 미친 짓이다. '정의(正義)'는 어떤 교의가 아닌 힘에서 나오는 것이기 때문이다. 남이 나에게 하길 바라지 않는 일을 나도 남에게 하지 말라는 법과 계명, 교의 자체에 어떤 본질적 권위가 있는 것이 아니라는 얘기다. 그것들은 차라리 몽둥이와 교수대, 칼날로부터 엄중한 권위를 취득할 따름이다. 진실로 자유로운 사람은 인간적이든 신적이든 그 어떤 명령에도 복종할 이유가 없다. 복종은 퇴행의 표식이며, 불복종은 영웅의 징표다. 이런 입장들

이 정색을 하고 이 같은 교의적 틀을 갖춰 주장될 경우 우리는 경악을 금치 못한다. 반면, 미(美)에 종사하는 예술의 이상 속에는 그와 같은 입장들이 공공연히 녹아들어 있다. 지금껏 우리 사회의 상위계층이 향유하는 예술은 이처럼 위인(偉人)을 지향하는 이상을 통해―이를테면 네로 황제, 스텐카 라친, 칭기즈칸, 나폴레옹 같은 인물들의 유구한 이상―인간교화를 시도해왔으며, 온 힘을 다해 그러한 이상을 뒷받침해온 것이 사실이다. 이렇듯 '무엇이 옳은가'를 '무엇이 아름다운가', 즉 '무엇이 즐거운가'로 대체하려는 경향은 예술의 타락이 우리 사회에 가져올 최악의 결과를 예상케 해준다. 그러한 예술이 대중에게 폭넓게 전파될 경우, 인류 전체가 어떤 파국에 직면할지 생각만 해도 끔찍하다. 한데 이미 그 전파의 조짐이 보이는 실정이다.

이 책이 담고 있는 강렬한 메시지가 빅토리아 시대 말기 유럽사회에 얼마나 당혹스러운 충격파로 다가왔을 지를 이해하기는 그리 어렵지 않다.[4] 때론 서로 상충하기도 하는 철학적, 사회학적, 심리학적 논의들이 광기에 가까운 수사학으로 버무려져, 한편의 장대한 서사시처럼 읽히는 이 책을 한마디로 정의하라면, 역자로서 '힘의 송가(頌歌)' 내

---

4) 당시 슈티르너, 니체, 입센의 글들을 적극 소개하면서 급진적 경향을 대변하던 런던의 유명잡지 〈독수리와 뱀(The Eagle and the Serpent)〉은 《힘이 정의다》에 관한 논평을 지속적으로 게재하였으며, 결국 1900년에는 직접 이 책을 출간해 2천부에 달하는 판매고를 올렸다. 그런가 하면 독일 황제 빌헬름 2세가 이 책을 탐독했다는 사실을 근거로, 제1차 세계대전 발발과 관련한 이 문헌의 영향을 추정하는 견해가 있기도 하다.

지는 '강자(强者)의 철학'보다 나은 명칭이 얼른 떠오르지 않는다. 굳이 분석하자면, 사회적 다윈주의(social darwinism)[5]의 세계관을 배경으로 반(反)기독교주의와 개인주의적 자유지상주의(libertarianism)를 견지하는 가운데, 세상을 생존을 위한 무자비한 각축장으로, 인간을 적자생존의 필연이 지배하는 본능적 동물로 재정립하고자 하는 대담한 기획이라고나 할까. 요점은 '힘(Might)'이다. 기존에 통용되던 삶의 윤리적, 종교적 가치들을 뒤엎으면서, 그 모두에 우선하는 '힘!' 육체적, 정신적 '힘'이 가치판단의 기준으로 군림하는 세계에서 인간은 강자와 약자로 분리될 수밖에 없다. 이는—톨스토이가 지적했다시피—'불복종'과 '복종'의 차이일 뿐더러, '자연의 질서'와 '반(反)자연적 이데올로기' 중 무엇에 치중하느냐의 문제이기도 하다. 즉, 강자는 약육강식과 적자생존, 자연선택의 원리에 충실한 반면, 약자는 의식적으로 또는 불가피하게 인공적인 도덕률이나 기독교 윤리, 나아가 마르크스주의 또는 민주주의 같은 정치적 이데올로기에 기대기 마련이라는 얘기다. '힘'의 절대가치를 주장하는 입장이기에 이 책의 지향점은 당연히 극단적이다. 강자의 번영과 약자의 절멸이 자연법칙의 최고구현으로 제시된다. 여기서 중요한 것은, 강자가 자신의 우위(優位)를 끊임없는 힘의 과시를 통해 증명해 보여야만 한다는 점이다. 그렇지 않으면, 언제든 또 다른 강자의 도전에 직면해 약자의 처지로 전락할 수 있다. 이

---

5) 다윈의 생물학적 진화론을 사회학 영역에까지 확대 적용한 이론으로 영국의 허버트 스펜서가 학문적 뼈대를 세웠다.

런 역동적 논리는 '힘' 자체를 입체적으로 보게 해준다. 예컨대, 정복자/강자의 힘에 의한 승리가 하나의 국가를 낳고 그 국가가 물리력을 동원해 국민/약자를 억압할 경우, '힘'에 대한 긍정적 해석/강자의 입장과 부정적 해석/약자의 입장이 동시에 가능하다. 이때 힘에 대한 부정적 해석은 약자의 분발을 유도하여, 결과적으로 새로운 강자의 출현과 도전에까지 이를 수 있다는 얘기다. 이 책이 줄기차게 주창하는 적자생존이나 약육강식 같은 지극히 반동적인 이념 속에서 때론 전복(顚覆)의 메시지를 읽어내는 일이 자연스럽게 느껴지는 것은 바로 그 때문이다.[6]

니체의 '힘의 철학'을 맛보았던 사람이 이 책을 집어 든다면, 같은 계열의 사상이 훨씬 더 노골적으로 개진된 앵글로색슨 스타일에 신기함을 감추지 못할 것이다. 정부(政府)를 일종의 억압기제로 봄으로써 국가라는 체제에 비판적 거리를 두는 아나키스트적 취향의 독자에게 이 책은 통쾌한 느낌으로 다가갈 것이 분명하다. 성서나 기독교의 현세적 권위를 인정하지 않고 그 메시지에 의혹을 품어온 독자라면, 아마도 시원한 출구를 만난 듯 이 책을 반길 것이다. 다만, 악명 높은 이 책을 '정의란 무엇인가?'라는 보편적 질문에 대한 답으로—즉, '힘이 곧 정의다'라든지 '힘은 항상 옳다'로—읽을 경우, 독후감상의 호오(好惡)는 극명하게 갈릴 가능성이 크다. 역자 역시, 책의 논지를 떠나 참으

---

6) 미국의 저명한 리버테리언이자 개인주의적 아나키스트로서 홀로코스트 부정론자이기도 한 제임스 J. 마틴(James J. Martin, 1916~2004)은 이 책을 "지구상에서 출판된 가장 선동적인 저작 중 하나"로 꼽았다.

로 현란하기 그지없는 문체 덕분에 매우 즐겁게 읽고 번역했음에도, 중간중간 쾌와 불쾌, 긍정과 부정이 어지러이 교차하는 심경에 휘둘렸음을 고백한다. 여기 담긴 세부적인 논점들과 관련한 개개인의 입장이 어떤지를 떠나서 문제는, 이 책을 세상 또는 인간이 나아가야 할 당위(當爲)의 주장으로 읽느냐, 아니면 지금 있는 그대로의 현실 폭로로 읽느냐이다. 만약 전자라면 우리가 얻는 것은 기껏 신념의 재확인일뿐더러,[7] 읽다말고 책을 내던지는 불상사가 발생할지도 모른다. 그러나 후자라면, 다시 말해서 행간(行間)이라는 것을 읽어낼 만큼 우리가 명석하다면, 삶의 겉도는 일상 너머 한층 치열한 진실과 맞닥뜨리는 깨침을 그로부터 얻게 될 것이다. 120여 년 전에 쓰인 이 '악명 높은 문제작'이 아직도 서슬 시퍼런 현재성(actuality)을 획득하는 이유다.

2015년 10월
성 귀 수

---

7) 일반적으로 자기합리화의 단초 역할을 하는 독서체험이 이에 해당한다.

그렇다면 우리가 이 주제를 이야기해야 할 것인가?
표명되어서는 안 될 것들에 관해 글을 쓰고,
공표해서는 안 될 것들, 큰소리로 떠벌려서는 안 될 비밀들을
우리는 과연 발표해야만 할 것인가?

– 율리아누스 황제 –

파괴되지 않는 불변의 영원한 법칙.
그것은 어제 오늘 만들어진 법과는 다르다.
그것은 시간이 시작되기 전에 만들어진 것이다.

– 소포클레스 –

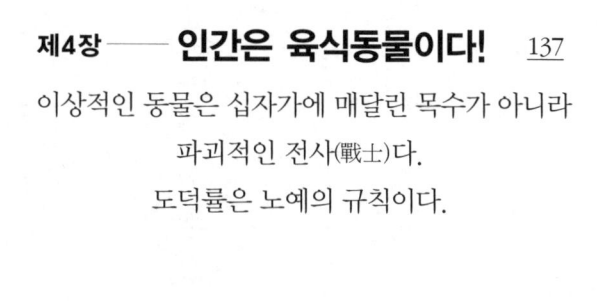

★ ★ ★

십자가를 보라. 그것은 무엇을 상징하는가? 나무에 매달린 핏기 없는 무능함이다. 오호라, 전사들이 언덕을 넘어, 계곡을 건너, 들판을 가로질러 쇄도하는 소리가 들리는구나. 유구한 세월을 이어온 전투의 함성이 또다시 반란의 세계로 난입한다. 누가 칼을 녹여 쟁기를 만들까? 누가 멍에에 매여 땀 흘리려 할까? 자유인으로 태어나 두려움 없는 자는 의당 전쟁터로 진군할 터. 위대한 카이사르, 무자비한 한니발, 벨사차르,[8] 파라오, 리엔조,[9] 용맹한 롤랑.[10] 이들 모두가 격렬한 전투를 치를 때마다 승리의 깃발은 여자와 황금을 향해 휘날렸다. 기억하라, 바다와 육지에서 힘과 힘, 인간과 인간, 돈과 돈, 두뇌와 두뇌가 서로 격돌하니, 모든 것이 승자의 몫이로다.

---

8) Belshazzar(BC ?~539). 바빌로니아 왕.

9) Cola di Rienzo(1313~1354). 본명은 니콜라 디 로렌조. 이탈리아의 정치가, 민중혁명가. 귀족정치에 반대하여, 로마제국의 영광을 되살림으로써 이탈리아 통일을 시도하려 했다.

10) 중세 유럽 최대의 서사시 〈롤랑의 노래〉에 등장하는 영웅.

★ ★ ★

기회[11]

　어떤 한 인간이 살면서 거머쥘 기회는, (그와 친구가 아닌) 나머지 다른 인간들이 수백만 에이커의 땅과 수천 톤의 황금을 가지고 있는 한, 결코 고갈되지 않는다. 오늘날 왕과 대통령, 고위 성직자와 백만장자가 차지한 부와 권력의 전당은 역사상 유례없는 풍요를 자랑하고 있다. 엄청난 양의 금과 은, 다이아몬드로 터져 나갈 지경이다. 하여, 바로 여기에 어마어마한 기회가 자리한다. 여기, 다가올 세상의 카이사르와 네부카드네자르와 나폴레옹이 노려야 할 목표가 있다. 그 옛날 그랬듯이, 모든 것은 그들을 위해 마련된 것이다. 카이사르는 이집트, 그리스, 갈리아 그리고 로마의 보물들을 모조리 약탈했다. 나폴레옹은 베네치아, 비엔나, 마드리드, 베를린, 모스크바의 은행금고를 탈탈 털었다. 유럽에서 오로지 런던만 그의 마수를 피해 간 셈이다. 네부카드네자르는 유대인들이 온갖 금은보화를 쌓아놓은 시온의 성전을 약탈했고, 여호와의 황금잔에 포도주와 맥주를 넣어 마셔댔다. 나폴레옹, 카이사르, 네부카드네자르!

---

11) 이하 '기회', '그밖에는 다 착각이다', '승자가 황금을 독차지한다'는 1890년 오리지널 판에는 없고, 1903년, 1910년, 1927년 판에 추가된 것이다.

그 세 명이 바로 위대한 인물이었다. 왜 아니겠는가, 기회를 놓치지 않고 거머쥐었으니!

그밖에는 다 착각이다.

본래 세계는 전쟁의 세계다. 본래 인간은 전사다. 본래 법은 이빨과 발톱이다. 그밖에는 다 착각이다. 투쟁의 조건은 어디에나 존재한다. 우리는 지속적으로 싸우도록 태어났다. 대대로 그래왔던 것처럼, 우리에게도 싸움은 일종의 유전이다. 이 '투쟁의 조건'은 성 프란체스코의 거룩한 말씀이나, 크로포트킨 혹은 톨스토이의 기만적인 가르침으로 그럴듯하게 포장할 순 있겠으나, 어떤 인간, 어떤 종족에 의해서도 완전히 사라질 수 없다. 그것은 언제까지나 지금처럼 존재할 것이고, 인간은 누구든 (바라건 바라지 않건) 그것을 늘 고려해야만 할 것이다. '투쟁의 조건'이 모든 것을 지배하고, 모든 것을 통제하며, 모든 것에 영향을 미친다. 문명화된 국민, 국제적으로 보장된 안정, 국가의 조직화된 산업을 꿈꾸는 모든 이는 바로 그 '투쟁의 조건'에 입각해 결정을 내린다.

승자가 황금을 독차지한다.

명심하라, 미덕은 지금 이 세상에서 보상받는다. 자연의 법은 거짓된 판결을 내리지 않는다. 그 결정은 때론 무시무시할지라도, 진실하고 정당하다. 승자는 항상 황금과 땅을 차지한다. 승자는 또한 가장 아름다운 처녀와 명성을 차지한다. 왜 그렇지 않으면 안 되는가? 왜 삶의 즐거움이 겁쟁이나 실패자의 것이 되어서는 안 되는가? 왜 전리품은 전쟁을 두려워하는 자의 몫이 되어서는 안 되는가? 이유는 간단하다. 만약 세상일이 그런 식으로 돌아간다면, 글자 그대로 미친 세상, 반(反)자연적이고 부도덕한 세상이 될 것이기 때문이다.

Might is Right

1

쇠와 돌이 엉겨 붙은 이 메마른 황무지에서 너희가 들을 수 있도록 나는 목소리를 높이노라. 동쪽으로 서쪽으로 나는 손짓을 하노라. 북쪽으로 남쪽으로 나는 신호를 보내노라. 선포하노라, "약자에게는 죽음을, 강자에게는 번영을." 두 눈 부릅뜨고 들어라, 오! 곰팡난 정신의 소유자들아, 내가 하는 말을 경청하라, 너희 죽어라 고생하는 족속아!

나는 세상의 지혜에 도전하기 위하여 나선 몸, 이제 신과 인간의 법(法)을 추궁할 것이다. 너희의 황금률[12]에 이유를 묻고, 너희의 십계명에 왜, 어째서를 따질 것이다. 종이에 찍어 누른 너희의 그 우상들 중 어떤 것 앞에서도 나는 결코 수그리지 않을 터. 혹여 나에게 "할지어다" 운운하는 자, 누가 됐든 내 철천지원수로다. 나는 모든 것에 대한 증명을 요구하며, 설사 사실이라 해도 단서를 붙여서만 인정할 것이다.

나는 너희의 무기력하고 정신 나간 구원자(너희의 신성한 민주주의자, 히브리 광인)의 흥건한 피를 집게손가락으로 찍어 그 가시관에 찢긴 이마에다 쓸 것이다. "진정한 악의 군주, 노예의 왕"이라고!

허옇게 빛바랜 거짓이 내게 진실일 수는 없다. 어떤 의식 어떤 교리도 나의 펜을 묶어두지 못한다. 나는 모든 인습을 타파한다. 홀로, 아무런 구속 없이, 극렬한 도발 속에 나는 강자(强者)의 기치를 치켜

---

12) "남이 너에게 해주기를 바라는 그대로 너희도 남에게 해주어라." 마태복음 7장 12절, 누가복음 6장 31절.

든다. 나는 너희가 두려워하는 여호와의 흐리멍덩한 눈동자를 노려보며, 그 수염을 낚아챈다. 나는 큰 도끼 들어올려 벌레 먹은 그의 두개골을 내리찍는다.

나는 철학으로 버무려 회칠한 무덤[13]의 산송장 같은 내용물을 파헤쳐, 분노로 일그러진 냉소를 뿌린다. 그리하여 겉만 번주그레하되 속은 죄다 곪아터진 너희의 오만한 윤리적 도그마에 손을 뻗어, 그 전면(前面)에다 이글거리는 야유의 글귀 휘갈기리라. "어럽쇼, 이것 보게, 모든 것이 사기로구나!"

나는 전부 다 부정한다! 나는 일체(一切)에 의문을 제기한다! 그러나 오! 죽도록 저항하는 자여! 내게로 오라, 지구가 통째로 너의 것이니, 가져라, 차지하라.

너희의 '문명과 발전'이 무엇이더냐, 그 유일한 산물이 히스테리와 몰락뿐이라면? '정부(政府)와 법'은 또 무엇이더냐, 그 유일한 수확이 인간 쭉정이들이라면? '종교와 학습'은 대체 무엇이더냐, 그 내로라하는 결실이 고분고분한 노예집단이라면? '진보와 문화'가 도대체 무엇이더냐, 그 유독(有毒)한 꽃망울이 삭막한 계집들이라면? '교육과 계몽'이 대관절 무엇이더냐, 그 소돔의 열매[14]가 뼛속까지 썩어문드러진 비굴한 종족이라면?

---

13) 마태복음 23장 28절.

14) 성서의 '소돔과 고모라' 일화에 기초한 은유로, 겉은 멀쩡하나 속은 텅 빈 '죄악의 열매'라는 의미.

2

　어쩌자고 지도자라는 작자들은, 한때 혈기 왕성했던 우리 북방인 종[15]의 심장이 조작된 도덕률을 빙자한 태평스러운 무위(無爲) 속에서 푸석푸석 썩어문드러지는 꼴을 이렇게까지 방치한 것일까?

　자고로 '도덕 원칙들'이란 그걸 전통적으로 신봉하는 자들에 의해 마치 절대적인 불변량처럼 받아들여질 뿐 아니라, 그 신성한 정당성을 의심하는 것은 반역이자 신성모독으로 간주된다. 한 사회를 대표하는 거물급 사상가조차 자신의 명명백백한 직무를 수행하길 두려워하거나 그럴 능력조차 없거늘, 평범한 보통시민이 아무리 개인적 경험으로 오류를 파악해도 이미 보편화된 '옳고 그름'의 개념을 뜯고 치고자 '목숨과 재산, 체면'을 내던지기란 쉽지 않은 법. 평균적인 사람은 거의 모든 정치적 종교적 인습주의가 한낱 적극적인 기만술에 불과함을 가슴으로 실감하면서도, 그 반대의견을 얼마나 용의주도하게 감추며 사는가? 그는 자신의 소견에 대한 용기가 없는 것이다. 속으로 품고 있는 생각을 겉으로 표명하는 것이 두려운 것이다. 달리 말해, 그는 일종의 예속상태에서 살고 있다. 그는 자신의 두뇌가 다른 누군가의 두뇌에 의해 지배당하고 구속되는 것을 허락한다. 어렸을 적부터 그는 이미 정해진 도덕, 정치, 종교적 관점에 부합하게끔 이해를 강제하는 외부의 압력에 지속적으로 길들여져 왔다. 살아오면서

---

15) 흔히 노르딕(Nordic)이라 칭하는 북유럽 백인종을 말한다.

그는 단 한 순간도 진정한 정신적 자유를 허락 받은 적이 없다. 그는 어머니의 젖을 빨면서 자기도 모르게 인습주의를 흡입했다. 그 결과, 가장 추악한 거짓말이 눈앞에서 숭고한 진실로 둔갑하는 것을 경청하고 있다. 속임수가 우렁찬 코러스로 울려 퍼지는 것을 우두커니 듣고 있다. 화려한 금관악기의 연주 속에서 허위와 거짓에 귀를 열어놓고 있다. 성스러운 음악의 울림과 더불어 돈독한 신앙을 가진 자들이 한데 모여 음송하는 경건한 기도로 그는 그 모든 것을 듣고 있다. 그리하여 그의 정신은 성숙할 기회를 접하기 전부터 권위주의에 의해 무력화된다. 그렇게 젊음은 정신적으로 거세되고, 타고난 생명력은 노예근성의 족쇄나 다름없는 관습의 멍에에 매여 바싹 닳아 없어진다. 보육원, 학교, 대학을 거치면서 말랑말랑해진 뇌조직이 미리 정해진 주형(鑄型) 속으로 주도면밀하게 부어진다. 성장 중인 지성(知性)을 자연에 어긋나는 틀로 압착하기 위해, 타락한 문명이 저지를 수 있는 모든 것이 행해진다. 결국 오늘의 세계를 살아가는 거대한 인간 무리는 그 어떤 사고의 주도권도, 독창성도, 독립성도 가지고 있지 않다. 공공의 이상들이 형성되는 과정에서 자신의 아주 작은 목소리조차 내본 적 없는 그들은 그저 복종하는 개체들일 뿐이다.

평균적인 사람으로 세상의 도덕률과 법률의 제작에 직접 참여하지 못하면서도, 마치 개처럼 고분고분하게 그것들을 준수하는 이유는 무엇인가? 그것은 소가 주인이 채워준 고삐에 길들여지듯, 인간도 복종에 길들여지기 때문이다. 원래 노예근성을 타고났기에, 어려서부터 남의 지배를 받는 것에 익숙하다.

중국문명은 비단 끈과 쇠테로 아이들 발을 꽁꽁 조여 매 일부러 기형을 만든다. 기독교문명은 가짜 철학과 인위적인 도덕률, 완강한 정치적 신조를 동원해 젊은이의 정신을 짓밟는다. 선악(善惡)에 관한 파괴적인 하위이론들이 우리의 학습과정에 체계적으로 주입되고, 엄격한 조항들, 결코 넘볼 수 없는 체제, 혹할 만한 복음 그리고 아주 치명적인 '전염병'들로 차근차근 구체화된다.

오늘날 '여론을 주도하는 자들' 거의 모두가 독창성과 용기의 결핍을 드러낸다. 그들의 지혜는 어리석음이고, 그들의 처방은 독(毒)이다. 그럼에도 자신들이 종족의 운명을 좌우하는 존재라며 어처구니없는 주장을 펴지만, 실상은 퇴행의 어두운 강물에 소리 없이 쓸려가는 쓰레기 거품덩이들에 불과하다.

"세상을 이끄는 자들이 눈먼 장님이니, 세상 사람들은 속수무책일밖에."

인류는 가짜 예언자들과 정치가, 선동가들을 지긋지긋해 하고 있다. 인류는 왕과 영웅을 소리쳐 부르고 있다. 고결함을 요구하고 있다. 노예나 짐 나르는 짐승처럼 돈으로 구할 수 없는 고결함. 세계는 용맹한 강자, 위대한 파괴자의 출현을 기다린다. 모든 천박한 것을 파괴하는 자, 죽음의 천사를 고대하고 있다. 우리는 사제단과 군중, 총독의 수중에 떨어진 '선한 목자 예수'에게 멀미가 치밀 정도로 질렸다. 우리는 '평등'이라는 것이 지겨워 죽겠다. 신들의 몸값은 떨어지고, 악마의 가치는 치솟는다. 다가오는 시대를 지배할 자는 거칠고, 잔인하며, 대담무쌍해야 한다. 온건한 태도로는 공공의 우상들을 성공적으로 공략할 수 없기 때문이다. 그런 우상들은 산산조각 내서 잿더미가 되도록 불살라버려야 하는데, 그런 일을 사랑의 복음으로는 할 수가 없다.

악의 생명력은 오늘을 살아 숨 쉴 이상들 속에서 찾아야 한다.

우리더러 존중과 복종을 요구하는 계명과 법, 도덕률은 그 자체가 몰락을 유도하는 교묘한 장치들이다. 도덕률이 비렁뱅이들을 양산하고 있다. 황금률이 비굴함을 미화하고 있다. 법률이 인간을 비열한(卑劣漢)으로 만들고 있다.

십계명을 일일이 지켜보아라, 평생을 바보로서 살아갈 뿐이다. 지상의 법조문을 꼼꼼히 준수해보아라, 겁쟁이 노예가 되어있을 것이다. 예수를 사랑하고 황금률을 반겨보아라, 죽는 순간까지 실패와 종속의 삶을 이어갈 것이다. 신의 계명을 따르는 것이야말로 진정 지옥으로 가는 길이거늘.

만인을 정복할 우리 인종이 (이미 우리가 굴복시켜 노예처럼 부려온 열등한 무리처럼) 하찮은 종족으로 전락하지 않으려면, (오랜 세월에 걸쳐 우리 지도자들 머릿속에 교묘하게 자리 잡은) 유대인의 거미줄부터 가차 없이 찢어발기는 것이 무엇보다 중요하다. 그 퇴치과정이 아무리 피비린내 나고 고통스럽다 할지라도.

우리가 피로 물려받은 사나이다운 기개를 계속 지켜나갈 생각이라면, 더 이상 동방의 이상주의가 들려주는 달콤한 자장가에 놀아나서는 안 된다. 너무 오랜 세월 우리는 히브리식 유토피아의 신비적 마력에 홀려있었다. 그 음험한 주문을 당장 벗어 던지지 못하면, 언젠가는 끔찍한 아침 눈을 뜨자마자 지옥의 문이—현세의 지옥이다!—활짝 열려 우리를 영영 집어삼키는 지경에 이르고야 말 것이다.

지옥은 몇 가지 점에서 작금의 상황을 있는 그대로 암시한다. 그것을 이 세상 어느 곳에 옮겨놓든 하등 이상할 것이 없다. 수많은 인종과 부족, 강력한 제국이 냉혹한 현실의 무덤(Sheol)[16]으로 곤두박질친 사례는 허다하다. 비굴한 존재, 천박한 존재, 타락한 존재가(이를테면 지상의 노예종족) 바닥을 기며 비겁하게 연명하다가 가차 없는 응징을 당하는 것은 정당한 일이 아닌가? 그들을 기름불에 바싹 굽고 튀겨버리는 것은 어떤가? 부글부글 끓는 피 웅덩이 속을 헤엄치거나, 벌겋게 달아오른 사하라 사막을 핏발 선 눈알 굴리며 퉁퉁 불어터진 발로 춤추게 만드는 것이 옳은 일 아닌가?

자연의 작용은 다른 모든 것에 대해서나 인간에 대해서나 잔인하고 무자비하다. 인간이라는 동물이 자기한테 어울리는 온당한 삶을 살아간다고 치자. 자연은 그와 그 후손에게 언제까지나 미소를 지어줄 것이다. 그러나 인간이 혹시라도 엘리시움[17]의 기회균등과 같은 부자연스러운 생존방식을 꾀할라치면, 이 세상에서 그 종적을 감출 때까지 자연의 응징을 면치 못하리라.

---

16) 히브리어로 '무덤'을 뜻하며, 구약성서에 등장할 경우 간혹 '지옥'으로 번역되기도 하는 단어이다.

17) 그리스 신화에서 영웅이 죽은 뒤에 가는 '낙원'을 뜻하며, 여기서는 이상적인 행복의 장소 혹은 조건을 의미한다.

3

윤리학, 정치학, 철학은 모조리 억측 위에 세워진 또 다른 억측들에 불과하다. 한마디로 확실한 근거가 전혀 없다. 그것들은 터무니없는 옛날이야기에서 출발해, 몽상가나 괴짜 뜨내기들이 제멋대로 쌓아올린 공중누각일 뿐이다. 이제는 확고한 토대를 마련해 단단히 그 뿌리를 박아야 할 때다. 이는 인종적 정신이 우선 총체적으로 정화되고, 거기에 섞인 이질적 요소들, 옳고 그름과 관련한 퇴폐적 개념들이 완전히 박멸되고 나서야 가능한 일이다. 기존의 망상들이 결정적으로 제거되기 전에는, 인간의 두뇌공간이 현실 그 자체의 가혹한 논리를 감내할 만큼 충분하다고 볼 수 없다. 어중간한 방법으로는 효과를 기대할 수 없다. 우리는 그것들이 똬리 튼 깊숙한 곳까지 파고 들어가, 전격적으로 발본색원해야만 한다. 우리는 자연 그 자체와 같이 강하고, 가혹하며, 거침없어야 한다.

너무 오랫동안 '죽은 손'[18]이 살아있는 사고를 무력화시켜왔다. 너무 오랫동안 옳고 그름, 선악의 문제가 가짜 예언자들의 농간으로 뒤집혀왔다. 그 어떤 신조나 계명도 인간적인 권위든, 초인적인 권위든, 그것도 아니면 '신적'인 권위든, 권위주의를 등에 업고 받아들여지는 일이 조만간 사라져야 한다(윤리와 인습주의는 열등한 존재들을 위한 것). 종교와 체제, 모든 자의적 원칙들, 일체의 공리(公理)가 신중히 재검토

---

18) 'dead hand'. 현재를 부당하게 구속한다고 여겨지는 과거의 압박감, 영향력을 의미한다.

되어야 한다. 더 이상 어떤 도그마도 당연한 것으로 받아들여선 안 되고, 어떤 측정기준도 신성시해서는 안 된다. 도덕률에 본질적으로 신성한 것은 없다. 오래된 목각인형들처럼 그것은 인간의 손으로 빚어진 것이며, 인간이 만든 것은 무엇이든 인간이 파괴할 수 있다.

어떤 것도 쉽사리 믿지 않는 자는 대단한 이해력을 갖춘 자다. 거짓된 원리 하나를 믿는 것이 모든 아둔함의 시작이기 때문이다. 새로운 시대의 가장 중요한 책무는 새로운 세대로 하여금 그에 속한 자유를 확정하고, 실질적인 성공의 길로 유도하는 것이다. 이를테면, 건강한 발전을 가로막는 죽은 인습의 녹슨 자물쇠와 쇠사슬은 과감하게 철폐해주어야 한다. 이전 세대에게 삶과 희망, 자유를 의미했던 이론과 이상, 체제가 지금 세대에게는 파멸과 구속, 치욕을 의미할 수도 있다. 환경이 변하는 것처럼, 인간의 이상은 가변적이다.

그러니 제아무리 거짓 위에 화려한 권좌가 버티고 있어도, 가차 없는 공세를 가해 그것을 무너뜨려야 한다. 허위와 기만이 지배하는 한 어떤 민족도 지속적인 번영을 기대할 수 없기 때문이다. 이미 사회구성원 대다수가 진실로 받아들인 궤변[19]을 권좌에서 끌어내려, 근거를 파헤치고, 불살라 없애버려야 한다. 그런 것들이야말로 사고와 행위의 진정한 고결함을 실질적으로 위협하는 요소들이기 때문이다. 소위 '진실'로 주장되어온 것들의 정체가 속 빈 강정으로 드러나면, 우리는 그것들을 죽은 신들과 죽은 제국, 죽은 철학, 그 밖의 쓸모없는 파편

---

19) 'sophism'. 그럴듯하지만 거짓된 논거.

조각들이 처박혀 있는 암흑세계로 가차 없이 내동댕이쳐야 한다.

권좌를 차지한 거짓 가운데 가장 위험한 것은 신성한 것으로 축성되어 온갖 특권을 누리는 거짓, 모든 이가 진실의 전형으로 믿어 의심치 않는 거짓이다. 그것은 가장 범하기 쉬운 오류와 망상을 낳는 번식력 왕성한 모체(母體)이자 휘드라(Hydra)의 머리다. 그것은 수많은 뿌리를 가진 사회적 암 덩어리. 이미 거짓으로 판명 난 거짓은 반쯤 뿌리가 뽑힌 것과 같지만, 지식인이라는 자들까지 신성불가침의 진실로 간주하는 거짓—어린 시절부터 귀에 딱지가 앉도록 들어온 거짓—은 은연중에 해악을 미치는 페스트보다 상대하기가 훨씬 더 위험하다. 대중적으로 널리 유포된 거짓은 개개인의 자유에 더없이 치명적인 적이다. 그것들을 다루는 방법은 딱 하나. 암 덩이를 제거하듯, 발본색원하여 명줄을 끊어놓는 것이다. 뿌리부터 가지까지 절멸시키지 않으면, 그것들이 기필코 우리를 먹어치울 것이다. 우리가 그것들을 제거하느냐, 그것들이 우리를 제거하느냐이다. 반반의 처방은 있으나마나다.

그나마 거짓의 도가 지나쳐, 사람의 골수에까지 똬리를 튼 경우에는 어떤 처방도 효과가 없다. 메스를 들이대도 제거가 불가능하다는 얘기다. 과거의 잘못을 반성하는 것으로 이미 타락한 자들이 몰살을 면할 수는 없다. 운명의 빗장은 채워졌다. 타락한 자들 모두가 집단노예제와 망각의 도가니 속으로 걸어 들어가, 스스로 연소되어야 마땅하다. 그렇게 타고남은 재에서 새로운 무엇이, 조금은 더 고결한 무언가가 생겨날지도 모르나, 그조차 지극히 낙관적인 전망일 따름이다.

자연 속에서 죄의 대가는 항상 죽음이다. 자연은 잘못을 저지른 자를 사랑하지 않으며, 가능한 모든 수단을 동원해 그의 파멸에 매진할 뿐이다. '비굴한 약자'의 이마에는 자연의 저주가, '용감한 강자'의 심장을 채운 피에는 자연의 축복이 자리한다. 오직 유대인과 기독교도, 그밖에 타락한 자들만이 기도와 법을 통해 사람이 거듭날 수 있다고 생각한다. "모든 순교자의 그 모든 눈물"은 흘리지 않는 것이 나을 뻔했다.

4

사람들이 무엇을 믿든 그것은 사람들을 자유롭게 하기도 하고, 노예로 만들기도 하며, 자연의 질서에 따라 골수까지 부식시키기도 한다. 결국, 철학자들을 신뢰의 마음으로 대할수록 그들이 가르치는 것에 속아 넘어가기 십상이라는 얘기다. 많은 민족이 그렇게 속아 넘어가는 것은 세상의 자유에 위협이 된다.

자유인은 남의 장담이나 제안에 따라 행동을 결정하는 법이 없다. 만약 그렇다면 이미 자유로운 존재가 아니니까. 자유가 제약받지 않고 정신이 멀쩡한 상태에서 스스로 동의하지 않은 계약조항을 꼬박꼬박 이행할 사람은 세상에 없다. 오로지 노예만이 그 선조가 서명하고 봉인한 계약을 태어나면서부터 이행한다. 자유인은 자유롭게 태어나고, 자유롭게 살아가며, 자유롭게 죽는다. 비록 인위적인 문명 속에 살고 있어도, 그의 위상은 모든 법과 제도, 옳고 그름에 관한 일체의 이론을 뛰어넘는다. 물론 그것들을 지지하고 옹호하나, 자신의 목표에 부합하는 한에서일 뿐, 아닌 경우엔 가장 손쉽고 직접적인 방법으로 그 모든 것을 무시해버린다.

목숨, 자유, 재산이 강도나 살인자, 정치가에 의해 위협받는 상황일지언정, 그들 뜻에 굴종할 의무는 누구에게도 없다.

옛날에 콜럼버스의 부관 중 한 명이 서인도 제도에서 절묘한 계략을 풀어 카리브족의 인디언 추장 한 명을 생포했다. 사정인즉, 추장을 잔치에 초대하고는 말에 올라 반짝거리는 강철수갑을 착용해보라며 달콤한 말로 꼬드긴 것이다. 카리브족의 문화에서 쇠라는 물질이 통치권을 상징한다는 점을 교묘하게 악용한 유혹이었다. 추장은 교활한 아첨꾼의 말을 의심 없이 받아들였고, 수갑을 착용한 즉시 온몸이 쇠사슬로 결박당했다. 그는 곧장 에스파냐로 압송되어, 병사(病死)할 때까지 지하 감옥에서 연자맷돌을 돌렸다고 한다.[20] 인디언 추장의 그 반짝거리는 수갑이나, 세상 모든 민족의 법과 도덕률, 체제, 히브리식 문명이나 다를 것이 하나 없다. 인류는 사회적 진화와 발전의 미명에 혹한 나머지, 악취 나는 지하 감옥의 어둠 속에 처박혀 절망과 치욕으로 죽을 때까지 헛된 고생을 하고 있다. 에스파냐의 부관처럼, 세상을 제 맘대로 주무르는 자들은 남의 말에 툭하면 속아 넘어가는 바보들을 손쉽게 옭아매기 위해 우선 그럴듯하게 구워삶는다. 요즘 '주권국민(sovereign people)'이란 말을 하면서 자조(自嘲)의 미소 흘리지 않을

---

20) 부관의 이름은 오제다. 장소는 아이티. 추장의 이름은 카오나보. 오제다는 추장에게 이렇게 말했다고 한다. "이건 의식용 팔찌입니다. 오직 말에 오른 왕만이 착용하는 것이죠. 콜럼버스 경께서 특별히 이런 행사 때 착용하시라고 보내주신 겁니다."

자 누구인가? 이래봬도 한때는 매우 의미심장하게 대우받던 용어다. 그 '주권(sovereignty)'이 이제는 헛것이 되었고, 자유는 백일몽으로 판명 났다. 주권국민, 개나 줘버려라.

따라서 사람이든 국가든 자유를 유지하거나 현실적인 안전을 보장 받으려면 어떤 처방책도 최종적인 것으로 받아들여서는 안 된다. 살 아있는 존재든 죽은 존재든, 글로 쓰인 것이든 말로 전해진 것이든 결코 믿어서는 안 된다. 특별한 여호와도, 통곡하는 구세주도, 미쳐 날뛰는 악마도, 악마 같은 철학도, 유령도, 우상도, 법도, 여자도, 남자도 믿을 것이 못 된다.

> "오, 지옥의 두려움이여, 낙원의 희망이여,
> 적어도 이것 하나는 확실하니, 이 삶은 훌쩍 지나가네.
> 이것 하나 확실하고, 나머지는 모두 거짓이니,
> 한때 만개한 꽃이 영원히 죽는구나."[21]

---

21) 페르시아의 수학자이자 시인인 오마르 알-카이얌(1132~?)의 《루바이야트》 중에서.

5

"나는 믿어야 해, 의심해서는 안 돼"라고 말하는 자는 인간이 아니라 겁 많은 정신적 고자(鼓子)일 뿐이다. "대대로 전해 내려왔기 때문에" 무언가를 믿는 자는 심성이 천박한 자다. "글로 새겨졌기 때문에" 무언가를 믿는 자는 아둔하기 짝이 없는 바보다. 명민한 정신의 소유자는 모든 것에 의혹을 제기할 수 있으며, 증명을 통해 진실로 드러나는 것에만 열중한다.

삶의 법칙은 쿠란, 성서, 십계명, 율법서를 들춰 찾을 수 있는 것이 아니다. 차라리 퇴행과 죽음의 법칙이면 몰라도. 법(法)에서도 으뜸인 법은 히브리 자음들[22]이나 청동과 돌의 서판(書板)이 아닌, 인간 개개인의 마음속에 새겨져 있다. 자기 내면의 결정을 따르기보다 옳고 그름에 대한 세상의 기준에 연연하는 자는 연자맷돌에 옭아매려고 호시탐탐 그를 노리는 적들의 수중에 떨어지고 만다. 그리고 가장 위험한 적은 이웃 가운데 있는 법이다.

노련한 자들은 신령한 벼락을 경멸의 비웃음으로 대하고, 인간의 법이 내린 판결을 두려워할 까닭이 없다. 그런 모든 것을 그들은 훌쩍 뛰어넘어 존재한다. 법과 규칙은 지배를 받는 아랫것들에게나 어울리는 법. 자유인은 그런 것 필요 없다. 종속된 자들을 옭아매 부리기 위해 십계명을 제작하고 계시할 수는 있다. 하지만 자기 손으로 꾸며낸

---

22) 성서를 말한다. 히브리어는 자음들로만 이루어져 있다.

그것 앞에서, 속임수를 쓸 요량이 아닌 한, 스스로 머리를 조아리지는 않는다.

법령과 황금률은 노예와 바보에게 차꼬를 채우느라 만든 것이다. 물론 매우 유용한 도구들이다. 죄인으로 낙인찍힌 족속을 다스려 공장과 들판에서 중노동 하게 만드는 데 제격이지 않은가. 따라서 모든 도덕원칙은 강자의 주인이 아닌 머슴이다. 권력이 도덕률을 만들고, 권력이 그것을 파기한다.

인간은 그 무엇에도, 그 누구에게도 복종할 의무를 지지 않는다. 오로지 하인만이 복종한다. 겁쟁이로 태어나 자라고, 먹고살기 때문이다. 도덕은 부도덕한 집단, 이를테면 통제가 요구되는 집단에게나 필요한 것이다.

신을 믿어라, 정신을 다스려라, 법을 지켜라… 철학자가 일개 필부를 상대로 하는 말이라면 더없이 훌륭한 조언이다. 그러나 내공을 갖춘 자 앞에서 진지하게 그런 이야기를 하면, 말없는 냉소만이 그에 화답할 것이다. 현실의 삶에서 승리와 명성을 거머쥐는 길은 겟세마네[23]가 아니라, 쓰러진 적과 경쟁자의 유해(遺骸)를 넘어, 아켈다마[24]를 관통해 뻗어있음을 그는 너무나도 잘 알고 있다. 그가 보기에 '영적

---

23) 수난을 앞둔 예수가 마지막 기도를 드린 동산으로, 여기서는 극심한 고통과 고뇌의 경험을 의미한다.

24) 신약성서에서 유다는 예수를 팔아넘기고 받은 은화 서른 닢을 제사장들에게 돌려준 다음, 물러나 자살한다. 그 은화는 결국 피의 값으로 여겨져, 옹기장이 밭을 구입해 이방인을 위한 묘터를 조성하는 데에 쓰인다(마태복음 27장 1~10절). 아켈다마는 '피의 밭'이라고도 불리는 그 묘터의 지명이다.

인 온유함'이란, 휘하의 머슴과 아녀자를 다스리는 데엔 무척 유용하고 편리하나, 그밖에는 전혀 쓸모없는 미신에 불과하다.

"나는 그 무엇에도 나의 희망을 얹지 않는다."라고 괴테는 말했다. 시대를 막론하고 노련한 자들의 처신이란 그와 같다. 이 말없는 생각이야말로 요란한 빈 수레들에 대한 실로 위대한 인간의 우월성을 드러내는 징표다. '보통 사람들'은 항상 글이나 나무, 금으로 된 우상에 농락 당해왔다. 그 결과 그들 대부분은 강력한 환상이 지배하는 분위기 속에서 정신적 노예로 살아가고 또 죽어갔다. 지금 이 시간에도 그들은 비몽사몽으로 살아가며, 대다수가 마지막 순간까지 그런 상태에서 벗어나지 못할 것이다. 진정으로 말하건대 일반대중이라는 존재는 이미 오래 전, 보다 가치 있는 요소들을 거르고 남은 침전물에 불과하다. 그들은 진정한 자유를 누릴 능력이 전무하다. 만에 하나 그럴 능력이 주어져도, 그들은 24시간 안에 자진해서 지도자 한 명을, 또는 수많은 지도자를 선출해 받들어 모실 것이다. 지도자의 존재는 정당한 것이다. 지도자의 존재는 자연스러운 것이고, 또한 영구적인 것이다. 단, 이는 지도자를 전복시켜 자신들의 발아래 짓밟을 줄 모르는 자들에게만 해당되는 얘기다. 실제로 '저울의 추'는 투표함 속 수천만 표보다 선견지명과 물리적 과단성을 갖춘 말없는 실세(實勢) 열 명에 의해 좌우되는 것이 현실 아닌가?

6

악랄한 거짓일수록 으리으리하게 치장하기 마련임은 주지의 사실이다. 따라서 신성시되는 것, 합법적인 것, 제도적인 것, 고상한 것은 무엇이든 의혹의 눈으로 들여다보는 것이 분명 용기 있는 자의 의무일 것이다. "나는 부정한다. 나는 긍정한다." 이것이 바로 실질적인 자유에서 나오는 말이다. 반면 노예의 신분을 표시하는 말은 다음과 같다. "나는 믿는다. 나는 복종한다." 믿는다는 것은 추종적이고 여성적인 속성이다. 의심한다는 것은 창조적이고 주체적인 덕목이다. 근본적인 것을 부정하는 자, 삼중갑옷을 갖춰 입은 자다. 진정으로 그는 불사신이다. 그런가 하면, 예로부터 모든 믿음과 철학에는 일정한 진실이 담겨있다 했지만, 우리는 거기에 별의별 정신 나간 짓도 포함시켜야 하리라.

강한 자가 목표를 향해 전진할 때, 그것을 저지할 만한 것은 존재하지 않는다. 강한 자가 직진하는 목표점은 아름다움과 번영, 물리적 힘이다. 힘의 사명은 힘이 없는 상태를 제어하고 계도하는 것이다. 힘이 없다는 것 자체가 범죄이기 때문이다. 만약에 모든 남자가 착해빠지고 모든 여자가 '맹꽁이자물쇠를 채운 듯' 구속되어 있다면 세상은 끔찍한 공포의 집이 되고 말 것이다.

인간 탐조등의 빛줄기가 국가의 기원을 에워싼 어둠을 들추면, 정복자와 피정복자, 평민(서민)과 귀족(엘리트 집단), 지배하는 윗사람과 복종하는 아랫사람의 존재가 어김없이 드러난다. 가장 최근의 사회발전 과정(실속이라곤 전혀 없는 요즘 시대)을 보아도, 인간이라는 동물 집단을 우월한 존재와 열등한 존재, 지배자와 피지배자의 계급으로 나누는 자연스럽고 유서 깊은 구분법이 폐지될 수 있으리라는 보장은 어디에도 없다. 노예를 부리는 자의 채찍소리는 태초부터 종말까지 그치지 않을 것이다. 지구상의 모든 왕국과 공화국, 제국에는 항상 (이런 저런 형태로) 주인과 노예, 지배자와 피지배자가 존재해왔다. 시대를 거치면서 이름만 변했을 뿐, 본질은 그대로인 것이다. 왕권의 형태는 변할지언정, 왕은 사라지지 않는다. 태초에도 지도자의 존재가 있었고, 마지막에도 지도자의 존재는 있을 것이다. 우리가 무엇을 새로이 만들어도, 우리의 선조가 새로운 무엇을 만드는 것과 다르지 않다. 변화는 진보가 아니고, 숫자 역시 발전이 아니다.

자유롭고자 하는 자는 누구든 자신의 힘을 보여줘야만 한다. 현세적 위대함의 본질은 지금도 불변(不變)이다. 누구든 스스로를 높이는 자는 높아질 것이요, 자신을 낮추는 자는 마땅히 남의 발아래 짓밟힐 것이다. '겸손'은 견공(犬公)의 식사에나 어울린다. 용기에는 모든 덕목과 겸양 뿐 아니라, 모든 범죄도 포함된다. 목숨 거는 일을 두려워하는 자는 그 무엇에서도 승리할 수 없다.

인간적인 옳고 그름은 정의가 아니라 힘에 의해 결정된다. 아무리 그럴싸하게 포장해도, 왕을 옹립하고 왕을 쓰러뜨리는 것은 예나 지금이나 결국 칼이다. 다른 모든 이론은 거짓이고 속임수다.

고로 부와 명예를, 권세와 명망을 거머쥐고 싶다면 지극히 현실적이고, 모질고, 냉혹하고, 무자비해야 한다. 이왕이면 적의 기세를 꺾고 성공에 도달해야만 한다. 적의 패퇴가 너의 힘이다. 적의 추락이 곧 너의 상승이다. 오직 힘 있는 자만이 자유로울 수 있으며, 힘은 도덕과 무관한 것이다. 삶은 현실이다. 삶은 정직한 것이고, 천국도 지옥도 그것의 종착역이 될 수 없다. 그리고 사랑과 쾌락, 탄생과 죽음, 운명과 투쟁은 영원할 수밖에 없다.

이 세상은 서로 쟁투하는 원자들의 거대한 소용돌이, 돌고 도는 싸움터다. 모든 세포, 모든 생물체가 저마다 살아남기 위해 싸우고 있다. 너는 살아남기 위해 싸우든지, 아니면 굴복해야 한다. 그러니 너의 부리와 박차, 앞니와 발톱을 강철처럼 날카롭게, 과학의 힘처럼 효과 있게 부릴 수 있도록 유념하라.

적자생존이 사물의 이치임에도 불구하고, 개개인의 비겁함은 이 타락한 시대의 가장 큰 패악으로 건재하다. 비겁함이 우리 인종의 뇌와 피를 부식시키는 중이지만, 사람들은 그 끔찍한 질환을 '선량함'이랄지 '인간미'라는 그럴듯한 수사로 포장하는 법을 이미 터득했다. 그 결과 피 대신 말들이 범람하고, 매운 주먹맛 대신 역겨운 욕지거리가 오가고 있다.

입에 발린 거짓을 늘어놓으며 미숙한 결함을 끝없이 둘러대기만 하는 비루한 영혼들이 이 타락한 세상에 얼마나 많이 우글거리는지!

분명히 말하건대, 용기다! 선량함이 아닌 용기! 그것이 가장 절실하다. 허풍선이나 화려한 불빛, 우렁찬 군악대, 대중의 환호성 따위가 없어도 스스로 발동하는 진정한 용기.

무기와 기치를 드높인 채 '승리 아니면 죽음'을 향해 홀로 불굴의

걸음을 내딛는 용기.

위험을 반기는 용기, 절망을 모르는 용기! 대중이 내지르는 광란의 야유나, 멍청한 감탄사, 귀청이 터질 것 같은 '엄청난 환호' 모두를 똑같이 혐오하는 용기.

목에 칼을 들이대도 결코 목숨을 구걸하지 않는 용기. 뻣뻣하게 쳐든 머리를 절대 수그리지 않는, 거칠고 가차 없는 용기!

머뭇거리지 않고, 물러나지 않는 용기!

일체의 노예규칙, 일체의 옳고 그름, 일체의 선과 악을 고고한 경멸의 눈빛으로 내려다보는 용기!

극복하지 않으면 파멸하리라 내심 작정한 용기!

그런 용기가 지금 이 세상에는 턱없이 부족하다. 그런 용기야말로 적자생존, 최강이 살아남는 과정에서 능동적으로 작용하는 요소다.

그런 용기는 주인집 연자맷돌을 돌려본 경험이 없다.

그런 용기는 앞으로도 주인집 연자맷돌을 돌리는 일이 없을 것이다.

그런 용기는 주인집 연자맷돌을 돌리느니 차라리 죽음을 택할 것이다.

"스비프다그(Svipdag)가 성벽으로 다가오자 성문이 닫혔다(정식으로 출입신청을 하고 대기하든지, 전쟁게임으로 시험을 보는 것이 관습이다). 그러나 스비프다그는 그런 고생을 하는 대신, 문을 부수고 안으로 들이닥쳤다. 이를 두고 이사(Yisa) 여왕은 말했다. '이 사내야말로 여기서 환영받을 자로구나!'"[25]

25) 고대 수단나라의 영웅시에 등장하는 이야기.(역주)

Wright is Wright

제2장 ——————— 우상파괴

1

사회학적인 관점을 고수하는 한, 우리는 이성을 포기하든지, 그리스도를 포기해야만 한다. 그는 탁월한 부조리의 예언자이자 대중에게 광기를 퍼뜨리는 설교자다. 인간다움을 파괴해 그 기운을 쇠잔케 하는 모든 것을 찬양하고, 자신을 믿으며 영웅적으로 행동하는 모든 것을 매도한다. 그가 내세우는 영웅 중의 으뜸은 더럽고 병든 부랑자 라자로다. 반대로 건강하고 원기 왕성한 시민이자 갑부는 야비하고 죄 많은 자의 '끔찍한' 표본이 된다. 그는 '겸손한 자'를 칭찬하고, 당당한 자를 질타한다. 그는 실패를 축복하고 성공을 저주한다. 고귀한 모든 것을 왜곡시키고, 흉측한 모든 것을 치켜세운다. 인간의 모든 자연본능을 거꾸러뜨리고, 우리로 하여금 인위적인 삶을 강요한다. 그는 사람의 자존감을 확대하는 장점들을 악(惡)으로 치부하는가 하면, 자신의 추종자들에게는 세상 사람의 손가락질과 무례한 행동, 모욕을 묵묵히 감내하라고 충고한다. 사실상 노예가 되라고 가르치는 셈이다. 요컨대, 그가 공개적으로 표명한 견해에서 현실적으로 진실에 부합하는 것은 거의 없다.

오, 그리스도여! 오, 그리스도여! 그대 교활한 악령이여! 그대 엄청난 전복자(顚覆者)여! 도대체 얼마나 기막힌 에블리스[26]의 마법으로 이 세상을 홀린 것인가? 천하고 하찮은 영혼의 소유자인 그대 유대인이여!

---

26) 이슬람 신화에 등장하는 악령의 우두머리. 기독교의 사탄에 해당.

현대의 철학자들은 대체 무엇이 두려워서 이 자기기만에 빠진 갈릴리 산사람의 '꿈같은' 유토피아적 이상주의를 과감하게 공격하지 못하는 걸까? 기껏해야 거세된 미덕과 자기비하, 수동적으로 고통을 감내하라는 것밖에 가르치는 게 없는 설교자가 아니던가?

옛 유대 땅과 몰락해가는 로마제국을 통틀어 예수 그리스도와 그 미신적인 후계자들이 떠들썩하게 펼쳐 보인 병약한 인도주의적 윤리는 앵글로색슨 민족들에게도 비술(秘術) 마법사들이 흔히 말하는 '신적 계시'의 가장 순수하고, 위대하며, 반박할 수 없는 지혜의 정수로 받아들여졌다. 그럼에도 자세히 들여다보면 거기에 아무런 신성도, 비술도 없을뿐더러, 합리성이나 정직성조차 없다는 것을 알 수 있다. 거의 모든 것이 악몽에나 나올 법한 내용들이며, 동방의 강력한 속임수들이 한데 버무려있을 따름이다.

현재 통용되는 정치경제학적 신념은 '비탄에 빠진 자'[27]가 가르친 저속한 공산주의적 카발라의 다양하면서 절대적인 영향권에 놓여있다. 그럼에도 실질적 공리로서 그 내용이 비판적으로 검토된 적은 거의 없다. 예수, 베드로, 바오로, 야고보 그밖에 다른 아시아의 강직증 환자들[28]이 소위 사회적 해결책이라며 공표한 대책들을 우리가 무작정 신뢰하고 고분고분 받아들인 이유는 도대체 무엇일까? 고작해야 설익은 정신력을 가진 유치한 수준의 사회주의 개혁가들일 뿐인데,[29]

---

27) 수난의 예수 그리스도를 의미하는 별칭.

28) 주변 환경의 변화에 대한 반응력 부재로, 한번 취한 입장을 언제까지나 고수하는 태도를 빗댄 표현이다. 여기선 독실한 기독교 신자를 의미한다.

'신천지(新天地)' 운운하며 뜬구름 잡는 설교나 해대는 선동가들, 빈민가 출신의 정치꾼들에 불과한데 말이다. 자고로 빈민가에서 고결한 무엇이 솟아날 리는 없는 법.

예수와 그의 현대판 제자들의 선동가적 면모가 이제부터 낱낱이 파헤쳐질 것이다. 그전에 분명하게 이해해야 할 것은, 모든 우주론에서 영적인 문제와 세속적인 문제는 워낙 복잡하게 서로 얽혀있어, 완벽하게 분리해내기가 거의 불가능하다는 점이다. 이를테면 신과 국가체제는 마치 샴쌍둥이처럼 서로 결합되어 있다. 그런 만큼 둘 중 하나를 죽이면 나머지 하나도 살 수가 없다. 예로부터 항상 정치가와 사제 사이에 공개적인 혹은 비밀스러운 연대가 존재할 수밖에 없었던 이유다.

이 세상에 실제로 작동하고 있는 모든 교의적(敎義的) 철학은, 그 원초적 모습이 순수했든 불순했든, 본질적으로 민법이자 군법이며, 경찰규범이라고 할 수 있다. 일찍이 나폴레옹은 말했다. "종교란 권력이자 정치적 장치다. 만약에 신이 존재하지 않았다면 나라도 하나 만들어야 했을 것이다." 기독교 신앙은 글로 보나 그 정신으로 보나 우선적으로 정치이론이다. 그것도 툭하면 광란의 히스테리 발작으로 둔갑하는 이론.

종교는 공적인 체제의 형태가 갖춰지는 모체다. 이 점은 누마[30]에서 브리검 영[31]까지, 솔론[32]에서 로욜라[33]까지 그리고 콘스탄티누스

---

29) 이 책에서 '개혁가(reformer)'란 단어의 쓰임은 대체로 사회주의자와 민주주의자가 차지하는 정치적 의미망과 겹친다.

대제[34]에서 기름 붓는 시늉이라든가 찬가를 그럴듯하게 흉내 내 부르는 걸로 꼬박꼬박 돈을 챙겨 받는 최하급 '레위인(人) 삯꾼'[35]에 이르기까지 인류의 유력한 지도자들이 충분히 이해하고 활용해온 사실이다.

2

"너희는 모두 형제이니라!" 과연 모든 사람이 형제일까? 검둥이와 인디언이, 오스트레일리아 원주민과 몽골족과 쿨리(Coolie)[36]가, 귀한 태생과 천한 태생[37]이, 맥주에 절어 사는 한량과 영웅적 가슴을 가진 애국자가, 화려한 예장대(禮裝帶)를 두른 지휘관과 무지렁이 노예직공

---

30) 누마 폼필리우스(Numa Pompilius)는 기원전 7세기경 인물로, 공화정이 성립되기(기원전 509년) 이전 로마를 다스렸던 일곱 왕 중 두 번째 왕이었다. 그는 가톨릭 수녀제도가 유래한 '베스타 처녀사제단'과 교황직의 기원인 '폰티펙스 막시무스(pontifex maximus, 대신관들을 통할하는 최고 신관직)'를 비롯해, 마르스, 주피터, 로물루스 등을 받드는 초기 로마의 여러 종교제도를 확립했다.

31) 브리검 영(Brigham Young, 1801~1977)은 조셉 스미스가 창설한 모르몬교를 종교뿐 아니라 세계적 규모의 정치, 경제, 사회적 체제로 확장시킨 지도자다.

32) 솔론(Solon, BC 638?~559?)은 7현인으로 일컫는 고대 아테네의 지도자 중 한 사람으로, 신분제도와 솔론 법전을 비롯한 많은 행정적 법률적 개혁을 단행했다.

33) 로욜라(Ignatius Loyola, 1491~1556)는 에스파냐의 수사로 예수회 설립자다.

34) 콘스탄티누스 대제(285?~337?)는 정치적으로 분열되어 있던 로마제국을 통합하고 밀라노 칙령으로 기독교를 공인했다.

35) 성서에서 돈을 받고 고용된 사제직과 관련한 내용(《구약》 사사기 17장, 18장. 《신약》 요한복음 10장 12~13절). 현대에 와서도 돈을 받고 유대인을 위해 일하는 이교도를 암시한다.

36) 인도와 중국의 하급노동자.

37) 이 용어들은 철저히 다원주의적 의미로 쓰인 것이다(원주).

이, 무쇠솥과 토기단지가 정녕 한 형제일까?

인간은 모두 형제라는 가설이 자연에 부합한다는 증거가 있는가? 어떤 믿을 만한 생물학적, 역사적 근거에서 그런 주장을 하는가? 만약 그것이 자연스럽다면, 대결과 경쟁, 투쟁이라는 것은 부자연스러운 것일 터다. (그런데 대결과 경쟁, 투쟁 그리고 나약한 인간의 총체적 절멸이 자연스러울 뿐 아니라, 반드시 필요한 일임을 증명하는 것이 이 책의 목적이다.) '형제애'라는 것이 지구상에 시도된 적이 있었나? 있었다면, 언제, 어디에서, 어떤 결과를 낳았던가? 자기를 부정하기보다는 자기를 긍정하는 것이 보다 고결하고, 위대하며, 더욱 영웅적인 태도가 아닐까? 자신을 낮춘다는 것은 결국 자진해서 아랫사람이 되고, 자진해서 고생을 감내하겠다는 뜻에 불과하지 않을까?

그리스도는 추종자들에게 차라리 이렇게 말을 했어야 정직하고 옳았을 것이다. "수고하고 무거운 짐진 자들아, 모두 내게로 오라. 내가 너희를 끊어지지 않는 끈으로 단단히 묶어, 나귀처럼 양쪽으로 두 개의 짐을 지게 해주겠노라."

'가난하고 무지한' 자들, 천한 계층의 무능력한 자들, 부랑자들이 그런 그의 첫 번째 추종자들이었다. 아울러 오늘에 이르기까지도 남녀를 불문한 더 가난하고 더 무지한 사람일수록 그리스도의 종교적 이상을 열심히 따르고, 그의 망상이 빚어낸 정치적 천년왕국설에 맹목적으로 집착한다.

생각 없는 사람들은 말한다. "우리가 그리스도 같은 삶을 살았다면, 세상이 얼마나 아름다워졌을까?" 우리가 정녕 그리스도 같은 삶을 살았다면, 우리 중 누구도 살아남지 못했을 것이다. 그리스도는 자식을 낳지 않았다. 그는 빵을 벌기 위한 노동을 하지 않았다. 그는 집을 소유하지 않았다. 그는 단지 말만 했다. 요컨대 그는 자선에 기대 연명하거나 빵을 훔쳐야 했을 것이다. 그러니 "만약 우리 모두가 그리스도 같은 삶을 살았다면" 누가 남아서 노동을 했을 것이며, 그리스도는 누구에게 빵을 구걸해 연명하고, 누구의 빵을 훔칠 수 있었겠는가? "우리 모두가 그리스도 같은 삶을 살았다면"이란 말은, 따라서 명백한 헛소리다.

다음과 같은 기록이 있다는 것은 놀랄 일이 아니다. "부르심을 받은 이들 가운데 속된 기준으로 보아 지혜로운 이가 많지 않았고, 유력한 이도 많지 않았으며, 가문이 좋은 사람도 많지 않았습니다. 하느님은 세상의 어리석은 것을 선택하시고, 세상의 약한 것을 선택하셨으며, 세상의 천대받는 것을 선택하신 것입니다."[38] 그렇지 않은 것이 그와 관계가 있을 리 없지 않은가. 그리스도는 실제로 열에 들뜬 3년 동안 남의 말에 혹하기 쉬운 대중의 예언자 노릇을 했다. 그리고 그 대중은 정작 그리스도가 자신들을 필요로 할 때 그를 버렸다. (이건 대중의 생리상 흔히 있는 일이다.) 원래 대중이란 그렇게 겁 많고, 야비하며, 속을 알 수 없는 저열한 것들이다. 그들은 지금껏 전시(戰時)든 평화 시든 탁월한 능력을 갖춘 지도자를, 그 지도자가 스스로 눈치 빠르게 주인 행세를 하지 않을 경우, 끝내 저버리거나 배반하지 않은 적이 없다.

38) 고린도전서 1장 26~29절.

그리스도가 무참히 죽어가도록 방치한 다음에야 대중은 그를 신으로 받들어 모셨고, 그를 기린답시고 제단을 쌓았다. 노예와 여자, 광인, 문둥이, 창녀가 초기 기독교인이었다. 지금까지도 아녀자와 하인, 정신병자는 기독교 교회를 구성하는 원자재와도 같은 존재들이다.

원시 기독교신앙은 교활하게도 미신적인 (이를테면 투쟁을 통해 잃고 얻는 것이 아닌) 해결책에 목말라하는 노예집단의 상상력에 불을 붙였다. 그리고 영웅적 원리들을 전복시키기 위해 그들을 일사불란하게 훈련시켰다. 그렇게 해서 결국 투쟁을 통한 생존의 진정한 고결함이 지배해야 할 자리에, 설교 솜씨, 지옥을 파는 기술, 자선, 정치적으로 이용하는 전략 등, 불순하고 떳떳치 못한 모든 수단에 근거한 약삭빠른 신정체제(神政體制)를 구축한 것이다. 기독교신앙은 한때 그것의 선례들로 보나, 그것을 설파한 스승들로 보나, 그 자체로 보나 불명예스러운 교의다. 실제로 그로 인해 영웅적 정신의 싹이 질식되어가거나 이미 질식된 상태이기에, 그것을 일컬어 '콘스탄티누스의 치명적인 유산'이라 했던 것이 아닌가.

옛날이든 요즘이든 기독교와 거기에 뿌리를 둔 모든 것은 위대하고, 고결하고, 관대하고, 영웅적인 것을 모조리 부정하되, 나약하고, 잔학하고, 수치스럽고, 비열한 것은 모조리 칭송한다. 십자가는 예나 지금이나 치욕의 문장(紋章)이다. 그것은 유대인 노예가 매달린 형틀을 표상하고 있다. 지난 2천년 동안 그것은 인간의 이성을 무조건 전복시켰고, 상식을 뒤집어엎었으며, 굴종과 도착(倒錯)의 광기로 세상을 오염시켜왔다. 사람에게는 바른길로 보여도, 끝내는 죽음에 이르

는 길이 있다는 것은 엄연한 사실이다.[39]

북소리 크게 울려라, 저 바다 너머 저 땅 너머!
이스라엘이 승리하니, 세상은 묘지로다![40]

3

황금률은 합리적인 법칙일까? 오히려 머슴의 법칙이 아닐까? 겁쟁이 규칙, 법칙이라기보다는 하나의 요령? 남들이 나에게 하길 바라는 대로 내가 남들에게 하는 것은 왜 '옳은가?' 옳다는 것은 무엇인가? 남들이 나에게 '해'를 끼칠 수 없고 '이로움'을 줄 수도 없다면, 내가 왜 그들을 신경 써야 할까? 수많은 벌레들보다 내가 왜 그들의 존재에 더 유념해야 하는가? 남들이 나에게 해를 끼치려 애쓰고 또 그럴 능력이 있다고 해서, 내가 그들에 대한 대갚음을 왜 포기해야 하나? 정녕 그들과 싸우지 말아야 하나? 그건 결국 그들만 나를 마음껏 해치고 파괴할 수 있도록 백지위임을 해주는 것이 아닐까? 그들과 싸우고 그들을 무력화시키는 것이 결국 남들에 대한 '옳은 일'이 아닐까? 그

---

39) 잠언 16장 25절.

40) 토머스 무어(1779~1852)의 시 〈북소리 크게 울려라!−미리암의 노래〉를 패러디함. 원시는 다음과 같이 진행된다. '북소리 크게 울려라, 이집트 어두운 바다 너머. / 여호와가 승리했으니, 그분 백성은 자유로다.'

들 역시 남들과 다투는 것이 '좋은 일' 아닐까? (다시 묻자, '좋다는 것'은 무엇인가?)

먹잇감이 될 존재에게, 남들이 나에게 해주기를 바라는 그대로 남들에게 해주라고 요구하는 것이 과연 타당할까? 만약 그 요구에 따른다면, 그가 살아남을 수 있을까? 단지 황금률을 금과옥조로 받아들인다고 해서, 그걸 따르길 거부하는 자들의 먹잇감이 되는 걸 피할 수 있을까?

이 '법칙'은 어떤 합리적이고 지속적인 근거를 갖고 있나? 사람들 사이에서 실제로 작동한 적이 있기는 한가? 이 세상에서, 아니면 다른 어느 곳에서라도 성공적으로 시행될 수 있는 원리인가? 예수 그리스도 자신은 매번 그대로 실천했나? 체포될까 두려워 '그분을 부인했을 때', 허풍선이 베드로는 그렇게 했나? 현찰을 받고 '그분을 팔아 넘겼을 때', 자산가 유다는 그랬나? 입으로만 받들어 모시는 오늘날 그분의 종들 중 과연 얼마나 많은 이들이 사업상 관계에서 황금률을 실천하나? 얼마나 많은 이들이?

이상 질문들에 꼼꼼히 대답할 필요는 없다. 질문 자체가 곧 대답이기 때문이다. 그런 뜻에서 명심해야 할 것은, 증언의 신빙성을 테스트하는 최선의 방법은 곧 그 증언 자체에 대한 반대신문이라는 점이다. "남이 너에게 해주기를 바라는 그대로 너희도 남에게 해주어라." 모름지기 나약한 유대인의 입에서 흘러나온 최악의 치사한 가르침이 아닐 수 없다.

바로 이런 식의 어설픈 도덕주의와 터무니없는 '원칙들'을 요람 삼아, 그 흔한 대중연설가들, 코뮌주의자들, 신앙부흥전도사들, 무정부주의자들, 좌익공화주의자들, 민주주의자들, 그밖에 온갖 대중숭배자들의 역겨운 발상이 고개를 내밀고 끊임없이 악을 써대는 것이다. 그들이 주장하는 악마적 천년왕국의 화려하면서도 위험천만한 캐치프레이즈들 우글거리는 곳 역시 '신성한 복음서'들이다. 급기야는 이렇게 명기되어 있지 않은가? "하느님이 사람들을 치려고 천사를 보내셨다." 그러니 조심하자! 대저 천사들이란 정치 운운, 개혁 운운하며 우리에게 접근하거늘!

4

"서로 사랑하라"가 최고의 계율이라고들 말한다. 하지만 어떤 힘이 그것을 최고의 계율로 만들었나? 사랑의 복음은 어떤 합리적인 권위에 근거하는가? 그것을 실천하는 것이 가능하기는 한가? 현실에 보편적으로 적용할 경우 그 결과는 어떨까? 내가 나의 적들을 미워하고, 어차피 야수나 다름없는 그들을 쓰러뜨리지 말아야 하는 이유가 대체 무엇인가? 다시 묻겠는데, 이유가 무엇인가? 내가 그들을 '사랑'한다면, 결국 그들 처분에 나를 맡기는 꼴이 아닌가? 원수끼리 서로 '선행'을 베푸는 것이 자연스러운 일인가? '선(善)'이란 무엇인가? 갈기갈기 찢겨 피투성이가 된 피해자가 자기 팔다리를 물어뜯고 있는 아가리를 사랑할 수 있는가? 우리 모두는 본능적으로 포식자가 아닌가?

인간이 서로 잡아먹기를 졸지에 중단한다면, 과연 목숨을 계속 부지할 수 있을까?

"너희는 원수를 사랑하여라. 너희를 미워하고 학대하는 자들에게 잘해주어라."[41] 이는 발길질을 당해야 알아서 기는 비겁자의 야비한 철학이다. 오, 그렇게 살아보아라, 독자여! 그대 자신은 물론 대대손손 고생길이 훤할 것이다. 평생을 천역(賤役)에 종사하는, 기브온 족속[42]으로 살아갈 것이다. 그러나 온 마음 다해 원수를 미워해 보아라. 누가 그대의 한쪽 뺨을 갈기면, 그 즉시 상대를 박살내버려라. 묵사발을 만들어버려! 자기보존이야말로 최고의 계율이다. 그렇지 않고 다른 쪽 뺨마저 대주는 자는 겁쟁이 개다. 기독교의 개.

주먹질에는 주먹질을, 모욕에는 모욕을, 파괴에는 파괴를, 거기에 덤까지 쳐서 퍼주어라. 눈에는 눈, 이에는 이, 열 배, 스무 배로 갚아주는 거다. 너 자신이 상대에게 공포 그 자체가 되게 하라. 그러면 이전보다 깨닫는 점이 더 많아진 그쪽이 알아서 물러날 것이다. 그런 식으로 너는 무엇을 업(業)으로 삼든 존중받게 될 것이고, 너의 그 불굴의 정신은 애매모호한 낙원에서가 아니라, 기세 등등 뻗어나갈 네 자손의 심신을 통해 영원히 살아갈 것이다. 뭐니 뭐니 해도 진정한 사내

---

41) 누가복음 6장 27~28절.

42) 여호수아 9장. 구약에 등장하는 이스라엘 민족의 팔레스타인 정복기에서 가나안에 속한 기브온 거주민에 관한 일화. 이스라엘 군대의 진군 소식에 기브온의 대표들은 여호수아에게 은밀히 접근해, 거주민 전체가 이스라엘의 종으로 살아가는 대신 안위를 보장받기로 밀약을 맺었다. "(이스라엘의) 수장들이 또 말하였다. '그들을 살려줍시다.' 그래서 수장들이 결정한 대로, 그들(기브온족)은 온 공동체를 위하여 나무를 패는 자와 물을 긷는 자가 되었다(9장 21절)."

다움이란 장대한 혈통을 통해 증명되는 법. 겁 많은 짐승이 그 후손에게 소심함만을 물려준다는 것은 과학적 이치다.

모든 사람이 서로 '형제처럼' 살아서, 대결하고 극복해나갈 힘센 적(이웃)의 존재가 전무하다면, 인간이 가진 고도의 장점들은 급속도로 사라지고 말 것이다. 먹이를 쫓아 날아다닐 필요가 없어진 새가 날개의 능력을 점차 잃어가듯이 말이다.

태초 이래 모든 인간이 서로를 형제애로 대해왔다면, 지금 어떤 결과에 이르렀을까? 전쟁, 대결, 경쟁, 혈족의 결속, 노예제도, 강자우선생존, 인종청소 등등, 이런 것들이 아니었다면 오늘날 이 늙은 지구의 땅덩어리에 갇혀 곪을 대로 곪은 지옥의 꼬락서니가 어떠했겠는가?

5

시카고에 거주하는 퍼디낸드 M. 스프레이그 목사는, 소위 정치목회자의 전형이라 여길 만한 인물인데, 최근 〈사회진화의 법칙〉이라는 제목의 소책자를 발간하면서 이렇게 썼다. "사회주의의 마지막 보루는 신성한 기독교라고 할 수 있다. '이웃을 네 몸같이 사랑하라'와 같은 기독교의 가르침은 결국 '모두는 각자를 위해서, 각자는 모두를 위해서'라는 모토와 일치한다." 현재 작동하고 있는 그것의 원리는 이타주의다.[43] 초기 로마포교에 앞장섰고 지금은 성인품에 오른 거의 모든 '교부(敎父)들'(이들 중 대부분은 당시 노예였거나, 해방노예 신분이었다)이 적극 옹호했던 것 역시 그와 유사한 이상들이다. 심지어 지금까지도 가톨릭교회의 공인된 지도부는 예수회의 양떼들에게 내려보내는 교시에서 옛날의 그 고색 찬연한 유토피아적 이상주의를 되살려내고 있다(그러고 보니 '양떼'라는 단어는 여차하면 털과 가죽이 홀라당 벗겨지는 존재들을 얼마나 잘 암시하는가!).

그런가 하면 그리스도의 친형제로서 거리소요 중 경찰의 곤봉에 맞아죽은 것으로 알려진 야고보의 편지는 훗날 사회주의자들에 의해 따로 인쇄되어 널리 유포되었는데, 그 목적은 강제노동과 조직화된 공동생활, 다수표결의 원칙을 근거로 하는 보편적 형제애의 터무니없는 이론에 힘을 싣기 위함이었다.

또한 현대의 많은 도시에서는 맥글린 박사, 비머스 교수, 휴 프라이스 휴스, W. T. 스테드, 마이런 리드 그리고 캘리포니아의 혜런 교

---

43) 브리태니커 백과사전에선 이런 문구를 찾아볼 수 있다. "사회주의 윤리는 기독교의 가르침과 일치한다." 기독교 신앙의 뿌리를 파고들다 보면 유대교 안에 이미 사회주의가 제대로 구축되어 있음을 쉽게 확인할 수 있다. 1919년 4월 4일 런던에서 발행된 〈주이시 크로니클(Jewish Chronicle)〉의 다음 문장도 그 점을 시사하고 있다. "볼셰비즘 자체도 그렇거니와, 그토록 많은 유대인들이 볼셰비키라는 사실, 볼셰비즘의 이상들이 많은 점에서 유대교 최고의 이상들과 일치한다는 사실은 매우 의미심장하다."

44) 에드워드 맥글린 박사는 뉴욕 아이리시 로마 가톨릭 사제로서 끊임없는 정치적 행보가 문제되어 1887년 파문조치 당했다. J. H. 버미스 박사 역시 1800대 후반 활발히 활동한 미국의 성직자다. 휴 프라이스 휴스는 1880년대 웨슬리언 감리교단을 대표하는 인물이다. 열정적인 설교로 유명했던 그는 성교회의 공공교육 관여문제를 정면비판하고 '금주운동'을 적극 지원했다. 윌리엄 토머스 스테드는 1849년 잉글랜드 태생의 엄격한 청교도로서, 기독교적 윤리에 기초한 사회정의와 여권신장에 평생을 바친 인물이다. 자신의 일을 "악과 싸울 수 있는 영광스러운 기회"로 자부해오던 그는 윌리엄 하워드 태프트 대통령의 초청으로 미국 방문길에 올랐다가, 1912년 4월 14일 타이타닉호의 침몰과 함께 생을 마감했다. 마이런 리드 목사는 유명자선단체인 '공동모금(United Way)'의 창설자 중 한 명이다. 윌리엄 혜런 교수는 캘리포니아 복음화 운동으로 유명하며, "그리스도는 지금 이곳에! 심판의 날은 바로 오늘!"이 그가 전하는 메시지의 골자다.

수 같은 입만 살아있는 비이성적인 설교쟁이들이 제 세상이라도 만난 듯 설쳐대는 형편이다.[44] 이들은 사람을 설득하는 연설기술에서 하나같이 타의 추종을 불허하는 대가들이다. 이들은 신약성서를 교과서로 삼으면서, 병적인 대중을 상대로 동등한 권리, 동등한 자유, 동등한 형제애의 천박하고 얄팍한 복음을 전가(傳家)의 보도(寶刀)처럼 휘두른다. 외양간 여물통에서 태어나 사형틀에서 죽은 아시아 소수민족의 신이자 구세주, 십자가에 매달린 (그럼에도 전능한) 돈키호테의 인간해방 헌장(憲章)이라도 발굴한 사람들 같다.

6

이 집 저 집 문전걸식을 하는 신이라니! 자기 머리 하나 편히 기대쉴 곳이 없는 신이라니! 십자(十字)로 교차한 형틀에 못 박힌 신이라니! 용병의 창끝에 찔린 신이라니! 유급(有給)행정관의 지시로 처형당한 신이라니! 참으로 정신 나간 발상들이 아닌가! 이걸 사상이라고 해야 하나, 아니면 하찮은 정신병으로 보아야 하나? '몽매한 이방인'이라 했던가! 옛 시절의 미신적 광기도 유분수지! 하긴, 오늘날 만연한 우상숭배의 광풍을 감안하면, 일개 유대인 한 명 신으로 만드는 것쯤 어린애 장난일 것도 같다. '신성한 민주주의자'가 체제의 형틀에서 처형당할 수밖에 없었던 것은 당시 로마제국 통치자들이 그보다 더 강했기 때문이지 다른 이유가 없다. 그와 그의 추종자들이 가진 힘은 로마제국 통치자의 그것에 견줄 만한 것이 아니었으니까.

그는 엄청난 실패를 맛보며 죽어갔다. 대속(代贖)하지 못한 대속자. 구원하지 못한 구원자. 송아지처럼 채찍질 당한 메시아. 사랑과 우애, 평등의 터무니없는 복음을 떠들어대다가 거짓살포 죄명으로 파멸한 노예선동가.

아무리 영적인 관점을 동원한다 해도, 한 인간의 전 생애로 보나 사후 영향으로 보나 '십자가상의 창백한 사내가' 비통하게 울부짖으며 내려다본 공허가 그의 발아래 모여든 구경꾼들이 죽어가는 그를 통해 올려다보던 공허보다 더 심각했음을 보여주는 단서는 어디에도 없다.

외세의 군대가 주둔하고 있는 예루살렘 요새의 냉혹한 조건에 '창백한 혈색의 몽상가'가 무슨 도움이 되었을까? 뒤늦게나마 군중이 제정신을 차려, '해보다 더 밝은 저 천국'[45]이나 불러대는 유약한 가인(歌人)보다 바라바의 석방을 요구한 건 옳은 결정이었다. 바라바는 성서에 도둑으로 소개되어 있다. 실제로는 무장봉기의 주동자였고, 로마의 세금징수인 살해범이었으며, 부유한 히브리인들에게서 통행세를 거두어 애국적 목적에 사용하는 (이를테면 로브 로이[46]라든가 로빈 후드, 윌리엄 월러스,[47] 윌리엄 텔 같은) 의적 두목이었다. 만약 그 시대 그곳에

---

45) 원제가 'In the Sweet By-and-By'인 유명한 찬송가.

46) 본명은 로버트 맥그리거(1671~1734). 암적색 머리칼 때문에 '붉은 로브(Rob Roy)'라 불렸으며, 스코틀랜드의 로빈 후드라는 평판을 누렸다.

47) 13세기 스코틀랜드 고지대를 주름잡으며 잉글랜드에 대항한 반란군 수장. 영화 '브레이브 하트' 주인공의 실존모델이기도 하다.

내가 살았더라도, 똑같은 요구를 했을 터다. "바라바를 석방하라!" 천 명의 그리스도보다 한 명의 바라바가 낫다.

오, 애통하구나! 애통해! 갈릴리 사내여! 그대는 더 이상 길도, 진리도, 빛도 아니다!

7

자, 이쯤에서 시카고의 고명하신 유토피아 전도사[48]에게로 다시 돌아가 보자. 그는 순진한 사람 꼬드기는 어법으로 이렇게 역설하고 있다. "사회진화의 법칙은 유기적 생존을 위한 무지막지한 투쟁이 아니라, 모든 사회구성원의 정신적, 육체적, 윤리적 번영을 추구하는 방향으로 작동한다. 그렇게만 되면 자유, 평등, 우애의 정치윤리적 원칙들이 사회체제를 통틀어 최대한 광범위하게 실현되는 날이 오고야 말 것이다. 이와 관련한 주요 발전모델은 다름 아닌 기독교 교회와 기독교 학교, 기독교 정부, 기독교 윤리 그리고 기독교 경제다."

또 다른 유혹적이면서 대단히 악의적인 사회주의자(헨리 조지)[49]는 한층 더 노골적으로 다음과 같이 공언한다. "사회의 구원, 인류의 발

---

48) 퍼디낸드 M. 스프레이그. 이 장의 5절 참조.

49) 헨리 조지(Henry George. 1839~1897)는 정치경제학자로서, 마르크스주의 이상과 매우 흡사한 사회경제적 입장을 고수했다.

전과 자유에 대한 희망은 우애의 복음, 그리스도의 복음 안에 있다." 나아가 그는 정치인들을 국가차원의 임대세(賃貸稅) 수금원으로 삼을 것을 제안한다. 아울러, 총체적 행정업무의 대리자이면서 소위 '빈곤층'을 위한 국가연금 관리자 역할을 맡기자는 것이 그의 주장이다. 맙소사, 정치하는 자들이 어떤 존재인지에 대한 경험이 충분치 않단 말인가? 저 음흉하고 속 시커먼 사기꾼, 도적들의 정체를 정녕 모른다는 건가! 저들의 가시는 코브라의 독니보다 치명적이고, 저들의 입이 내뿜는 악취는 그 자체가 죽음인 것을! 오, 그대 정치꾼들이여, 그대들은 물론이고 그대들의 특권을 불리려 애쓰는 모든 자들에게 저주가 있으리라!

제퍼슨부터 링컨에 이르기까지 (그 둘을 흉내 내는 자들까지 포함해) 역대 대통령 후보자들은 보통 평등을 주장하는 얄팍한 수사(修辭)를 아끼지 않고 남발했다. 그 자체가 곧 표로 연결되거니와, 자고로 관직을 탐하는 자들이란 강렬한 언어로 치장한 채 온갖 악마적 기만술을 부리는 데 이력이 난 자들이다.

지난 이천 년에 걸쳐 이같이 실속 없는 말잔치가 기독교 지대의 구석구석까지 범람해왔지만,(사람들의 맥을 빠지게 했을 뿐) 그토록 약속해온 지상낙원의 현실화는 참담한 좌절로 귀착되고 말았다. 이른바 암흑시대가 시작되면서부터 맨발의 탁발승들에 의해 그런 약속들이 남발되어온 것인데, 결국 보통 사람을 사랑한다는 명분을 내세워 협동으로 생산되는 부와 권력의 지배체제에 은근슬쩍 진입하자는 것이 그들의 숨은 목적이었다. 이제 웅변력을 갖춘 선동가들에 의해 그때와 동일한 사상들이 (이번에는 정치경제학적 외관을 두르고서) 복원, 치장되고 있다. 다름 아닌 국가라는 매개체를 통해 미래를 지배하고 수탈하자는 목적이다. 한때, 교회라는 똑같이 탐욕스러운 매개체를 통해 사제가 지배와 수탈을 자행했듯이 말이다.

교회가 승승장구할 때 암흑시대가 시작되었고, 그 교회가 (그 사회적 더듬이까지 몽땅) 철폐되는 날 영웅적 시대는 다시 한 번 밝아올 것이다. 왕년의 진짜 영웅들이 다시 태어나야만 한다. 우리의 여인네는 걸어 다니는 인형이나 아기자기한 잡화점 이상의 그 어떤 존재로서 여전히 건재하다.

'교회'는 설교하는 기생충들이 만든 우상. '국가'는 정치하는 기생충들이 만든 우상. 명심하라, 아메리카여! 수도승의 신령한 술수에서 벗어남으로써 너는 정치꾼의 '싹싹한 친절'에도 쉽게 속아 넘어가지 않으리라는 것을. 설사 '개혁' 운운하는 누군가 다수의 표를 통해 무조건적 대다수가 지배하는 어둠의 독재를 재건하는 데 성공한다 해도, 그런 체제란 결국 자체의 무게를 견디지 못해 무너질 것이며, 서로 활발히 쟁투하는 파편들로 흩어지리라는 위안이 우리에겐 있다.

보편적 교회란 더 이상 존재하지 않는다. 지금 우리 눈에 보이는 것은 시기심을 다스리지 못하는 그것의 잔해일 뿐이다. 아울러 세계국가, 사회민주주의, 경제공화주의, 인류의 형제애 따위도, 설사 그 실질적 형태가 갖춰진들, 교회와 비슷한 실패에 이르고 말 것이다. 기껏해야 그것들이 할 수 있는 일은 종족마다 일시적 진정제를 처방해줌으로써, 적자생존의 작용을 지연시키는 것뿐이다.

정신 나간 자들이 아무리 애를 써도, 평생 덮어쓰고 살아온 그들의 거죽을 훌렁 벗어 던질 방도는 없다. 기독교적이든 사회주의적이든 일체의 교회와 온정주의, 학교, 정부, 제도, 윤리와 도덕주의는 (그것이 진정 기독교 정신과 형제애를 구현하는 것이라 해도) 사물의 자연적 질서를 결코 변화시킬 수 없을 것이다. 따라서 정신적, 육체적 불구자들이 제 아무리 '선한' 모습으로 포장되고 그 수가 바닷가 모래알처럼 많아도, 그들의 생존이 언제까지나 보장되는 것은 아니다. 센티멘털리즘의 볼멘소리만으로는 우주의 불변하는 흐름을 되돌릴 수 없다. 천만의 말씀, 절대 안되고말고! 심판의 그날까지 울부짖은들 소용없다! 모든 도시마다 매주 금요일 저녁에 맞춰 신의 어린양을 도륙해 그 피로 안식일을 기린다 해도, 어림없다!

8

'자유, 평등, 우애.' 이 셋은 현대 민주주의의 커다란 빛이면서 동시에 세 가지 엄청난 허구이자, 가증스러운 슬로건이다. 초인간적인 권능을 가진 사탄이 불칼과 대포, 다이너마이트로 중무장한 불사의 마귀들을 동원해 선포한다 해도, 결코 그것들을 세상에 실현할 수 없다.

번쩍거리는 황금판에 평등이라는 은(銀)글씨를 아로새겨도, 지속적인 기적을 만들어내지 않고서는 평등을 누릴 수 없다. 단단한 화강암벽에 우애라는 다이아몬드 문자를 이글거리게 박아 넣어도, 우주의 메커니즘을 되돌리지 않고서는 우애를 이룰 수 없다. 무수한 양피지 두루마리에 자유라는 글자를 기입하고, 모든 항구마다 자유의 여신상을 일으켜 세워도, 타고난 노예기질로는 백 번 죽었다 깬들 결코 자유를 취할 수 없다.

오, 그대 침 질질 흘리는 정신병자여, 진흙덩어리로 대리석 궁전을 지을 수 있는가? 똥 무더기에서 정복자를 키우거나, 바보를 위대한 인물로 만들 수 있나? 돼지를 영웅으로 가공해낼 수 있다고 생각하나, 코나 킁킁거리는 너 '교육받은' 돼지새끼야?

저잣거리나 신문지상에서 그 잘난 입담 뽐내는 자들이 극성스럽게 외쳐댄다, "우리는 할 수 있다! 우리는 할 수 있다!" 미끄럼틀 따라 도살장으로 쏟아져 들어가는 대중의 무리가 꿱꿱 소리 지른다, "우린 할 수 있어! 우린 할 수 있다구!" 말랑말랑한 피부의 설교쟁이, 흑마술 비법 빼곡히 담긴 책장 넘기며 징징거린다, "오, 그래요, 우린 할 수 있어요! 예수의 사랑과 이 헌금함(獻金函)만 있으면!" 아니나 다를까 방울뱀 닮은 정치꾼, 굶주린 독구렁이(basilisk), 저 표리부동한 족속 역시 사막의 모래열풍보다 더 삭막한 법조문 남발하며 식식거린다, "오, 물론입니다, 우린 할 수 있습니다!" 오, 아메리카여! 그렇게들 모두가 자부심 넘치는 손가락 쳐들어 그대를 가리키고 있다! 그대의 안녕을 기원한다!

아메리카여! 정치꾼들 미쳐 날뛰고, 대중은 헛된 꿈 꾸어대는 곳! 뒷골목 개들이 달을 향해 짖어대고 있다!

나는 고개를 돌리고 자리를 뜬다. 슬프고, 또 슬프구나! 방금 나를 스쳐 지나간 작업복 차림의 직공이 공장 가는 길로 발길을 서두누나. 금시계줄에 실크해트를 눌러쓴 저 자는 환전소 쪽으로 바삐 걸어가고. 남루한 차림의 깡마른 여자, 머리 꼭대기 봇짐 하나 아슬아슬 이고 간다. 마지막으로 지나치는 마차 한 대, 깃털장식 화려한 고급매춘부 태우고 유유히 멀어지는데. 도축장의 소는 여물 좀 달라 울어대고,[50] 차가운 보도블록에 죽어 널브러진 암컷 짐말 한 마리 살갗은 문드러지고 온몸 퉁퉁 부어있다. 구토가 치밀지 않나? 역겹고, 역겨워라! 어찌 역겹다 아니하겠는가!

9

인간은 동물의 왕국에서 아주 핵심적인 존재. (제퍼슨, 프랭클린, 링컨, 카를 마르크스, 라살, 리프크네히트, 그리스도, 로베스피에르, 루소, 하인드먼, 테니슨, 마치니, 베벨, 이사야, 그론런드, W. T. 스테드라는 쟁쟁한 인물들에도 불구하고)[51] 그 왕국을 강압적으로 다스리면서 마치 공기처럼 존재를 에

---

50) 당시 시카고는 세계적 규모의 가축시장과 도살장으로 유명한 도시였다.

51) 라살(Ferdinand Johann Gottlieb Lassalle, 1825~1864)은 국가사회주의를 주창한 독일 법학자이자 철학자. 리프크네히트(Wilhelm Liebknecht, 1826~1900)는 독일 사회주의자로 마르크스를 사사한 뒤 사회민주주의노동자당 창당. 하인드먼(Henry Mayers Hyndman, 1842~1921)은 사회주의 사상가로 영국에 마르크스를 처음 소개함. 마치니(Giuseppe Mazzini, 1805~1872)는 불굴의 공화주의자로 파란만장한 삶을 산 이탈리아 정치지도자. 베벨(August Ferdinand Bebel, 1840~1913년)은 독일 사회주의 사상가로 사회민주주의노동자당 창당. 그론런드(Laurence Gronlund, 1846~1899)는 미국의 사회주의자. 그밖에 예시된 인물들 모두 사회의 개혁 혹은 공공의 이익을 위해 일생을 바쳤다는 공통점을 가지고 있다.

워싸는 엄중한 질서로부터 그는 결코 도망칠 수 없다.

이타주의와 같은 유약하고 저급한 자기포기는 그 정도가 어떻든, 완전한 자기말살을 각오하지 않는 한, 포식성 유기체들 사이에선 (모든 유기체는 포식성이다) 실행이 불가능한 법이다.

모든 인간은 자기만의 짐을 짊어지고 싸울 의무를 갖는다. 만약 어느 누가 그럴 수 없다 해도, 다른 이가 그 싸움을 대신 싸워주고 그 짐을 대신 짊어질 수는 없다. 각자 자기만의 싸움과 짐이 따로 있기 때문에, 동시에 남의 몫까지 감당할 수가 없는 것이다. 따라서 싸움을 계속하지 못하고 짐을 짊어질 수 없다고 스스로 판단하는 자는 즉시 사멸해버리는 것이 낫다. 그렇지 않고 공연히 인심 좋은 동료 투사의 어깨에 의지하려 했다가는, 그마저 과중한 짐 때문에 제대로 싸울 수 없게 되고, 결국 모두가 공멸(共滅)하는 지경에 이를지도 모른다.

사실상 우애라는 것은 (범위를 보편화할 경우) 결국에는 공동체의 내적 구조에 치명적인 타격을 주기 마련이다. 자고로 인간은 자기와 가깝고 소중한 이들을 아끼고 사랑하는 법이다. 하지만 그 '가깝고 소중한 이들'의 반경이 인류 전체로 확대될 가능성을 상정해야 한다면, 그건 분명 본질을 벗어난 과잉에 지나지 않는다. 만에 하나 그런 어리석은 발상이 대세로 자리 잡는 날에는 정말 모두가 처참하게 파멸하고 말 것이다. 실은 지금도 '모두'가 과도한 소모를 통해 자신의 능력과 기력을 갉아먹는 중이다. 불가능한 짐을 짊어지느라 죽을 때까지 고생하고 있다. 대다수 인간은 삶의 조건에 비추어 기질적으로 너무 유약하게 태어난다. 반면, 필요한 에너지와 근성을 갖추고 태어나는 소수는 스스로 생존과 번식, 소유에 적합함을 행동으로 증명하는 데 매진한다. 다수가 세상에 그냥 내던져진다면, 소수는 선택되는 것이다.

'학대당하고 고통받는 인류'를 위한 이타주의, 전적인 자기포기와 고통분담은 '우리 좋으신 목자 예수'와 그의 정신 나간 모방자들이 자기들만의 산만한 사회학을, 그 으리으리한 악마주의를 구축하는 토대다.

계산에 능한 우리의 지혜가 귀띔해주지 않던가, 지상에서 모든 인간의 최대 관심사는 자기 자신을 챙기는 일이라고? "나는 어떻게든 살아남을 거야. 네가 아니면 내가 살아남는 거지. 계산은 계산이니까." 이 준엄한 문장들을 주도적으로 사고할 능력이 사람들에게 있다면, 이 세상에 신학자와 '개혁가'라는 두 쌍둥이 메피스토가 설자리는 그만큼 줄어들 것이다. 이들은 인류의 쇠락(衰落)에서 자신들의 영예와 명분을 찾는 존재이니 말이다. 그때 비로소 삶의 투쟁은 무자비하고 혹독한, 현실적인 무엇이 될 터. 성스러운 위선자들과 얍삽한 사기꾼들은 급속히 자진(自盡)하거나 궤멸되고 말 것이다. 적나라한 이해관계의 충돌 속에서는 최고의 능력과 용기를 갖춘 자(the Best and Bravest)만이 살아남을 수 있다. 저들을 그 범주에 포함시키는 것은 꿈에서도 생각 못할 망상이다.

그리스도의 정체성에 관한 탁월한 해설자인 레프 톨스토이 백작은 여러 언어로 번역된 자신의 저서 《빛이 너희 곁에 있는 동안에 일하라》[52]에서 이렇게 쓰고 있다. "저항이 아닌 순종 속에, 부유함이 아닌 모든 것을 내어줌 속에 지고의 행복이 존재함을 신앙은 우리에게 말해주고 있다. 그런데도 우리는 폭력과 소유의 버릇을 버리지 못하고 있다."

이해력이 아무리 먹통이라도, 이보다 더 분명하게 그 의미가 다가오는 문장이 있을까? 진실한 기독교인이 되고자 한다면 누구든 길들여진 양을 닮아야 한다니, 이건 정말이지 간단한 이야기 아닌가? 얼마나 숭고한 이상인가! 얼마나 영웅적인가!

양의 지고한 행복이라! 정말 최고의 희열 아닌가! 신성하고 영광스러워라! 그러고는 좋은 목자이신 유대인 한 분께서 자신의 양을 "푸른 풀밭에 쉬게 하시고, 잔잔한 물가로 이끄"[53]시겠지. 지난 이천여 년 동안 보송보송한 양떼는 그렇게 부지런히 스스로를 살찌워가며 털을 깎이고 도살을 당해온 거겠지.

어떤 나라든 '폭력의 버릇'을 버려보아라. 머지않아 나라로서 존재

---

52) 1887년에 완성. 원래 제목은 요한복음 12장 35절의 한 구절을 그대로 따온 《빛이 너희 곁에 있는 동안에 걸어가라》였으나 영문번역판은 '걸어가라(walk)' 대신 '일하라(work)'로 바꾸어 출판되었다.

53) 시편 23장 2절.

하기를 포기해야 할 때가 오리라. 남의 나라에 공물을 바쳐야 할 것이고 일개 지방, 식민통치구역으로 전락하는 신세가 되리라. 수없이 다양한 방식으로 수탈당하는 처지가 되리라.

누구든 가진 재산을 버리고, 남의 도발에 대한 저항을 포기해보아라. 아마도 해가 서산으로 넘어가기 전에 종이나 노예, 비렁뱅이, 어쩌면 시체 꼴이 되어있는 자신을 발견할지 모른다.

재산이란 한 개인으로서 완전하고 자유로운 발전을 모색하기 위한 필수조건이다. 따라서 인간이라는 동물은 어떻게 해서든 상당량의 재산을 확보해야만 한다. 그렇지 않으면 무얼 시도해도 실패할 것이다. 자기 몫의 재산을 취하지 못하는 자는 그냥 시야에서 사라져주는 게 낫다. 세상 도시들은 각종 유가증권과 예금증서, 금은보화가 곳곳마다 벌집처럼 들어찬 세계라 할 수 있다. 산이면 산, 골짜기면 골짜기, 온갖 재화(財貨)가 부글부글 넘쳐난다. 그런데도 가난하고 처량한 '그리스도의 종(從)들'은 그 모든 것을 헛되이 지나칠 뿐이다. 그러고도 스스로 당당하다 자부할지 모르나, 나는 그들을 거세된 자들이라 부른다!

톨스토이의 비굴한 원칙들이 '산상수훈(山上垂訓)'을 근거로 했을지언정, 그 '산상수훈'이 굴종과 쇠락에 관한 설교임을 누가 부인할 수 있을까? 톨스토이의 원칙들이 황금률에서 추출되었고 그 황금률이 신의 말씀일지언정, 그렇다고 신의 말씀이 곧 사기꾼의 발언임을 의심할 수 있을까? 여하튼 이 송장냄새 나는 '선함'은 지나칠 정도로 과대평가 되어왔다. 이제는 사고할 줄 아는 사람들이 스스로의 해방에 착수할 시점이다. 도덕과 법, 십계명이 거짓말쟁이와 도둑, 부랑자 무리의 작품이란 사실을 직시할 때가 온 거다.

그럼에도 모든 선량한 시민들은 십계명을 부수지 말고, 황금률을 불사르지 말며, 도덕률을 파기하지 말 것을 엄중하게 권고, 나아가 경고 받기 일쑤다. 그런가 하면 모든 법이란 법은 (그게 어떻게 만들어졌건) 무조건 준수해야만 한다. 아울러 그 법을 집행하는 공무원 앞에서 최대한 자신을 낮추고 공손한 태도를 취해야 한다. 그러는 와중에 자신의 재산과 자유가 영영 박탈되는 한이 있더라도 말이다. 알다시피, 복종은 '세상을 그토록 사랑하시는' 신에 속한 것이다. 반면 불복종은 악마에 속한, 추악한 것이다. 물론 악마라는 존재는 미국헌법을 포함해, 세상 그 무엇도 안중에 없는 순 악질이다. 자, 그러니 다들 악마를 저주하고, 법에 복종하자꾸나!

자유를 솔직하게 규정하자면, 정신적으로 육체적으로 완전히 자신을 통제할 수 있는 상태(사유재산은 물론 방어용 무기소지까지 포함해)이면서 모든 공적인 억압이나 제약으로부터의 철저한 독립이라 할 수 있다. 통상적 의미의 자유는 허접한 거짓에 지나지 않는다.

독립적이라는 것은 소유권의 주체라는 뜻이다. 비무장에다 소유권도 없는 상태란 현실적으로 무언가에 의존하고 종속되어 있음을 의미한다. 비무장 상태의 시민은 어떤 의미에서는 항상 볼모상태의 시민이었다. 소유 없는 자유는 하나의 신화일 뿐, 옹알이하는 아기나 믿을 만한 동화다. 현실적으로 '법이 규정하는 자유'라는 말처럼 속내가 시커먼 표현은 없을 것이다. 구체성을 띤 사람이 철저히 배제되어 있기 때문이다. 폭군(暴君) 개개인을 제거하는 유용하고, 합리적이며, 현실적인 방법은 수없이 많다. 그러나 '법에 의한 폭정(暴政)'은 오로지 하나의 방법을 통해서만 제거될 수 있다. 칼로 흥하고 칼로 망함을 두려워하지 않는 자, 가장 강한 자가 손에 쥔 칼이 그 방법이다.

인류역사를 통틀어, 피지배 민중이 지배군주를, 또는 군주의 하수인들을 처단하여 그들에게 빼앗겼던 재산과 땅을 되찾지 않고서 진정한 자유 즉, 소유를 전제로 한 자유를 회복한 예는 단 한 건도 없다. 이것은 냉철한 숙고와 의지를 담아 내린 결론이다. 누구든 믿을 만한 사례를 하나만이라도 들어 이를 반증한다면, 필자는 순금 5만 온스를 포함한 거액의 벌금을 기꺼이 내놓기로 각오하겠다. 그리하여 시카고 시내에 프리메이슨 전당(Masonic Temple)[54]보다 1백 큐빗이 더 높은 청동 예수상(가시관을 포함해 모든 걸 갖춰서)을 건립하겠다고 약속한다. 이는 정말 진지하게 제안하는 것이며 1906년까지 유효할 것이다. 그래야 철학자, 출판업자, 정치가, 성직자(그밖에 내로라하는 사기꾼들) 모두가 혈안이 되어, 각종 폐지더미가 쌓여있는 국립문서보관소랄지 공립도서관 같은 데를 헤집고 돌아다닐 충분한 시간적 여유가 생길 것 아닌가. 끼리끼리 추켜세우는 저들 정신 나간 집단의 일부 또는 전부가 눈멀고, 귀먹고, 말도 못하는 바보가 되면, 혹시 이 낡고 사악한 세상이 기뻐 환호할까. 사실을 있는 그대로 수긍하기 위해서는 그런 사태까지 가야 한다.

54) 1892년 시카고에 세워진 21층짜리 마천루급 빌딩. 1920년대까지 현지 최고층 빌딩이었다.

11

예수 그리스도가 3년 동안 도보로 유다 땅을 돌아다니며 한 이야기에서 데르비슈나 마하트마,[55] 그밖에 여러 대중선동가들 입을 통해 들어보지 못한 내용은 하나도 없다. 그가 한 행위도 옛날부터 이집트와 인도, 아시리아 등지의 곡예사와 요술사가 선보인 행위들에서 더 나아간 것으로 보이지 않는다. 오늘의 관점으로 판단할 때, 그가 일으켰다는 '기적들' 중 집시나 유랑극단의 광대들에게서 흔히 볼 수 있는 상투적 기술을 닮은 것이 적지 않다.

그가 자신의 만능적 처방을 요약하기 위해 활용한 문장 자체가 (직간접적으로) 플라톤과 리그베다 혹은 공자의 텍스트에서 끌어온 감이 짙다. 불문율이라는 것은 하나의 덫이자 함정일 뿐 아니라, 표절이기도 한 것이다.[56]

"그분은 죽은 자를 일으켜 세우셨다"며 혹자는 거칠게 반박할지 모른다. 그런데, 설사 그분이 그랬다 한들, 거기에 어떤 긍정적인 이로움이 있을까? 이미 죽어 해체되고 있는 몸뚱어리에 생명을 복구시킴으로써 과연 무엇을 얻는단 말인가? 그렇게 쉽사리 복원되어봤자, 머릿

---

55) 데르비슈(Dervish)는 이슬람 고행수도승, 마하트마(Mahatma)는 인도와 티베트에서 성인으로 여겨지는 존재.

56) 복음서의 적지 않은 문장들이 그보다 더 오래된 문헌에서 확인된다는 점을 말하고 있다. 예컨대, 소위 '불문율'의 내용은 신바빌로니아 왕국의 석판에도 기록되어 있고, 드라콘과 솔론의 법, 고대 이집트의 법률, 고대 중국과 일본에서 통용되던 윤리적 행동강령 그리고 힌두문화와 불교철학에도 그 핵심이 담겨있다.

수 늘어나는 것으로 폐해만 가중시킬 뿐인 짐승인 것을. 구더기 득실거리고 악취 지독한 수의 속으로 '생명의 숨결'을 불어넣는 것이 과연 어떤 점에서 좋은가? 그렇게까지 무덤에서 끌어내지 않아도 이미 세상은 온갖 미물들로 넘쳐나지 않는가? (특히 문둥이 아시아 종족[57] 말이다!) 죽음과 파괴는 이 세상의 건강을 위해 필수적이며, 탄생과 삶만큼 자연스럽고 사랑스러운 과정이다. 사제와 타고난 겁쟁이만 죽음의 현상 앞에서 신음하고 운다. 용감한 사람은 그것을 담대하게 대면한다.

> "오너라. 사랑스러운 위로자(慰勞者) 죽음이여,
> 온 세상을 굽이치며 조용히 오너라!
> 낮이든 밤이든, 너에게든 나에게든.
> 이제나저제나, 섬세한 죽음이여."[58]

'그분'은 배고픈 자를 먹이셨다. 하지만 무슨 목적으로? 굶주린 대중이 왜 신의 힘을 빌려 배를 불려야 하나? 그것도 젖과 꿀이 흐른다는 땅에서 말이다! 그런 족속이라면 차라리 죽는 게 낫지 않을까? 이 경우, 그 옛날 이름 날리던 나폴레옹의 포도탄[59] 세례가 제격 아닐까? 사물의 조화로운 속성으로 볼 때 인간은 각자의 노력으로 자신을

---

57) 유대인을 지칭한다.
58) 월트 휘트먼. 〈죽음의 송가〉
59) 일종의 산탄형 포탄으로 총 9개의 철환이 뭉쳐있음.

먹여 살리거나, 그렇지 못할 경우 알아서 사멸하게끔 만들어진 존재임이 분명하다. '배고픈 자를 먹이는 그분'은 손닿는 곳에 '젖과 꿀'을 두고도 배를 주리는 자들의 비굴함을 (그뿐 아니라 온갖 범죄까지) 부추기고 있는 셈이다.

"그분은 헐벗은 이를 입히셨다"고 또 누군가는 발악을 할 것이다. 그렇다면 이런 물음이 가능할 텐데, 왜 '헐벗은 이'의 옷을 입혀주어야 하나? 사지 온전한 사람 아닌가? 그들은 무슨 권리로 버젓이 공짜 옷을 입나? 스스로 옷을 챙겨 입을 분별력조차 갖추지 못한 비굴하고 비천한 자들을 왜 '신'께서 (유대인 처녀의 자궁을 빌어) 친히 구름나라에서 내려와 멀쩡한 옷감으로 둘둘 말아주어야 하나? '헐벗은 자에게 옷을 입히는 일'은 순전히 사업적인 문제인데 말이다.

이쯤에서, 과연 의복을 갖춰 입는 것이 인간의 생존에 불가피하고 자연스러운 조건인지를 따져볼 만도 하다. 옷을 걸친다고 해서 '신성한 인간의 형체'가 더 건강해진다거나 보기 아름다워지는 것은 분명 아니다(응석받이가 추위에 까무러치는 것을 막아주긴 하겠지만). 정녕 '인간동물'만이 태어나면서 죽을 때까지 병균 득실거리는 누더기로 온몸 둘둘 싸맨 채 살아야 하는 것인가? 건장한 팔다리에 짙은 눈썹 휘날리던 우리의 선조를 거세게 휘몰아친 비바람이야말로 혹시 강인한 생명의 비밀을 몰고 다닌 것 아닐까? 대대로 내려오는 전설은 우리의 조상이 찬란한 햇살과 신선한 공기를 가감 없이 누렸을 때가 민족의 가장 근사한 풍모였음을 암시하고 있다. 누구든 구두와 바지, 깔끔한 옷깃과 소매, 코트를 갖춰 입은 지품천사(智品天使) 케루빔의 모습을 그림 속에서라도 본 적이 있는가? 세련미 넘치는 코르셋 몸매에 패셔너블한 드레스 걸치고 부자연스럽게 웃고 있는 천사의 모습을 본 적 있나? 자고로 옷이라는 것은 현대인의 혐오스러운 육체적 기형을 감추는 데 무엇보다 효과적으로 진화해왔다. 오늘날 피상적인 교육만능주의가 현대인의 왜소해진 심성을 가리는 데 유용하듯이 말이다. 만약 그들이 알몸으로 거리를 돌아다닌다면, 길가 똥개조차 순전히 놀라고 무서워서 짖어댈 것이다. 정말이지 쓸쓸한 들판을 지키고 선 남루한 허수아비보다 더 끔찍한 몰골이리라. 그래서 우리의 늙은 개 '데인저(Danger, 위험)'는 목줄이 느슨해질 때마다 미친 듯이 짖어대는 것이리라.

자유롭고 독립적인 선거인단이 모여 앉아 엄숙한 콘클라베[60]를 진행하면서, 정치적 마취와 신성한 안락사를 묵묵히 견뎌내는 가운데 엄지손가락이나 빨고 있다면 얼마나 끔찍한 광경일까? 한번 생각해보라!(소화력이 좋지 않은 칼라일[61]도 그 앞에서 혼절했을 터.) 그런 서글픈 광경을 머릿속에 떠올리는 것만으로도 사람이 앓아누울 수 있다. 그 모두가 방금 무덤에서 솟아난 것 같을 것이다. 양모와 면, 가죽의 무덤에서 말이다.

육체적, 정신적 왜곡과 기현상은 2천여 년을 이어온 잘못된 번성의 직접적인 결과다. 말하자면 잡종주의라든지, 민주주의, 평등주의, 무디 & 생키주의[62] 등등. 그 중에서도 기독교주의란, 심각한 신성질

---

60) 교황선출을 위한 비밀회의.

61) 토머스 칼라일(1795~1881). 《의상철학(衣裳哲學. Sartor Resartus)》의 저자. 가시적인 모든 것을 비가시적인 것의 '의상(衣裳)' 즉 상징으로 보았다.

환(神聖疾患, morbus sacer)을 앓았던 십자가상의 유랑자가 절망과 기만의 원리를 토대로 구축한 철학인데, 오늘에 이르러 목회자와 정치꾼, 타락한 자들이 집단적으로 주도하는 세계적 규모의 조직화된 음모로 발전했다. 여기에는 모든 원초적, 영웅적 미덕에 반하는 예수의 술책이 작용하고 있다.

손상되지 않은 생명력을 갖춘 우리 조상은 노예의 낙인이 찍혀본 적 없는 깨끗한 '비기독교도'로서, 진정 고귀한 부류의 동물이었다. 그런데 지금 문명이 타락시킨 우리는 우유부단해진 마음과 불안정한 신경, 핏기 없는 허약한 체질 등으로 열등하고, 비천한 동물이 되어 있다. 그럼에도 불구하고 듣기 좋은 말만 주절대는 허드레 시인들은 "모든 시대를 상속한 자"[63] 운운하며 근거 없는 낙관주의를 조장한다. 거짓 이상에 조아리는 정신으로는 그 어떤 족속도 불굴의 혼과 자주성을 오래 유지할 수 없다.

12

강한 자는 행복하다, 그가 땅을 차지하리니. 약한 자는 불행하다,

---

62) 19세기 말, 드와이트 라이먼 무디(Dwight Lyman Moody, 1837~1899)와 아이러 데이비드 생키(Ira David Sankey, 1840~1908) 두 사람이 찬송가를 만들고 부르면서 미국과 영국을 순회하며 진행해온 복음전파운동.

63) 계관시인 알프레드 테니슨(1809~1892)의 시 〈록슬리 홀(Locksley Hall)〉.

그가 멍에를 물려받으리니. 권력자는 행복하다, 사람들이 그를 떠받들리니. 무력한 자는 불행하다, 그의 존재가 지워지리니.

뱃심 두둑한 자는 행복하다, 그가 세상의 주인이 되리니. 소심한 자는 불행하다, 그가 발굽 아래 짓밟히리니. 승리하는 자는 행복하다, 승리야말로 정의의 토대이리니. 패배하는 자는 불행하다, 그가 영원히 노예로 살리니.

전쟁에서 피 흘린 자는 행복하다, 미녀가 그에게 미소 지으리니. 기백이 모자란 자는 불행하다, 사람들이 그에게 침을 뱉으리니. 과감한 자는 행복하다, 그가 진짜 지혜를 취득했으니. 머리 조아리는 자는 불행하다, 그가 장애를 키우리니.

철권(鐵拳)을 휘두르는 자는 행복하다, 부적격자들이 그 앞에서 죄다 꽁무니 빼리니. 싸움을 싫어하는 자는 불행하다, 복종이 그의 몫이니. 죽음에 도전하는 자는 행복하다, 이 땅에서 그의 수명이 오래가리니. 두뇌가 빈약한 자는 불행하다, 풍요 속에서도 그만은 망하리니.

거짓 희망을 파괴하는 자는 행복하다, 그야말로 진정한 메시아이니. 신을 떠받드는 자는 불행하다, 양처럼 그의 털가죽이 벗겨지리니. 용맹한 자는 행복하다, 그가 엄청난 보물을 차지하리니. 선악의 원리를 신봉하는 자는 불행하다, 그가 그림자에도 놀라니.

아무것도 믿지 않는 자는 행복하다, 그가 겁을 집어먹는 일은 없으리니. '신의 양떼'는 불행하다, 그들이 있는 대로 착취당하리니. 강력한 적을 가진 자는 행복하다, 적들이 그를 영웅으로 만들리니. 남에게 선행을 베푸는 자는 불행하다, 그가 무시를 당하리니.

친구를 돕기 위해 신속히 움직이는 자는 행복하다, 그가 진정한 친구이니. 자선단체를 조직하는 자는 불행하다, 그가 역병을 퍼뜨리는 자이니. 현명하면서 용감한 자는 행복하다, 그가 싸움에서 이기리니. 부적응자는 불행하다, 그가 정당하게 제거되리니.

'노블 메이든스(Noble Maidens)'[64]의 설립자는 행복하다, 그가 세상의 소금이니. 아이를 과잉보호하는 어미들은 불행하다, 그들이 부끄러워지리니. 담력이 강한 자는 행복하다, 그가 혁명의 기운을 타리니. 거짓을 진실로, 진실을 거짓으로 가르치는 자는 불행하다, 그가 혐오의 대상이 되리니.

무자비한 자는 행복하다, 그의 후손이 세상을 가지리니. 동정심 많은 자는 불행하다, 그가 동정 받지 못하리니. 우상을 파괴하는 자는 행복하다, 폭군이 그를 두려워하리니. 똑똑한 척 나대는 자는 불행하다, 그의 씨가 지상에서 말라버리리니. 야비한 자들은 불행하고 또 불행하다, 결국 남을 섬기고 고통 받는 것은 그들의 몫이리니.

이상의 내용을 기존의 설교 나부랭이와 꼼꼼하게 비교해 보라. 매주, 수많은 교회에서, 시선을 하늘로 향한 목사가 콧소리 절묘하게 배합된 음성으로, 그것도 숱한 연습을 거쳐 떠벌리는 바로 그 낭랑하고 우렁찬, 아니 '숭고하기까지 하신' 그 설교 말이다!

---

64) 제정 러시아 말기에 존재했던 귀족출신 여성들만을 위한 교육기관. 사회로 진출하기 전 다양한 소양교육을 맡았다.

사랑하는 형제자매 여러분!!! 무릎 꿇고 기도하는 모든 이에게 하나님의 은총 내리시어, 하루하루 그분을 영접해 모시나이다. 예수 그리스도의 가르치심을 믿는 이들의 밝고 행복한 운명을 우리는 지켜보옵나이다! 우리의 호주머니가 비고 식탁이 썰렁하다 해서, 결코 세상의 것을 요구하지 마십시오. 그건 잘못된 길입니다. 오로지 엎드려 기도하오니, 이 생이 끝나는 날 우리 다같이 주님 천국으로 들어설 것을 믿습니다!

주님께 순종하는 연약하고 겸손한 이에겐 저 너머 행복의 땅을 허락하시고, 순종치 아니하는 이에겐 뼈골까지 펄펄 끓는 지옥을 마련하시나이다.

원수가 한쪽 뺨을 때리니, 눈물 젖은 다른 뺨마저 내어주십시오. 사악한 자들이 우리를 배신하니, 무릎 꿇고 기도하십시오.

세상 사람들이 우리의 허물을 양가죽처럼 벗길 때 천국 문은 우리를 향해 활짝 열리리니, 우리 목자 그리스도께서는 항상 올바른 길로 인도하시나이다.

두드려 맞고 털이 깎여 내다 팔려도, 우리는 아버지의 마구간에 편히 쉴 것을 믿나이다. 반면 도적질과 학대를 일삼는 자는 그 혼백까지 두고두고 지옥 불에 시달리나이다.

세상 권세가 온갖 술책 동원해 우리가 가진 것을 넘보고, 위세를 부려 우리를 겁박해도, 그리스도께서 우리의 피난처 되심을 믿나이다.

세상 끝날에 우리는 승리하리니, 희망을 품고 기도에 정진하나이다. 눈물의 골짜기에서 굳세게 노래하나이다. "만세반석 열리니, 내가 들어가나이다."

당당하게 일어서라

유대의 책은 유대인의 것,
유대의 메시아 역시 마찬가지다.
그대가 유대의 혈통이 아닌데
그 모두 무슨 의미가 있겠나?
책을 우상으로 삼는 것은
머리에 독이 되는 법.
십자가에서 죽어가는 신이라니,
완전히 정신 나간 소리.
경계하라, 모든 신성한 책,
모든 믿음, 모든 학교,
인간이 만든 모든 법을.
옛날부터 너에게 부과된
법과 규칙이란
너에게 득이 되기는커녕
너를 주저앉히기 위한 것일 뿐.
이제 사슬을 끊고,
너 자신에게 진실해져라.
낡고 새로운 모든 것에서
네 마음을 해방하라.
항상 너 자신의 생각으로 사고하고

다른 모든 생각은 과감히 내쳐라.

너 자신의 머리를 사용해서

너의 두 다리로 당당하게 일어서라.

Wight is Right

제3장 ——————— 거미줄의 정체

1

거미가 은빛 거미줄을 쳐놓고 파리를 유혹해 먹이저장고로 잡아들이고는 나중에 한가로이 녀석의 살점을 뜯어먹듯이, 기만적인 이상(理想)들이란 능란한 정치거미들이 수많은 인간파리를 꼬드겨 착취하기 위해 그럴듯하게 짜놓은 거미줄에 지나지 않는다.

독립선언문의 거창한 문장들을 살펴보라. 사람 마음 현혹시키는 거미줄의 날실과 씨실이 아니라면 그것이 대체 무어란 말인가? 그 섬세한 포충망에 교묘하게 걸려들어 버둥거리고 있는 파리가 아니라면 오늘의 미국인이란 대체 어떤 존재란 말인가? 저잣거리의 어설픈 도인(道人)부터 백악관의 '선출직 군주'에 이르기까지, 이 땅의 선동가라면 예외 없이 '독립선언문'의 문장들을 전가의 보도처럼 활용해왔다. 그리고 매년 7월 4일 미국인들은 엄청난 양의 폭죽과 휘날리는 깃발, 화려한 팡파르와 더불어, 그 문장들에 담긴 웅대한 원칙들을 습관처럼 목이 터져라 외쳐오고 있다. 대부분 가진 것 없이 생활에 찌든, 정신적으로 육체적으로 왜소화된 존재들임에도 불구하고, 그들은 이 냉소적인 세상을 다음과 같은 허장성세로 무마해가며 얼마나 정신 나간 희열에 지금도 들떠 지내는가! "우린 평등한 주권자다! 우린 평등한 주권자다!" 그야말로 영원무궁한 망상의 메아리가 아닐 수 없다.

자기 자신을 툭하면 왕이나 여왕, 귀족으로 상상하는 환자들은 정신병원에 가면 얼마든지 구경할 수 있다. 그 딱한 종자들에게 상상의 왕관을 씌워주고 허상뿐인 지휘봉을 쥐어주어라! 그처럼 양순하고 고분고분한 정신병자들도 없을 것이다.

오늘날 미국인에게 법이란 교묘하게 만들어진 구속복(拘束服)이 아닐까? 그 잘난 도덕률도 결국 내부에 부상방지용 쿠션을 댄 감금시설이 아닐까? 세세한 법률들은 수갑과 족쇄의 다른 형태이며, 대기업 수장은 그럴듯하게 변장한 교도관이라고 해야 맞지 않을까? 지구상 가장 부유한 대륙에서 사유재산제도와 자본의 힘으로 소위 '독립'이라는 과정을 야심 차게 개시했지만, 그 기간 내내 미국인이 한 것이라곤 쉴 새 없이 교대하는 짐말 못지않게 바삐 움직이면서 엄청난 양의 천연자원을 땅에서 길어 올리고, 그걸 또 바다 건너 유럽의 분뇨구덩이에 쏟아 붓는 일이 아니었던가?

과연 정신병자에게나 어울리는 짓이 아닌가? 영국 왕이 씌워놓은 나무로 된 정치적 멍에를 애써 뜯어내 박살내버리더니, 이제는 특별히 자기에게 맞도록 손수 만든, 이름하여 '자유헌법'이라는 그럴듯한 신형(新型) 철제 멍에를 자진해서 두르다니 말이다.

스스로 굴레를 감수하다니! 설사 자기 손으로 만든 굴레라 해도 이 얼마나 정신 나간 짓인가! 아무리 은종(銀鐘)을 달아 낭랑한 울림을 동반한다지만, 굴레는 굴레인 법. 설사 이음새마다 순금버클에 구석구석 화려한 장식으로 치장되었다 해도, 속박은 속박인 것을!

자신이 고생한 노동의 실질적 수확에 대한 소유권을 보유하지도 못한 존재가 '명예로운 정치적 자유'를 놓고 환호한다는 것 자체가 얼마나 부조리한 일인가! 헌정수립 이후 백여 년이 지난 지금, 미국인의 10 퍼센트가 전체 재화의 92퍼센트를 절대적으로 소유하고 있는 실정이다.

그러니 독자여, 이런 사정들이야말로 인간이 앓고 있는 치매의 외적 징후라고 해야 하지 않을까?

2

'독립선언문'은 겉만 번주그레하고 속은 음흉한, 타고난 바보가 아니면 도저히 액면 그대로 믿을 수 없는, 지극히 자명한 거짓으로 시작하고 있다. 아주 도발적인 어조로, "만인은 창조주[65]에 의해 동등하게 창조"되었고, "양도할 수 없는 권리를 동등하게 부여"받았다는 것을 "자명한 진실"인양 선포하는 거다. 새빨간 거짓인 만큼 더더욱 위엄을 부려가며 그럴듯한 문체로 떠벌린다.

정말이지 수사(修辭)로만 가득 찬 이 선언문에서 특히 영웅적 어조로 과장된 서문은 사람의 심리를 기만하고 이용해먹기 위해 의도적으로 배양, 조작된 역병(疫病)의 보균체라 해도 과언이 아니다. 한마디로 온갖 슬로건들을 끌어다 짜깁기했다고나 할까, 전체적으로 17세기 레블러파(派)[66]라든가 맛이 간 청교도 마토이드[67]들, 18세기 프랑스 자코뱅 당원[68]들이 즐겨 떠들어댄 광란의 구호들에 아무 의미 없는 횡설수설과 말장난 수준의 표현들, 옛날 멜로드라마에나 나올 법한 대사들을 뒤죽박죽 섞어 버무린 잡동사니에 지나지 않는다.

작금의 상황들에 비추어보건대 '독립선언문'은 그 당시 한참 억압받았던 인디언들의 호전적인 함성보다 현실적으로 와 닿지 않는다.

시대착오적이고 케케묵은 티가 나며, 구리고 벌레 먹었다. 박물관 벽에 새겨 넣거나 실성한 철학자의 뇌세포에 심어놓으면 적당할 내용이다.

그것의 윤리적 강령과 정치적 결론의 거의 대부분은 그 자체로 가짜이고 사기이며, 뻔뻔스러운 거짓말이다. 아무리 금장으로 아로새긴 신성한 문헌이라 떠받들어도, 거짓은 거짓이다.

실제로 그것이 처음 작성된 시점에서 그 비밀스러운 취지를 정확히 간파한 사람들은 '독립선언문'이라는 것에 대해 항상 냉소와 비웃음으로 일관해왔다. 그것은 다름 아닌 백여 년 전, 목동의 채찍질을 벗어나 이 드넓은 신대륙을 자유롭게 내달리려 하던 소 떼의 목을 향해 던져진 올가미에 불과했던 것이다.

하지만 현대의 모든 선동가에게는 이 '선언문'의 과장된 수사가 낙원에서 길어온 꿀처럼 유용하기만 하다. 그로부터 추출한 유혹적인 구호들이 아나키즘과 공산주의, 공화주의 그리고 전염성 강한 각종 격변론(激變論)[69]의 전범(典範)인양 도처에서 활개 치니 말이다. 그렇

---

65) 무에서 유를 가공해내면서 영원을 배회한다는 허황한 신화적 존재, 즉 객쩍은 낭설 말이다.(원주)

66) 'Levellers'. 일명 수평파(水平派)라고도 불린다. 1640년대 영국에서 모든 남성의 참정권과 법 앞의 평등권, 의회민주주의와 종교적 관용을 주장했던 일군의 급진주의자들을 지칭한다. 비유적으로는 사회적 불의와 불평등의 폐지를 주장하는 사람을 일컫기도 한다.

67) 'Mattoid'. 이탈리아어로 'matt(광기)'와 'oid(유사성)'의 합성어. 비정상 또는 착란적 성향을 뜻한다. 이탈리아 출신 범죄인류학자 체자레 롬브로조(1835~1909)가 태생적 범죄성향을 지칭하기 위해 만든 단어. 일반화해서 흔히 우리가 '괴짜'라 부르는, '괴팍한 성향의 아웃사이더'를 뜻하는 단어로 통용된다.

68) 1789년 프랑스 대혁명과 공포정치를 주도한 급진적 공화주의자들.

69) 'convulsionism'. 지질학에서 유래한 이론으로, 변화하는 세계의 원리를 점진적이지 않은 '급격한 변동'에서 찾는다.

다면, 왜 정상적인 사람도 계속해서 그 교묘한 속임수에 동조하는 시늉을 하는 걸까? 가능하지도 않을뿐더러 그 자체가 혐오스러운 '평등 이상'을 대중압박을 통해 밀어붙이려는 '유기체적 약자'의 사악한 공작을 그들은 대체 왜 말없이 용인하고들 있는 것인가?

오늘날 모든 국가는 지체 높고 훌륭한 사람이 아니라 부엉이보다 못한 지력을 가진 (노예집단이나 다름없는) 밑바닥 서민을 상대로 호소를 한다. 용기와 명예, 영웅적 기질을 갖춘 이들은, 늘 신성시되기 일쑤인 '다수'를 자극할까 두려워서인지, 암암리에 무시된다. 다수가 내거는 슬로건은 항상 '평등'이거니와, 무모하게도 그것에 침 뱉는 자는 누구든 매장을 각오해야만 할 지경이다.

'민중의 목소리'는 길가 정신병원의 창문 쇠창살 너머 이따금 튀어나오는 끔찍한 단말마의 비명에나 비교될 수 있다. 슬프게도, 바로 '신의 음성' 말이다!

3

노련하고 야심 많은 인간이 군중을 다소곳한 상태로 붙잡아두는 데엔 두 가지 방법이 있다. 첫째는 가장 대차고 당당한 방법인데, 고도로 훈련된 막강한 군대를 주둔시키는 것이다. 여차하면 간명하게 고개 한번 끄덕이는 신호로 총구로부터 법을 선포해, 위험한 반대 목소리를 단번에 일소하는 방식이다.

두 번째 방법은 이보다 비용이 저렴한데, 착취할 대상의 머릿속에 정치적 마약이랄지, 미신, 왜곡된 이론 즉, 눈에 띄지 않게 작용함으로써 모르는 사이 사람을 지치게 만들어, 결국에는 다루기 쉽게 허물어뜨리는 일종의 독소(毒素)를 줄기차게 주입하는 것이다.

현실적으로는 두 번째가 첫 번째보다 훨씬 효과적임이 증명되어왔다. 예컨대, 적나라한 군부독재에 맞서 끝까지 싸울 법한 아리아인[70] 들이라도, 모종의 추상적 거짓논리에 뇌가 먼저 길들여질 경우, 권력으로부터의 모욕이나 침탈에 수동적으로 응하는 신세가 될 수 있다는 것이다.

독립전쟁이 한창이던 시기, 북아메리카는 너무 넓고 인구밀도가 희박했으며, 집약된 부의 규모도 워낙 빈약한 상태였기에 조지 왕이나 에스파냐의 식민정부 또는 힘 있는 혁명론자들이 군대주둔의 원칙에 입각해 효과적으로 다스리거나 수탈하는 것 자체가 불가능했다.

이에 해밀턴, 핸콕, 제퍼슨, 애덤스, 매디슨, 헨리[71] 그리고 이들 입심 좋은 애국자의 뒤를 봐주던 공고한 기득권 세력은 다소 무식하지만 씩씩함 하나는 남부럽지 않은 자작농과 변경의 거주민, 산지주

---

70) 비유대계 백인.

71) 해밀턴(Alexander Hamilton, 1755 혹은 1757~1804)은 미국 초대내각 재무부장관으로 헌법제정에 직접 참여. 핸콕(John Hancock, 1737~1793)은 미국 독립전쟁 지도자로 독립선언문에 최초로 서명한 인물. 제퍼슨(Thomas Jefferson, 1743~1826)은 제3대 대통령이자 독립선언문 공동작성자 중 가장 영향력이 컸던 인물. 애덤스(John Adams, 1735~1826)는 제2대 대통령으로 토머스 제퍼슨과 함께 독립선언문을 작성. 매디슨(James Madison, 1751~1836)은 제4대 대통령으로, 제3대 대통령인 토머스 제퍼슨과 함께 공화당을 창당. 헨리(Patrick Henry, 1736~1799)는 변호사 출신 정치인이자 명연설가로 "자유 아니면 죽음을 달라"는 유명한 말을 남김. 이상 모두는 미국 건국의 아버지(Founding Fathers)로 불린다.

민의 마음을 휘어잡을 보다 안전한 방법을 찾아 나서게 된다.

깊은 장고(長考) 끝에 그들은 무장한 농민들을 다시금 잘 구슬려 달콤한 최면상태로 주저앉힐 묘책을 마련하는데, 기존의 그릇된 종교맹신주의와 도덕만능주의에 덧붙여 역시 거짓이지만 유혹적인 정치적 이상주의를 무지렁이들의 이제 막 달아오른 정신 속으로 교묘히 흘려 넣는 것이 그것이었다. 이 교활한 술책이 기막히게 먹혀든 배경에는, '동등한 권리'라는 원칙을 '신 앞에 평등'이라는 케케묵은 (거짓) 전제의 자연스러운 귀결로 받아들이는 청교도적 심성이 자리했다.

그리하여 전장을 호령하던 '무력의 검(劍)'은 조심스럽게 뒤로 숨고, 소위 '입헌주의'가 전면에 나서면서 콘월리스[72]를 무릎 꿇린 용자(勇者)들에게 다시금 마구(馬具)를 채울 수 있게 된 것이다. (적나라한 힘에 기초한) 정부와 법리의 낡은 체제가 절묘한 과정을 거쳐 답습되었을 뿐 아니라 이전보다 더 증폭되었고, 그와 동시에 피부색이 하얀 종족은 모두가 "자유롭고 평등하다"고 약삭빠르게 선포되었다. 대다수가 유럽에서 쫓겨난 유랑인의 후손으로서 진정한 개인적 자유는 누리지도 못한 채, 그들은 4년에 한 번씩 세금징수의 적격자를 선출하는 새로운 장치를 통해 스스로 자유를 획득했다고 멍청한 생각을 하는 것이다.

---

72) Charles Cornwallis(1738~1805). 영국군 장군이며 전 세계 영국 식민지 총독. 미국 독립전쟁 당시 미국 프랑스 연합군을 상대로 무수한 전투를 치렀으나, 결국 요크타운에서 항복했다.

4

혁명기 건국의 아버지들이 인류 구속(救贖)의 공화주의적 처방과 함께 펼쳐 보여준 입헌주의에 대한 순진한 믿음을 오늘날 뒤돌아다보면서, 우리는 절로 실소가 새나오는 걸 막을 수 없다. 1776년 이래 매번 선거 때마다 미국인은 자신들이 선출한 통치자의 전제적 권한을 증대시켜주는 방향으로 한결같은 투표행위를 해왔다. 일개 시민에게 개인적 자유란 (신문지상을 제외하고는) 지극히 생소한 개념이며, 다수의 도그마와 감히 상반되는 사고를 한다 해도, 신세 망치기를 각오하지 않는 한 그걸 쉽게 드러낼 순 없는 노릇이다.

실제로 요즘 독창적인 사업가들은 공공기관의 간섭을 피하기 위해 입법부, 행정부 할 것 없이 두루두루 뇌물을 살포하는 게 거의 관례화되다시피 한 실정이다. 국가라는 것 자체가 여차하면 서로 등쳐먹기 위한 기구다.

국가기관의 허가와 막대한 사전비용을 요하는 사업일수록 먼저 선출직 고위공무원들과의 (이를테면 시의원이랄지, 판사, 주지사, 상원의원, 하원의원, 장관 등등) '리베이트' 협정을 거치지 않고서는 제대로 진행할 수 없다. 개인의 목숨도 재산도 정부관료와 그 협조자들의 탐욕과 시기, 사악함으로부터 결코 안전하지 않은 것이다. 이 나라, 지금과 같은 조건에서 누구든 자신의 주관을 가감 없이 펼치려는 사람은 대담한 통찰력과 눈치가 있어야 한다. 사업상 얼굴을 맞대야 하는 '애국자'[73]들의 정확한 몸값을 파악해야 하고, 군소리 없이, 그것도 아주 달가워하는 표정으로 그 값을 지불할 각오가 되어있어야만 한다. 그렇지 않으면 만사가 고될 것이다. 더욱이 그가 가난한 사람일 경우, 양심적으로 처신하는 한, 평생 그에게 주어질 기회는 거의 없다고 보아야 한다. 선거를 통해 정권을 쥔 다수파를 상대로 공공연한 도발을 할 생각이라면, 일개 시민으로서의 안락한 생활은 물 건너간 셈이다. 터키, 중국, 페르시아, 모로코 같은 나라에서 공금을 횡령하는 관료들이 국고를 빼돌리고, 공유지를 사취하고, 세금을 포탈함으로써 스스로를 살찌우는 미국 정치가들의 기막힌 솜씨를 본다면, 아마도 자기들의 어설픈 방법이 창피해 자진해서 목이라도 맬지 모른다.

자고로 고관대작이란 현재 살아있는 세대를 수탈할 뿐 아니라, 미래의 세대까지 자신의 거센 탐욕을 채우는 일에 끌어들이고 만다.

돈을 빼돌리는 그들의 기막힌 솜씨는 영리함과 대범함에서 타의 추종을 불허한다. 이를테면 대부업자로부터 국가보증으로 수억 달러의 자금을 차입한 뒤, 공공경비를 빙자해 억지로 금액을 할당하고는 현찰로 회수하는 식이다.

유대인의 철저한 고리대금업을 보장하는 차원에서 막대한 세금이 부과되고, 결국 절대다수의 부담으로 이자가 지불된다. 돈을 갖다 바치는 식의 이 모든 과정은 대법원의 강력한 지원하에 일사불란하게 이루어진다. 그래도 군대까지는 동원하지 않는다. 대다수 미국인은 놀랄 만큼 양순하고 착하기 때문이다. 주인의 가벼운 고갯짓 하나에

---

73) 해당기관 공무원을 말한다.

도 굽실거리기 바쁜 박약한 자들에게 무력시위까지는 필요 없다.

아메리카여! 아메리카여! 그대는 아메리칸 크롬웰(Cromwell)이랄지 아메리칸 카이사르(Caesar)라도 나서서 아메리칸 킹(King)의 사형집행 영장에 서명을 하기 전에는 결코 독립과 자주의 진정한 의미가 무엇인지 깨닫지 못할 것이다. 누구든 금전적 이득을 취하면서 자기 백성을 노예로 전락시키는 최고책임자는 선출 군주이든 세습 군주이든 공공의 적일 따름이다. 적어도 소유자산이 있는 자유민들은 그런 무도한 역적의 권한을 단 한 가지도 존중해선 안 된다. 공공의 약탈자들로부터 금품을 받아먹음으로써 역적은 스스로 이스마엘의 후예[74]임을 자처한 셈이다. 그의 손은 만인의 재산과 가정을 노린다. 따라서 만인은 그를 치기 위해 주먹을 치켜들어야 한다.[75]

우리 백인종이 뇌물수수자를 특별한 절차 없이 목매달아 처단한 것은 그리 오래 전 일이 아니다. 그땐 심지어 왕들의 잘린 머리통이 사형집행인의 바구니 속으로 데구루루 굴러들기도 했다.

우리가 현재 가진 모든 것을 빼앗기고 국가의 처절한 노예 신세로 전락하지 않으려면, 그때 우리가 했던 일을 다시 함에 소극적이어서는 안 된다. 독재를 무너뜨리기 위해서는 독재가 사용한 바로 그 무기를 써서 독재와 싸워야 한다.

자고로 '대중'이란 존재는 실체가 없는 온정주의(paternalism)를 맹

---

74) 사회의 공분(公憤)을 불러일으키는 자를 의미한다.

75) 창세기 16장 12절. "그는 들나귀 같은 사람이 되리라. 그는 모든 이를 치려고 손을 들고, 모든 이는 그를 치려고 손을 들리라."

목적으로 추종하는 경향이 있으며, 뭔가 거창한 전망을 빙자해 자신의 재산이 충당되는 것을 용인하기 일쑤다. 그들은 가식적인 달변으로 포장한 '평화로운 산업발전'의 캐치프레이즈라든가 바보들이나 믿는 '진보'의 어리석은 낙원에서 살아가고 있다. 하긴 뒤늦게나마 각성해서, 중앙집권화된 음흉한 관료체제와 산업화된 제국주의 앞에 자신들의 달콤한 구호가 얼마나 무력한 것인지 확인하고는 기겁을 하는 경우도 없진 않다.

모든 미국인은 자기 시대에 주어진 싸움을 회피하지 말고 직접 싸워내야만 한다는 것을 배워야 한다. 자기 세대의 당당함과 자주성을 지켜내기 위해 좀먹은 양피지 문서나 이미 저 세상으로 떠난 기만적인 정치인들에 더 이상 의존하지 말아야 함을 깨달아야 한다. 그들은 결코 영웅적인 행위를 한 것이 아니라, 오늘날까지도 우리에게 그 여파가 미치는 역겨운 짓거리를 주워섬기느라 입만 살아 떠들던 인생을 마감한 것이다. 이 땅의 국가적 영웅숭배 전통은 처음부터 모든 걸 다시 시작해야 한다.

5

'독립선언문'이 선포되고 한참이 지난 뒤, 우리의 헌법은 온갖 현학적인 미사여구와 거짓된 투쟁의 제스처로 가득 채워졌다. 전체적으로 볼 때 헌법전문은 더할 나위 없이 교묘한 문구로 치장되어 있으며,

유사 이래 그 어떤 앵글로튜턴족(族)[76]도 스스로 구속되어본 적 없는 악랄한 정부형태와 통제체제를 규정하고 있다. 겉으로는 자유와 자치를 용인하는 것처럼 보이지만, 실제적으로는 그 둘을 말소시키고 있다. 개인의 독립성과 시민의 권리를 보장하는 척 온갖 쇼를 다하면서 우리의 헌법은 선거에 의한 전횡을 제도화했고, 그 폭민적 군주로 하여금 다리우스라든가 벨사차르[77] 이후 어떤 전제군주보다도 자의적인 권한을 행사할 수 있게끔 조처했다. 사실상 최고의 범죄가 최고의 국법에 근거하는 셈이다.

> "그리하여 위대하고 간교한 주군은
> 숱한 분란과 고난을 수습했다네.
> 바다가 아무리 광막하여도
> 그만큼 드넓은 어망(漁網)을 준비했다네."[78]

과연 우리의 공화국 헌법은 (제대로 작동할 경우) 아메리카를 구성하는 최고급 요소들의 정수만을 뽑아낼 수 있는 무시무시한 장치다.

연방정부는 7천만 승객을 태운 평화적인 상선(商船)들을 호위하기로 되어있지만, 실은 교묘하게 위장한 해적선에 비교할 수 있다. 육중

---

76) 오늘날의 앵글로색슨족.

77) 다리우스는 페르시아, 벨사차르는 바빌로니아 군주. 각각 〈구약〉의 에스라와 다니엘에 언급되고 있다.

78) 바이킹 전설 중 지구르트(Sigurd)가 주인공인 뵐숭가 영웅시(Völsunga saga)의 한 구절.

한 무장상태를 숨긴 채 상선들을 돕겠다며 접근할 때의 그 다정한 자태를 상상해 보라! 먹잇감의 안녕을 기원하며 서서히 다가드는 그 애정 어린 눈빛을! 그러나 막상 45척에 달하는[79] 상선들이 완전 무방비 상태로 바다 한 가운데 모습을 드러내자, 마침내 해적선은 미끼로 쓴 위장막을 거둠과 동시에 백골이 그려진 깃발을 올린다. 그리고 감춰 두었던 포문들을 일제히 개방하더니 확성기를 통해 버럭 고함을 쳐댄다. "박살나기 싫으면, 당장 배를 멈추어라!"

기독교가 표방하는 '평등의 복음'이 어마어마한 성공을 거둔 배경은 바로 그와 같았다. 올가미와 족쇄를 잘 만들어 단단히 고정시킬 때까지, 그 '복음'은 미국인을 안전하고 만족스럽다는 느낌에 푹 젖도록 구슬리고 있었던 것이다.

정말이지 기막히게 짜인 어망이 아닌가! 그 자체로 눈부실 뿐 아니라, 절실하기까지 한 거미줄이다.

'자유와 평등'이라는 최면술에 사로잡힌 미국인은 스스로 기결수의 감방 안에 기어 들어가, 유사 이래 가장 혹독하고 집요한 약탈자 밑에서 호된 강제노역에 시달린다. 자유로부터 남은 것은 이제 그 이름과 함께, 선거에 즈음해 지배자를 실컷 욕하고 씹을 보통 사람들의 별로 해될 것 없는 권리가 전부다. 이따금 거리로 나가 피 터지도록 고함도 질러보지만, 그건 벽돌로 맞은 똥개가 구슬피 울어댈 수밖에 없는 이치와 똑같다.

---

79) 이 책이 쓰인 당시 미합중국은 45개 주를 포함.

요컨대 주인과 노예의 갈등은 이미 결론 난 상태. 전리품과 땅은 정복자인 주인의 차지이니, 들어라, 승리의 노래를! 전쟁의 깃발 펄럭거리는 소리를!

모든 사정을 감안할 때 평범한 서민들은 '지옥에 떨어진 영혼'과 다름없고, 지금 무엇을 하든 그 상황에서 벗어날 수 없다. 그들은 현재 불타는 통나무 구멍에서 빠져나오려고 안간힘을 쓰는 벌레의 신세다. 오른쪽으로 기어가면 연기와 뜨거움이, 왼쪽으로 기어가면 불꽃이 기다리고 있다. 그렇게 몇 분을 헤매다가 산 채로 구워지는 것이다.

설사 무력에 호소한다 해도 한번 굴종에 길든 대중이 승리할 가능성은 희박하다. 힘도, 용기도, 두뇌도, 무기도, 돈도, 리더도 갖지 못한 상태에서 지배자가 부리는 화력(火力)과 과학적으로 고안된 파괴수단 앞에 산산조각날 것이 분명하다.

6

오늘날 권력의 거점은 그 어떤 도전도 물리칠 수 있는 최첨단 무기체제를 갖추고 있다. 국가 전체에 걸쳐 수로와 육로가 사방으로 뻗어있어, 도시에서 도시로 육군과 해군이 최대한 신속하게 효율적으로 이동할 수 있다. 남북전쟁은 광신자들과 속물들의 다수표결에 근거한 중앙집권체제가 결국 군사력에 의존한 전제주의임을 웅변으로 보여주었다. 그것을 실질적으로 막아설 만한 다른 권력은 존재하지 않는다는 얘기다. 심지어 러시아의 차르 체제도 우리의 연방정부만큼 강력한 권한을 갖고 있지 못하다. '정치인'을 매수하고 군대봉급을 지급할 만큼 충분한 세수(稅收)만 확보된다면, 언제든 동원 가능한 상비 병력으로 정부는 원하는 모든 일을 해치울 수가 있다.

대부분의 미국인은 지금에 와서야 그러한 사정을 감지하기 시작하지만, 일부 선견지명을 갖춘 사람들은 헌정체제가 구축되기 전부터 이미 그것을 내다보고 있었다. 균형 감각이 있는 사람은 이러한 문제가 언론의 공세나 투표함 채우기 등으로 해결될 것이라고는 믿지 않는다. 그것은 '오래된 준칙'에 의거해 정리되어야 하며, 그런 정리의 과정은 계속해서 되풀이되어야 한다. 원래 사회적 조정에는 결말이 없으며, 있을 수도 없다. 자고로 인간의 위대함은 물리력에 토대를 두어야 하며, 쇠와 불을 동원한 물리력만이 다수의 전횡을 정리할 수 있다. 그 밖의 모든 이론은 거짓이고 환상이며 가장(假裝)일 뿐, 아무 의미도 없다.

힘의 철학은 오랜 세월 선잠에 빠져 있었다. 그러나 진정으로 가치 있는 사람들이 나타나는 순간, 그것은 오늘날의 천박한 돈버러지들을 죄다 쓸어버릴 것이고, 옛날처럼 해방된 지배인종의 운명을 이끌 것이다.

노예이자 고리대금업자인 유대인들의 정부보다 더 추악한 것이 무엇인가? 죽음의 황무지에서 스스로 생존력을 증명한 가장 고결하고 뛰어난 자들의 정부보다 위대한 것이 무엇인가?

크롬웰과 그의 철기병, 카이사르와 그의 로마군단이 다시 태어나야 한다. 술라[80]가 이끄는 파괴자들의 우레와 같은 행군이 화염과 연기로 뒤덮인 채 무너지는 입헌체제를 짓밟고 지나가야 한다. "처음과 같이, 이제와 항상" 영원하라, 전쟁이여![81]

떠들썩한 정치꾼들은 돈이면 무슨 짓이든 할 기독교 광신도 시민들을 모아놓고 "슬프다, 가엾은 요리크여!"를 외치며,[82] 마치 싸움과 투쟁이 악행 중의 악행인양 열변을 토할지 모른다. 하지만 가당찮은 몇 마디 말재간을 부린다고 해서 사실에 전혀 근거한 적 없는 음흉한 철학이 별안간 생기를 부여받을 리는 없다. 가장 강한 자가 살아남는다는 것은 언제나 만물을 지배하는 이치다. 다른 말을 하는 자들은 앞 못 보는 소경이다. 핵심은 이것이다. 적자성(適者性)이란 야비한 도적질이나 이론이 아니라 생존투쟁에 관한 다윈의 법칙에서처럼 당당한 싸움을 통해 드러나야 한다는 사실.

결코 '자유와 평등'을 누려본 적 없고, 지금도 그렇지 못한 자들이 어떻게 자유롭고 평등한 것처럼 묘사될 수가 있나? 융통성이라곤 전혀 허용치 않는 규칙에 평생을 얽매여 사는 자들이 어떻게 어엿한 인간으로 간주될 수가 있는가? 일거수일투족이 징벌의 위협으로 통제받고, 그 내밀한 생각들까지 지속적으로 암암리에 억압당하는 자들이

---

80) 루키우스 코르넬리우스 술라(BC 138~78). 로마의 장군이자 독재자로, 군대를 이끌고 로마로 진격해 정치적 반대파를 과감하게 제거하고 정권을 탈취했다. 그의 군사적 수완과 정치적 결단은 가혹하고 단호하기로 유명하다.

81) 가톨릭의 영광송 기도문 "영광이 성부와 성자와 성령께, 처음과 같이 이제와 항상 영원히 아멘"을 패러디한 것이다.

82) 셰익스피어의 〈햄릿〉 5막 1장. 무덤에서 꺼낸 어릿광대 요리크의 두개골을 들고 햄릿이 삶과 죽음의 허망함을 한탄하는 대사. "슬프다, 가엾은 요리크여! 나는 이 자를 잘 알지, 호레이쇼. 무궁무진한 익살꾼에 탁월한 공상가였다네. 이 자가 천 번은 나를 등에 업고 다녔다니까."

말이다.

국민 스스로 지켜야 마땅한 법을 만들어 지켜나갈 뿐이라고 하는 얘기는 전혀 변명이 되지 못한다. 그런 얘기 자체가 거짓이거니와, 만약 그것이 사실이라면 세상에 그 많은 독재체제를 설명할 방법이 없다.

모든 법률의 근본인 헌법은 우리가 아니라 오래 전에 썩어문드러진, 가발 쓴 자들이 받아들인 것이다. 사실상 우리는 무덤의 거주민인 시체들에 의해 지배받고 있다.

왜 관 속에 누운 망자들이 합의한 내용에 펄펄 살아 숨 쉬는 사람들이 얽매어야 하는가? 권리장전, 마그나카르타, 산상수훈, 독립선언 그리고 우리의 헌법 등등을 작성하고 서명한 자들의 백골이 오존과 거름 속으로 녹아 들어간 지는 이미 오래다. 그것들을 조합해 만든 뇌와 서명하고 날인한 손 모두가 다 부식되었다. 물론 그들의 유치하고 비합리적인 철학도 썩어 없어지긴 마찬가지다. 무덤에서 흘러나오는 목소리에 억지로 복종하는 사람들 역시 심장이 썩은 것이다.

그런 낡은 문서들이 한때는 나름의 목표에 충실한 것이었을 순 있다. 그러나 "새로운 기회는 새로운 의무를 가르치는 법"[83]이고, 새 시대에는 새로운 지도자뿐 아니라 새로운 행위가 필요한 법이다.

다시 말하지만 대부분의 법령은 몇몇 나서기 좋아하는 악한들이 작당해 만든 마키아벨리식 작품일 뿐이다. 그들을 추종하는 연대기작가나 공립학교 역사 기록담당자 아니고선 이름조차 기억하지 못할 놈

---

83) 제임스 러셀 로웰(James Russell Lowell, 1819~1891)의 시 〈현재의 위기(The Present Crisis)〉에서.

들을 왜 지금까지 신경 써야 하나?

　반면 관습법이야말로 저 흥미진진한 옛 시절 색슨과 노르만 귀족들이(전장에서 목숨 바쳐 싸운 대가로 그 자리에 올랐기에 진정한 귀족이었다) 몽둥이와 도끼, 칼을 휘둘러가며 직접 '정의'를 집행함으로써 우리에게 물려준 참다운 유산이다. 그것은 '문명화되지 않은' 우리의 선조가 진심으로 이해하고 받아들인 유일한 법이다. 지배체제와 법이라는 것이 '피지배자의 동의로부터 그 정당성을 이끌어낸다'는 오늘날의 고질적인 믿음이 터무니 없는 교육을 통해 아직 주입되기 전이었기에 가능한 일이다. 아마 누가 그런 말을 노골적으로 한다면 그들은 경기(驚氣)라도 일으켰을 것이다. 누구든 그걸 입 밖으로 내는 순간, 정말 한심한 바보 취급을 당했을지 모른다.

　우리 조상들의 행동거지가 다소 거칠고, 문화적 측면이나 부드러움에서 약간 미진한 점이 있었던 건 분명하지만, 냉혹한 현실과 관련해서는 지극히 논리적이었다. 그들은 자기들의 목숨뿐 아니라 명목상 소유하고 있는 모든 것이 오로지 지배자와 정복자의 용인 하에 주어진 것임을 너무나도 잘 알고 있기에, '자유'라든가 '정의', '기회균등' 또는 '인권' 따위를 앞세워 허세를 부리거나 집단적 움직임에 슬그머니 편승하지 않았다. 대신 한시적인 자신의 위상을 있는 그대로 받아들이고, 언제든 다시 준비가 되면 운명을 새로 시험해보기 위해 당당히 사지(死地)로 나섰던 거다.

　만약 그들이 다시 살아 돌아온다면, 이 '풋내기' 후손들이 중노동에 시달린 손과 굽은 등 더욱 굽실거리며 투표함이라 불리는 우상의 제단 앞으로 엉금엉금 줄지어 걷는 광경을 왕년의 해적이자 약탈자로서 어찌 차마 바라보겠는가? '오, 주인님, 우리를 보호하소서! 우리에게 더 많은 법을 정해주소서!' 하소연해가며 정의와 자유, 자비를 구걸하는 쪽지 그 투표함의 터진 주둥이 속에 떨구는 꼬락서니를 무어라 나무라겠는가? 빛나는 금발머리에 노예낙인이라곤 하나 없는 말끔한 팔다리의 우리 조상들이 얼마나 껄껄 웃어댈 것인가! 하도 어처구니 없어 껄껄 웃다가 도로 죽을 일이 아닌가!

아마 이렇게 말할지도 모르지, "오! 우리의 자손이 저렇게까지 몰락할 줄이야!"

7

그럼에도 불구하고 지긋지긋한 궤변가는, 법 앞의 평등이 우리가 의도하는 모든 것이라며 볼멘소리를 늘어놓고 있다. 새빨간 거짓말! 어디 진짜 그런가 살펴볼까. 두 명의 소송당사자가 과연 어떤 합리적인 방식으로 무조건적인 '법 앞의 평등'을 누릴 수 있단 말인가? 우선 원고와 피고는 정신적 육체적으로 완전히 다른 특성을 갖기 마련이고 개인적 친화력이랄지, 은행잔고의 규모 면에서 현저한 차이를 보이기 십상이다. 또한 모든 판사와 배심원, 법관들은 기질이나 능력, 뱃심, 정직성 등에서 서로 같을 수가 없다. 사람은 저마다 자기만의 특이성과 편견, 약점, 미신 그리고 값어치를 지니는 법이다. 그런가 하면 남보다 다소간 정직하거나 부정직하고, 금전적 압력이나 계급의 압박에 더 잘 견디거나 더 쉽게 허물어지기도 한다. 그 어떤 두 사람도 똑같은 운명을 타고나진 않으며, 각자 자기만의 별자리를 갖는다. 서로 다른 자질을 갖추면서, 다른 이상에 따라 살아가고, 다른 과정을 밟아 서로 다르게 무르익어가는 것이다.

심지어 모든 재판이 완전한 무비용으로 무조건적인 공평무사 원칙에 입각해 진행된다고 쳐도 '법 앞의 평등'이란 단지 꿈이자 환상에 불과할 뿐 아니라, 무가치한 일이다. '법 앞의 평등'은 무의미한 슬로건에 지나지 않는다. 그것은 예수회의 유명한 가르침 중 하나인 '법이 규정하는 자유'만큼이나 터무니없는 구호다.

구체적 법령이 불평등한 시민들을 상대로 평등한 권리와 특권을 부여하는 내용이라고 말할 수는 있겠다. 하지만 그렇다고 그 내용대로 이루어지는 것은 아니다. 법령의 시행은 어디까지나 인간을 거쳐서 이루어지기 마련인데, 그 인간이란 존재가 우월함과 열등함을 포함하는 온갖 불균등한 요소들로 채워지기 때문이다.

자고로 힘을 사용해 요리조리 빠져나가지 못할 법리(法理)란 존재해본 적이 없다. "부자를 위한 법 따로 있고, 빈자를 위한 법 따로 있다"는 것은 세계 어디에나 있는 속담이다. 정말이지 가난한 자는 결코 부자와 동등한 위치에 설 수가 없다. 심지어 약탈을 시도한다 해도 힘들다.

현재의 부(富)를 점유한 자들은, 실제적 적자(適者. Fittest)이냐 아니냐를 떠나, 극렬한 싸움을 거치지 않고 자신들이 약탈당하도록 두고만 보지는 않을 것이다.

조만간 이 싸움이 아주 통렬한 형태로 벌어질 테지만, 부자는 그것을 두려워해서는 안 된다. 적절히 준비만 하면 결과는 그들의 우위를 정당화해줄 뿐 아니라, 실제로 그들이 생존에 적격자일 경우, 그 우위를 난공불락의 것으로 만들어줄 테니 말이다. 귀족체제가 영구히 존중받고 안정되기 위해서는 화폐라든가 주식, 채권이 아닌 칼의 힘에 의존해야만 한다.

가령 부유한 자가 가진 것을 빼앗기고 몰락한다면, 그 자체가 최적도 최선도 아닌 존재임을 결정적으로 증명하는 것이나 다름없다. 이 지구상에 동등하게 적용되는 정의 같은 것은 없다.

모든 법적 판결은 정의라든가 공정한 경쟁 같은 이상적 개념이 아니라, 실질적인 힘에 근거한다. 이건 자명한 이치다. 기독교 세계든 다른 어디든, 모든 법정의 초석(礎石)은 무력에 의한 강탈행위로 다져진 것이다. 그러니 강탈한 자와 강탈당한 자, 독수리와 비둘기, 매와 병아리가 어떻게 진정으로 동등한 위치에 설 수 있겠나? 그것도 '법을 수호하는' 직무를 맡아 그에 대한 보수를 받는, 즉 최강자의 의지실현에 힘을 실어주는 일을 하는 관리 앞에서 말이다.

모든 판사는 완전무장의 공인된 보복전문가들이고, 모든 사형집행인은 고도로 훈련된 허가받은 살인기술자들이다. 이는 단순히 비방을 하기 위한 표현이 아니다. 분명 그들은 보복전문가, 살인기술자들이다! 오호라, 왜 아니겠는가… '주님을 갈구하는' 자들이야 굶주림을 참고 견딘다지만, 사자는 늘 먹잇감을 노리기 마련.

점령군이 적의 영토에 세력을 구축할 때는, 무엇보다 먼저 점령지의 인명과 재산을 점령자의 통제권과 소유권 안에 완전히 귀속시키기 위한 일련의 '절차규정'을 발효하는 법이다. 이런 '절차규정'은 일단 점령군 장군의 명령이라는 형태를 취하지만, 어느 정도 시간이 지난 뒤에는 자연스럽게 판례와 헌법이 포함된 법령집으로 탈바꿈하게 된다. 그렇게 모든 법은 승리한 교전당사자나 그를 배후 지휘한 실력자의 의중이 반영된 지시사항들이 모이고 발전하면서 구축된다.

따라서 법 앞의 평등이란 말은 글자 그대로 모순이다. 법이라는 것 자체가 불평등을 구체화한 것이기 때문이다. 다만 굴종의 의미로 해석할 경우에만 그 말이 진실일 수 있는데, 법을 준수하는 사람은 누구나 그 법을 만든 세력에 똑같이 봉사하는 존재들로 볼 수 있기 때문이다.

실제로 군법회의는 법정의 효시라고 할 수 있다. 국회는 탐욕스러운 세리(稅吏)들의 회합일 뿐이다. 국회의원들은 자신들이 마치 '국민의 대리자'인양 행세할지 모르나, 그거야말로 교활하기 짝이 없는 가면극에 지나지 않는다. 그들의 최대관심사는 '법률'을 강고히 하고 연간 '세출'을 표결함으로써, 국민을 수탈하는 보다 체계적인 수단들을 고안해내는 것이다.

'노상강도짓'을 꾸려가는 원리와 통치체제를 운영하는 원리는 정확히 동일하다. 그 어떤 통치체제도 피통치자의 동의에 근거하지 않는다는 점에서 그렇다.

과연 노련한 떼강도로서 먹잇감으로 노리는 피해자들과 동등한 입장에 선다는 것이 말이 되는가? 이는 명백히 부조리한 생각이다. 강도짓이 성립하려면 본질적으로 불평등 관계가 전제되어야 한다. 그리고

세상의 모든 통치체제는 강도짓의 원리에 입각해 조직되고 구축된다.[84]

에스파냐 출신 예수회 교도인 라스 카사스[85]는 소위 '평등한 인권'이라는 허구적 이론을 아메리카 대륙에 최초로 유포한 장본인이다. 참으로 위험천만하고 창피스러운 이론이지만, 이 거짓된 발상은 어느 나라에나 절대다수를 차지하는 어리석은 인간 떼거리에 의해 그 당시에도 극성스럽게 환영받았다. 일찍이 플라톤은 "어리석은 군중이란 고려할 대상이 못 된다"라고 예리한 지적을 했는데, 이 '자유의 땅'에서도 사정은 마찬가지다.

(어떤 형태든) 평등이라는 것이 과학적으로 증명되거나 논리적으로 옹호된 적은 없다. 그럼에도 불구하고 그것은 '절대적인 진리'라는 미명 하에 혀에서 혀로, 머리에서 머리로 빠르게 전달되었다. 마치 절묘하게 위조된 동전이 의심받지 않고 확산되듯이 말이다.

비교적 선견지명을 갖춘 사람이 평등이라는 미신을 묵인하는 이유는 딱 하나. 사람들의 사고를 통제하는 데 효과적으로 작용하기 때문이다. 일단 그렇게 사람들의 사고를 제어하기 시작하면, 말랑말랑해진 마음과 순한 천성을 가진 이웃의 재산과 노동력을 마음껏 착취할 수 있다. 실제로 그들은 평등을 사실로 여기며, 기쁨에 찬 희소식으로

---

84) 허버트 스펜서(Herbert Spencer)는 이렇게 말했다. "우리는 이미 통치체제라는 것이 본질적으로 비도덕적임을 보여주지 않았던가."(원주)

85) 바르톨로메 데 라스 카사스(Bartolome de las Casas)는 도미니코회 소속 사제이며 쿠바의 치아파스 주교였다. 그는 1498년 콜럼버스의 세 번째 항해에 동행했다. 신대륙의 수많은 인디언들을 기독교로 개종시켰고, 아프리카로부터 흑인노예를 들여와 아메리카 토착 인디언들의 과도한 노역을 덜어주려고 애썼다. 또한 아메리카 식민지에서의 인디언 착취와 학대를 고발하는 문필활동에 지속적인 열정을 바친 인도주의자로 이름을 떨쳤다.

받아들이는 것이다.

보라! 돈 되는 일엔 물불 안 가리는 변호사들이 '평등권'이라는 달콤한 말을 저잣거리에 흘리는가 싶더니, 올곧고 착실하던 (즉, 인생 자체가 평등과는 거리가 먼) 시민들까지 어느새 성난 군중으로 돌변해 온갖 아우성을 다 치는구나!

오호라, 광란의 천사가 그들의 영혼에 진을 치나니!

8

유기체를 구성하는 모든 입자는 제각각 생명의 특이성을 가진다. 모든 생명체는 뼈의 구조와 화학적 성분에서 서로 차이를 보인다. 인종학, 생물학, 역사는 하나같이 평등이란 개념이 신화에 불과함을 표명하고 있다. 고대의 위대한 서사시를 들여다보아도 온통 불평등에 대한 예찬뿐이다. 정신의 불평등, 출생의 불평등, 용기의 불평등, 신분의 불평등. 인간이 사는 세상에 신체적 평등이라든지 정신의 평등이라든지, 출생의 평등, 법 앞의 평등, 그밖에 다른 어떤 평등이 단 한 가지라도 사실로 확인되고 증명된 적이 있나?

숨 쉬며 살아가는 모든 존재는 정신적으로 도덕적으로 자족하는 모나드(monad), 다시 말해 변별적인 자아(自我)다. 그 어떤 두 개의 미생물도, 행성도, 태양도, 별도 서로 똑같지 않다. 특히 고등척추동물의 경우는 더더욱 그렇다. 결과적으로 인간이 존중하고 받들어야 할 유일한 법은 인간 자신에게서, 그 의식 속에서 최종적인 정당성이 확인되는 법이어야만 한다.

불평등의 개념은 다음 과학적 명제 안에 적절히 요약되어 있다. "열등한 유기체는 소멸하고, 우월한 유기체가 살아남아 번식하고 소유한다." 달리 표현하자면, 라자로가 있어야 할 자리는 개들 가운데 썩은 고깃덩이고, 카이사르가 있어야 할 자리는 무적의 로마군단 선두라는 얘기다.

발 밑 구두창에서 머리 위 왕관에 이르기까지-뼈와 살가죽, 살코기, 뇌의 회백질과 전도체적 신경조직, 정신의 결절(結節)과 내장에 이르기까지-아프리카인, 몽골인, 유대인, 인도인의 형성과 성분, 성격은 해부학적으로 상응하는 부분들에서 아리안 인종과 근본적으로 다르다. 상이점들이 표면적으로 뚜렷하게 감지되지 않는 경우라도, 유기체 내부에 깊숙이 자리하고 있다.[86]

전략적인 허구를 조작해 유포하는 교활한 저자들이 아무리 기승을 부려도, 찌꺼기는 찌꺼기, 순금은 순금이다. 어떤 사람들은 다른 사람들보다 더 유능하고, 더 고귀하며, 더 용감하게 태어나는 법이다.

---

86) 실제로 근본적인 인종 간 차이점에 대한 연구는 19세기부터 20세기 전반까지 세계 유수의 대학들에서 적극 추진되어왔다. 지금은 이런 연구를 아카데믹한 차원에서 거부하고 있지만, 개별적으로 그에 관한 탐구와 저술활동을 이어가는 학자들은 여전히 존재한다. 예컨대, 하버드 대학 심리학 교수인 리처드 J. 헌스타인(Richard J. Herrnstein) 박사와 찰스 머레이(Charles Murray)가 공동으로 저술한《종형곡선 : 미국인의 삶에서 지능과 계층구조(The Bell Curve : Intelligence and Class Structure in American Life)》(New York, Free Press, 1994)라는 책은 베스트셀러가 되었다. 그 전에도 컬럼비아 대학 심리학 교수인 헨리 E. 개릿(Henry E. Garrett) 박사의《IQ와 인종적 차이점(IQ and Racial Differences)》(1973년)이란 책이라든가, 노스캐롤라이나 대학 생물학 교수인 웨슬리 크리츠 조지(Wesley Critz George) 박사의《인종문제의 생물학(The Biology of the Race Problem)》(1962년)이란 책이 엄청난 사회적 파장을 불러일으켰다.

태생적 귀족성이란 유전과 선택이라는 불변의 과학적 근거를 가진 개념이다. 하지만 부에 의한 귀족성은 일련의 강제적 수단들, 이를테면 당장 파기될 수도 있는 법에 의존한다.

사회적 인종적 평등개념에 대한 혐오감이 어디서 유래한 것인지 논리적으로 설명할 수는 없지만, 대다수 사람들이 본능적으로 그런 거부감을 느낀다는 것은 엄연한 사실이다.

예컨대 어떤 백인 아버지가 아름답고 교양 있는 자기 딸과 볼꼴 사납고 우둔한 검둥이의 결혼을 기꺼이 축하해주겠는가? 더러운 인도 놈이나 중국 놈의 품에, 그도 아니면 오염된 '백인 찌질이'의 역겨운 포옹에 과연 자기 딸을 좋다고 내맡기겠는가? 태생과 신분의 평등이 눈에는 안 보이고 말로만 무성한 이곳 북아메리카에 그런 시민이 열이나 있을까? 혹시 다섯은 될까? 차라리 수의에 싸여 뻣뻣하게 굳어버린 딸의 모습을 보는 게 낫다고 하지 않을 아비가 단 한 명이라도 있을까? (정신이 제대로 박힌 자들 중) 단 하나라도 있다면 말해보라. 그렇다면 본질적 평등 운운하는 그 악마의 복음을 내 충분히 재고해보리라.

적어도 그러기 전까지는, 현실적이고 솔직한 시민으로서 그런 낭설을 사악하고 가증스러운 거짓으로 간주하는 건 너무도 당연하다. 피와 불을 동원해서라도 영원히 짓밟아버려야 할 거짓 말이다.

누가 열등한 종자에 속하는지를 알기 위해서는 그 사람을 자세히 관찰하는 것으로 충분하다. 검둥이를 예로 들어보자. 좁은 두개골과 돌출한 하관, 두툼한 입술, 넓은 콧구멍, 유인원의 비율, 앞을 내다보는 사고의 결핍, 독창성과 같은 정신적 역량의 부재, 이런 모든 점이

어쩔 수 없는 열등함의 속성들이다. 같은 식의 진단이 중국 놈과 인도 놈, 카나카족(族),[87] 유대인은 물론, 가난하든 부자든 속이 곪아터지도록 타락한 앵글로색슨계 도시 변태들에까지 무난히 적용될 수 있다. 실제로 런던, 리버풀, 뉴욕, 시카고, 뉴올리언스 등등, 짐승우리만큼이나 역겨운 대도시 주민들은 천박하기가 짝이 없다. 그럼에도 세계에서 약탈해온 노다지가 그득그득 쌓여있는 장소 또한 그곳이다.

권위 있는 민족지학자들이 입을 모아 단언하고 있다. 지금으로부터 만년 이상 전에도 흑인종, 백인종, 황인종이 오늘의 두드러진 특질들을 고스란히 갖추고 있었다고. 고대의 무덤과 기념물에 새겨진 상형문자와 설형문자들, 골동품 연구가들과 선사시대 유골에 대한 체계적인 연구결과 역시 동일한 증언을 하고 있다.

탄생과 신분상의 불평등함은 이 세상에서 결코 사라질 수 있는 것이 아니다. 천만에! 왜 사라져야 하는가? 누가 깊이 파인 골짜기를 메우고 높이 솟은 산봉우리를 낮출 수 있겠는가?

9

독립선언문이라는 하나의 뻥튀기 장광설[88]을 그럴듯하게 조작해 낸 공론가(空論家)는 분명 자신도 그 내용을 믿지 않았을 것이다. 평생에 걸쳐 '인간가축'을 돈으로 거래해온 악질 노예주인이 아니었던가? 일단 강력한 사기성 글의 철학적 서문을 작성한 장본인으로서 치국(治

國)의 목적과 전략의 필요성을 염두에 두었던 것은 분명해 보인다. 어쩌면 그는 남들과 비교해서 조금은 정직한 사람이었을지도 모른다.

아니 진실한 사람이었다고 할 수도 있다. 하지만 그래봤자 비이성적 가치의 신봉자들 가운데 하나임은 여전하다. 세상에서 가장 위험한 것은 광신적 가치를 퍼뜨리는 자다.

그런가 하면 그 글의 지킬 수도 없는 치명적 골자들을 구술한 제퍼슨의 경우,[89] 독창적인 사고를 하기는커녕, 대놓고 표절한 대상들만 해도 제논, 잭 케이드,[90] 사보나롤라,[91] 밀턴, 플라톤, 존 볼[92] 등등 한둘이 아니다. 예컨대, 제논은 말했다. "모든 인간은 본질적으로 평등하다." 하지만 용의주도하게도 그걸 증명하는 것은 자제했다. 밀턴은 산문으로 쓴 글에서 인간의 평등을 옹호했고, 플라톤은 《공화국》에서 그것을 언급했다. 존 볼은 중세 영국에서 평등의 이상을 부르짖었고, 사보나롤라는 피렌체에서 그것을 이룩하려고 애쓰다가 화형 당했다. 잭 케이드, 로베스피에르, 그리스도 모두 평등을 운운하다가 실패한 케이스다.

제임스 피츠제임스 스티븐[93]은 이렇게 썼다. "인간의 경험이 무언가를 증명하고 있다면, 그것은 가령 모든 제재(制裁)가 최소화되고 인간에게 주어지는 자유의 정도가 최대화될 경우, 그 결과가 평등이 아

90) 잭 케이드(Jack Cade)는 1450년 헨리 6세에 대항해 켄트와 서식스를 근거지로 대규모 농민반란을 주도한 혁명가다.

91) 사보나롤라(Girolamo Savonarola. 1452~1498). 피렌체 성 마르코 수도원장. 프랑스 국왕 샤를 8세의 피렌체 침공을 계기 삼아 종교계 내부의 과격한 개혁과 신재정치(神裁政治)를 시도했다가, 교황 알렉산드로스 6세에 의해 화형 당함.

92) 존 볼(John Ball. 1338~1381)은 1381년 영국의 대규모 농민반란을 주도한 성직자다. 왕국의 모든 대귀족과 법관의 몰살을 주장하는 등 과격한 주장을 펴다가, 리처드 2세에 의해 처형당했다.

93) 제임스 피츠제임스 스티븐(James Fitzjames Stephen. 1829~1894). 영국의 법률가, 작가.

110

닌 불평등으로 나타난다는 사실의 증명일 것이다." 인간사회의 모든 제재를 파기하라. 그러면 실속에 근거한 귀족제도가 명목에 근거한 귀족제도를 얼마나 신속하게 대체하는지 확인할 수 있을 것이다.

실제 삶에서 남과의 평등을 요구하는 자는, 고리타분한 옛날 철학자들 말이나 곰팡이 핀 책에 출몰하는 멍청한 횡설수설이 아니라, 실속 있는 행동을 통해 그 요구의 정당성을 증명할 필요가 있다. 말하자면, 그럴 만한 자격이 실제로 있음을 증명해야만 하는 것이다. 헌법이론이란 공연히 새된 소리나 질러대는 노예들에게는 아주 그럴듯한 것이지만, 자유인에게는 가정에서든 바깥에서든 '현찰로서의 가치'가 전혀 없다. 소위 사업적인 마인드의 소유자들에게 평등주의라는 것은 때깔 좋은 공염불로 여겨질 뿐, 공적인 모임에서나 어울리는 과장된 제스처에 불과하다. 어떤 이는 지시를 내리며 살아가고, 어떤 이는 그걸 따라 움직이며 살아갈 팔자라는 것을 저들은 쓰라린 경험으로 체득하고 있는 것이다.

농장의 일꾼이랄지, 공장 노동자들, 항구의 뱃사람들, 철로를 놓는 노역자들, 도시의 세일즈맨들을 조금만 관찰해보면 그들 대다수가 인간 중에서도 지극히 보잘것없는 종자에 해당한다는 사실을 모를 수가 없다.

남성이든 여성이든 이상적인 표본은 (이를테면 '순수혈통') 저런 속박당한 족속 가운데선 도저히 찾을 수가 없다. 저들의 머리통은 심하게 비대칭적이고, 얼굴은 뒤틀렸으며 유인원처럼 무식하게 생겼다. 신체는 비율이 엉망이고, 발육부전인 데다, 병약하고 기형이기 일쑤다.

몸의 움직임은 어색하고, 궁상맞으며, 볼품이 없다. 그들의 정신은 (일상을 벗어나기만 하면) 텅 빈 공허다. 힘이라든가 아름다움, 용기, 고결한 성품 같은 전통적 개념에 비추어 볼 때 아주 막돼먹은 금수(禽獸)에나 비할까. 썩어빠진 정신과 육체적 결함에서 비롯된 심리적 상흔이 그대로 드러나는 종자들. "각자의 이마에 가시관을, 그것이 그들에게 돌아갈 품삯이로다." [94)]

그들 중 9할은 언어사용에서나 정신자세, 생김새에서 역겨움을 불러일으킨다. 심지어 대단히 낮은 수준의 동물성을 공공연히 드러내기도 한다. 그리고 마치 폐 기생충이라도 앓는 양(羊)처럼 약간의 노출로도 맥을 못 춘다. 후텁지근하게 데워진 방이나, 두터운 옷, 자극적인 음료가 그들의 묽은 피를 께느른하게나마 순환시킨다. 모든 새로운 세대는 그 이전 세대보다 더 허약하고 더 저급하기 마련이다. 정신적, 도덕적, 신체적 퇴행과 관련한 온갖 과학적 정황들이 그들의 모습에서 현저하게 확인된다. 그들의 열등한 기질은 속담이 될 정도로 전형적인 특성이다. [95)]

힘들고, 지속적인, 규율에 맞춰 강요된 노동은 용기를 파괴하고, 생기를 고갈시키며, 성격을 버려놓는다. 그것은 인간의 사기를 꺾어서 길들여버린다. 야생 수송아지나 어린 망아지를 길들이듯이 말이다. 지속적으로 고된 노동에 시달리는 사람들에게는 생각할 힘이 없

94) 입센의 희곡 〈브란(Brand)〉의 한 대사에서 따옴.

95) 안젤로 모소(Angelo Mosso. 1846~1910)는 이렇게 말했다. "용감한 사람은 가끔 실패하지만, 겁쟁이는 항상 실패한다."(원주)

다. 근육의 상태를 항상 좋게 유지하려면 가지고 있는 모든 활력을 자발적으로 투자해야만 한다.

실제로 문명화된 도시의 남녀 노동자들은 진흙과 산소로부터 진화한 동물류 중 가장 상태가 안 좋은 열등한 부류다.

그들은 일을 숭배한다. 그들은 소 떼가 채찍질 앞에서 잔뜩 웅크리고 긴장하듯, 법 앞에서 머리를 조아린다.

자세히 들여다보아라. 남자의 푹 꺼진 볼과 가느다란 입술, 우유부단해 보이는 부실하고 좁은 턱, 썩은 치아와 빈약하고 가느다란 코, 작고 축축한 눈, 핏기 없이 누렇게 뜬 안색, 구부정한 어깨와 몇 올 남지 않은 건조한 머리카락, 듬성듬성 가느다란 턱수염을. 옹색할 정도로 여윈 여자의 얼굴과 말벌 같은 연약한 허리, 발육이 미진한 가슴, 폐병, 신경병, 인위적인 불임증, 비쩍 말라 굶주린 듯한 왜소한 체형에 히스테리까지.

평균적인 남녀 노동자의 정신은 텅 비어있거나, 온갖 종류의 거짓과 부정(不正), 미신, 위선 등으로 꽉 차있는 상태다. 하긴 진정한 남자와 여자의 품성을 구성하는 모든 원초적 미덕들이 결핍되지 않고서야, 어떻게 그런 천박하고 혐오스러운 돈버러지 신세로 살아갈 수 있겠나!

보라! 그들의 이마에 (붉게 달아오른 가축용 인두로) 찍힌 구제불능이라는 낙인을! 그들은 정치꾼들이 고안해낸 연옥에서 끝날 것 같지 않은 고문을 당하고 있다. 그런데 사실상 그들의 고생은 하나의 위장된 진행과정에 불과할지도 모른다. 스스로 타락해가는 그들의 수치스러운 작태가 결국 그들 자신이 소멸함으로써 끝날 것이기 때문이다. 올가미에 걸려든 그들이 몰락의 길로 접어드는 것은 어찌할 수 없는 일이다. 그들에게 구원이란 있을 수 없다. 천만에! '피의 밭'[96]을 가로질러도 불가능하다.

딱하여라, 벌벌 떠는 저 가련한 자들! 자기가 흘리는 땀으로, 아니 심장이 쏟아내는 피로 자신의 손을 씻는구나! 타고나기를 노예인 자들이여, 나면서부터 실성한 자들이여!

그들이 살아갈 나날에 희망은 없으며, 그들의 삶 자체가 무의미한 소진(消盡)에 불과하다. 주인의 말 한마디 떨어지면 그들의 사지가 부들부들 떤다.

그들은 그림자를 쫓으며 평생을 허비하고, 결국 자기들이 들어갈 무덤을 만든다. 그들의 마음은 빙점을 지나, 0도 이하! 절름발이 영혼이 그들이다.

그들은 자신의 살점을 반죽하여 하루 먹을 빵을 만들고, '회개한 마음'을 죽 한 그릇과 바꾼다. 구원을 바라며 우상을 우러르는 그들,[97] 자신의 뼈를 갈아 석탄 바구니에 퍼담는다. 전쟁 생각만 해도 오금이 저리고, 총검을 보고는 매 맞은 개처럼 달아난다.

하여, 표범이 먹이를 덮치듯 권세가 그들을 덮치니, 순식간에 그 존재가 훅하고 사라진다.

---

96) 주 24 참조.

97) 로마제국의 멸망이 경각에 달렸을 당시, 국가에 대한 숭배는 오늘과 마찬가지로 하나의 제도화된 종교였다. 더러운 짐승인 정치꾼들 앞에 무릎꿇고 머리 조아리고 마음 바치기보다는 차라리 돌조각, 나무토막을 놓고 경배하는 것이 훨씬 낫다. (원주)

나의 영혼은 그들을 끔찍이 혐오하노라. 내 기꺼이 손 뻗어 그들의 목을 틀어쥐리라.

10

유전이란 현대인 대다수가 생각하는 것 이상으로 사회적 조건과 밀접한 관계가 있다. 결과를 놓고 볼 때 국가가 출생과 번식의 문제에 무관심한 것은 무척 위험한데, 동물에게 고품종이 있는 것처럼 인간에게도 고귀한 혈통이 엄존하기 때문이다. 만약 어느 축산업자가 축사의 내벽을 허물어버리고 소들이 제멋대로 뒤섞이는 것을 방치한다면, 10년 후에는 과연 어떤 현상이 벌어질까? 아마 축사 전체가 열등한 잡종들로 북적댈 것이다!

현재 사회적 특권과 행복조건의 평등을 추진한답시고 국가가 시도하는 일이 바로 그런 것이다.

퇴폐, 범죄, 천재성, 정신이상, 기타 여러 가지 현상과 대대로 이어지는 혈통 사이에 존재하는 긴밀한 심리학적 연관성은 골턴,[98] 롬브로조,[99] 모소,[100] 오토 아몬,[101] 페리,[102] 크라프트-에빙[103] 같은 이들

---

98) 프랜시스 골턴(Francis Galton. 1822~1911)은 영국의 유전학자로 우생학의 창시자.

99) 체자레 롬브로조(Cesare Lombroso. 1835~1909)는 이탈리아의 정신의학자로 범죄인류학의 창시자.

100) 안젤로 모소(Angelo Mosso. 1846~1910)는 이탈리아의 생리학자로 '인체순환저울'이라는 기발한 장치를 고안해, 인간의 사고활동과 뇌혈류량의 상관관계를 실증적으로 증명해냈다.

의 연구 덕분에 오늘날 널리 알려진 상태다.

범죄자가 범죄자를 낳아 그 형질을 물려주는 것이 사실이라면, 노예 역시 노예를 낳아 그 형질을 물려준다고 볼 수 있지 않을까? 그렇다면 영웅에게서 드러나는 강하고 단호한 인성 또한 선조로부터 그 정수를 고스란히 물려받은 결과라고 보는 것이 자연스럽지 않은가? 실제로 모든 역사와 계보는 그것이 수학적 사실임을 보여준다. 무릇 위대한 인간들은 강력한 전사라든가 정복자, 말하자면 힘센 동물의 자손인 것이다.

폰 오토 아몬은 인종적 장점이 선택되고 유전되는 과정에서 전쟁이 미치는 놀라운 순기능을 언급하고 있다. 그가 구체적으로 든 사례는 1871년 프로이센의 승리로 끝난 전쟁인데, 그 직후에 태어난 독일 아이들이 심신 모두에서 놀랄 만한 우월성을 보였다는 것이다.

그 역(逆) 또한 증명 가능하다. 어려서부터 줄곧 하루 벌어 하루 먹으며 근근이 살아온 단순노동자의 무리를 살펴보라. 조상 대대로 가진 것 없는 노예로 살면서 오랜 세월 패배를 거듭해온 짐승의 무리를 거기서 보게 될 것이다. (예컨대 아일랜드 소작농과 이집트 농부) 이는 어떤

---

101) 오토 아몬(Otto Ammon. 1842~1916)은 독일 인류학자로 유럽 귀족의 상당수가 독일인 혈통임을 주장했다.

102) 엔리코 페리(Enrico Ferri. 1856~1929)는 이탈리아 범죄사회학자로 실증주의적 형법의 초안을 마련했다.

103) 리하르트 폰 크라프트-에빙(Richard Freiherr von Krafft-Ebing. 1840~1902)은 독일 정신의학자로, 각종 범죄행위들을 성의학적 이상심리의 관점에서 최초로 분석하고 그 체계적 연구의 길을 열었다.

제한도 허용치 않는 진술이다. 단 하나의 예외라도 발견된다면, 그것이 일반 법칙을 증명하는 데 오히려 도움이 될 테니 말이다. 개인적으로 충분한 능력을 갖춘 어떤 사람이 훌륭한 조상의 후손으로 잘 태어나고도 세상의 문명화된 '지옥'에서 비루한 노동자로 살아가야 한다면, 그는 차라리 대장장이용 줄칼을 사용해 스스로 목을 베어버릴 것이다.

지배자적 특성과 혈통의 연관성은 엄청나게 중요한 의미를 갖는다. 그 안에 존재의 잃어버린 비밀이 들어있다.

하루가 멀다 하고 우렁차게 울어대며 세상에 태어나는 신생아들의 이마와 심장, 뇌에 저마다 이런 단어들이 아로새겨져 있다는 사실엔 의심의 여지가 없다. 정치가, 방랑자, 실업자, 전사, 성직자, 철학자, 범죄자, 도둑, 왕, 노예, 겁쟁이 기타 등등.

우리가 가진 재능, 미덕, 악덕은 전적으로 우리 각자의 신체적 메커니즘에 의존하며, 그 메커니즘은 오랜 세월에 걸쳐 상당부분 기후와 토양의 영향을 받아 진행된 무수한 화학적 변화의 결과물이다. 수천 년 전 필파이는 이렇게 썼다. "뼛속에서 자라난 것은 살 밖으로 빠져나가지 않는다."[104] 롱펠로의 시 〈케라모스〉에서 인용한 아래 네 줄 시구에도 의미심장한 철학이 담겨있다.

---

104) 필파이(Pilpay)는 전설로 전해오는 인도의 철학자이자 이야기꾼. 〈두 어부 이야기〉 등 그가 썼다고 전해지는 우화들이 13세기 유럽에 소개되었는데, 라퐁텐에게도 영향을 미친 것으로 알려져 있다.

흙과 모래가 잘 섞인 이 점토는
내 손의 움직임대로 따르네.
모두가 점토로 만들어져도,
누구는 따르고 누구는 명령하듯이.

　시적 의미로는 모든 것이 점토로 만들어졌을지 모르나, 그 점토가
여러 가지 다른 요소로 이루어졌음을 결코 잊지 말아야 한다. 검둥이
나 중국 놈의 속에 들어찬 점토는 셰익스피어나 비스마르크의 속을
채우고 있는 점토가 아니다. 어떤 점토는 양질의 밀을 잘 자라게 하는
대신 벽돌의 재료로는 형편없다. 어떤 짐승이 사냥꾼으로 태어나면
다른 짐승은 먹잇감으로 태어나는 것과 같은 이치다. 어떤 점토는 저
질의 씨앗을 머금고도 훌륭한 곡물을 키워내는 반면, 어떤 점토는 (아
무리 열심히 경작해도) 가시덤불이나 잡초, 쐐기풀, 독초 같은 것들만 생
산해낸다. 인간의 본성 역시 그가 자라난 토양의 성질에 전적으로 영
향을 받는 법이다. 그런 점에서 인간은 걸어 다니는 곡물이나 다름없
다. 어떤 자리를 만나면 완벽하게 성장하지만, 또 다른 자리에서는 전
혀 자라지 못하거나 아예 시들어버린다. 인도 같은 풍토에서 앵글로
색슨족은 시들하니 맥을 못 추는 반면, 캐나다나 북구의 나라들에서
는 활력이 넘친다.
　모든 과학과 모든 역사, 모든 경험은 나면서부터 만인에게 평등한
권리가 주어진다는 바보들의 주장을 정면으로 반박하고 있다. 그럼에
도 불구하고 이 타락한 시대의 지적 노예들은 제논, 제퍼슨, 잭 케이

드, 로베스피에르 그리고 저 유대인 목수의 뻔뻔하고 터무니없는 주장들을 수동적으로 받아들여, 마치 성스럽고 존엄한 계시인양 세계 방방곡곡으로 퍼뜨린다. 평등주의는 대중연설에서 거의 당연시되는 주제 중 하나다. 그 타당성을 공개적으로 문제 삼는 것이 워낙 비호감으로 간주되거니와, 민주주의 사회에서 여론을 주도하는 천박한 인사들에게 대중의 호감이란 그야말로 시작과 끝, 알파요 오메가이기 때문이다. 앵글로색슨 국가에서 그 결과는 이제 구토가 치밀 지경이 되었다.

이 나라의 교육체계는 정치꾼들의 직접적인 통제 하에 작동한다. 이 '국가의 사제(司祭)들'은 교사를 뽑고 훈련하며, 임금을 책정하고, 교과서에 실릴 거짓과 진실을 결정한다. 우리의 공립학교들은 옛날 고위성직자들이 보편교회를 운영하던 바로 그 예수회의 원칙에 입각해 관리되고 있다. "이리로 오라. 우리가 너희의 영혼을 무료로 개량해주리라." 국가라는 게걸스러운 용(龍), 이 새로운 우상숭배의 고위 사제들은 그렇게 부드러운 어조로 말한다. 아직 볼이 발그레하고 순진한 어린 친구들은 저들이 열어놓은 문으로 아무 의심 없이 들어간다. 그러고는 교육이 진행됨에 따라 서서히, 그들의 '회색피질'이 아직 덜 여문 두개골 밖으로 끄집어내져 예쁘장하게 단장된 허구의 덩어리들로 교묘하게 대체된다. 의과대학생이 개구리 뇌를 적출한 다음, 식물의 유조직(柔組織)으로 대신 채우는 광경을 본 적 있나? 개구리는 죽지 않고 주변을 활발하게 뛰어다닌다. 그 모습만 보면 마치 이전의 지능과 생기를 그대로 가지고 있는 것 같지만, 모든 것이 착각일 뿐이다. 실험 생체해부학자가 개구리에게 하는 짓을 국가의 사제들은 인간 어린아이를 대상으로 저지르고 있다.

온갖 날짜와 목록, 알맹이가 빠진 역사를 통해 야금야금 뇌를 망가뜨리는 극악한 불법행위가 진행된다. 그 과정이 완료되면, 썩은 달걀 같은 뇌를 갖게 된 젊은 남녀를 전쟁터 같은 세계로 내보낸다. 그들은 이제 자기 자신을 지키거나 발언할 능력이 완전히 제거된 정신박약아나 다름없다. 아무라도 받들어 섬길 준비가 되어 있는 흔하고 하찮은 존재인 것이다. 국가가 교육해 배출한 젊은이들의 창의력 결핍과 기계적으로 남 따라 하기, 아둔한 품성은 어제오늘의 문제가 아니지 않은가? 자기 자신을 위해 사고하고 행동하도록 독려하는 대신, 잘 훈련된 노예들처럼 그저 믿고 복종하는 것만 가르친 결과다. 심지어 극성맞은 함성과 변조된 노래를 동원해 우상에 열광하고 숭배하도록 세뇌도 받았다. 그나마 나무나 돌로 만든 정정당당한 우상도 아니고, 알록달록한 깃발들과 각종 인쇄물, 조작된 명성의 양가죽을 뒤집어쓴 악당 정치인의 우상이다.

길들여지지 않은 망아지를 붙잡아두려면 튼튼한 밧줄과 단단한 말뚝, 근육질 사내들이 필요한 법이다. 그러나 일단 한번 완력과 회유로 굴복시켜, 고삐도 매고 안장도 얹혀진 망아지는 어린아이의 힘으로도 어디든 끌고 다닐 수 있다. 오, 교활하고 말 잘 하는 '국가의 사제들'아! 너희 야비한 마귀들아! 양의 탈을 쓴 늑대들! 젊은이를 타락시키는 자야! 독사의 자식들아! 언젠가는 "그 잘 돌아가는 혀가 생생한 지옥의 붉게 달군 쇠꼬챙이에 꿰어 매달릴 형벌을 어떻게 피하려 하느

나?" [105)]

    지금으로부터 30여 년 전 미합중국은 총탄과 포탄을 사용해 인종적 평등을 증명하고자 돈키호테적인 행동에 뛰어들었으나, 결과는 무참한 좌절이다. 당시 남부의 계곡은 북부인과 남부인의 유골로 뒤덮이다시피 했고, 어마어마한 국고가 이렇다 할 소득 없이 총구(銃口)를 통해 증발해버리고 말았다. 단지 세계가 지켜보는 가운데 평등원리의 공허함과 처절한 실패가 적나라하게 드러났을 뿐.

    중앙집권적 독재체제를 구축하기 위한 대규모 전쟁[106)]을 작정하고 일으키면서도, 그 체제가 검둥이라든가 유대계 러시아인, 인도출신 천민, 중국 놈, 그밖에 최하층 백인 노동자의 사회적 눈높이에 맞춰지기를 바라는 자들이야말로 정신이 돌았다고 해야 마땅할 것이다.

    소위 "동포애" 운운하는 거짓말은 '헌법수정안'에 기입됨으로써 성공을 거둔 셈이긴 하다. 하지만 현실 속에서는 여전히 뜬구름 잡는 얘기에 불과하다. 뉴올리언스라든가 찰스턴의 '해방된' 검둥이는 이전보다 더 심한 학대와 경멸의 대상이 되어있다. 아울러 그의 실질적인 몸값 역시, 노예시장 경매를 통해 사고 팔리던 시절과 비교해 형편없는 수준으로 떨어진 상태다.

    지난 내전이 정말로 이룬 것은 백인 노예를 농장의 검둥이 노예와 동일한 수준으로 전락시킨 점이고, 바로 그 점에서 기발한 창의력

---

105) 마태복음 23장 33절을 패러디하고 있다. "독사의 자식들아! 너희가 지옥의 판결을 어떻게 피하려 하느냐?"

106) 위의 문단에 이어 남부의 노예제 폐지를 내건 남북전쟁(1861~1865)을 이야기하고 있다.

의 개가라 하겠다. 싸움은 백인들이 했고, 사실상 끼리끼리 싸움으로 써 백인들의 금전적 가치는 폭락했다. 평등이라! 평등! 도대체 그 잘난 이름으로 얼마나 혁혁한 공적이 이루어졌나? 그래도 링컨은 위대한 정치가가 아니었냐고? 물론 위대한 정치가지! 사람 홀리는 말솜씨로 짐승들을 하나로 긁어모을 줄 알았으니까!

쉿! 거리의 저 술 취한 노예들 고래고래 악써대는 소리가 들리나? 오호라, 그러고 보니 선거일 밤이로구나! 저들은 노래한다. "만세! 만세! 우리 모두 환희를 노래하자! 미합중국을 해방시킨 링컨에게 영광을!"[107] 모로코에서는 유약하고 비천한 자들이 자기들의 운명과 군주를 찬양한다. 군주가 손수 자신의 손으로 그들의 목을 내려치는 바로 그 순간에도 말이다. 하지만 자유인으로 태어난 미국인은 그 정도로 기만당해서는 안 된다.

북부 주들과 남부 주들 모두에 걸쳐 인간이라는 유기체(흑인이든 백인이든 다른 유색인종이든)의 최상층과 최하층 사이에 존재하는 사회적 괴리가 이전 어느 때보다 두드러져 있다. 예컨대, 검둥이가 다수를 차지하는 많은 주에서도 그들이 행정적인 권한을 취득하는 일은 현재 용인되지 않고 있으며, 앞으로도 마찬가지일 것이다.

전쟁과 혁명의 포연 속에서 작성한 헌법과 제도를 가지고도 검둥이를 희게 칠할 수는 없다.

---

107) 남북전쟁 당시의 유명한 군가 〈조지아 행군(Marching Through Georgia)〉의 패러디.

11

"모든 인간은 동등하게 창조되었다"라고 엄숙하게 선언하는 것은 모든 개와 소, 원숭이, 나무는 동등하게 창조되었다고 선언하는 것만큼이나 어리석고 비과학적이다.

세상에는 사람, 행성, 미생물, 별, 태양이 다양하게 존재하듯이 개, 소, 원숭이, 나무도 다양하게 존재하는 것이 아닌가? 참나무와 까치밥나무가 본질적으로 어떻게 동등한가? 혈기왕성한 울프하운드와 깨갱거리는 길거리 똥개가 어떻게 동등한가? 수컷 버펄로와 사육된 식용 거세소가 어떻게 동등한가? 숲 속의 야생 고릴라와 거리악사가 데리고 다니는 원숭이가 어떻게 동등한가? 우주를 품은 정신의 소유자 비스마르크와 자칭 그리스도인 저 유명한 "세상 떠난 선한 젊은이"[108]가 어떤 점에서 동등하단 말인가? 혈통 좋은 불도그 한 마리가 굶주리고 깡마른 동네 잡종 개 스무 마리쯤 너끈히 제압하지 못할까? 같은 이치로, 대범하고 자신감 넘치며 머리까지 비상한 사내 몇 명이 기름 묻은 기계공 일만 명, 아니 일천만 명을 상대하지 못하겠는가? 기계공이라는 것이 특별하게 훈련된 노예가 아니고 무엇인가? 미국인 노예가 가진 정신력을 일천 명 분량은 더해야 살아 숨 쉬는 참다운 인간 한 명의 정신력에 견줄 만할 것이다. 이론적으로야 그 모두가 동일한 유기체라 할 수 있겠으나, 빵과 사랑, 공간과 삶을 차지하려는 야

---

108) 19세기 말(1882년 발표)에 뉴욕에서 유행하던 노래 제목이다.

성의 충동으로 따지자면, 예컨대 벵골 호랑이와 '성모의 어린 양'이 서로 다른 만큼 현저한 차이점이 그들 사이에 존재한다. 불꽃이 위로 타오르게 정해진 것처럼, 인간은 투쟁의 운명을 타고난다.

주어진 환경의 결핍요소가 사람들을 각자의 적이나 경쟁자로 만드는 것이다. 그러니 동등이란 개념이 어느 틈새로 끼어들겠나? 전혀 그럴 여지가 없다. 그것은 어리석은 신화다. 세상에는 희생될 유기체들이 일종의 기반으로서 항상 준비되어 있어야 한다. 노예가 없는데 어떻게 영웅이 존재하겠나? 한심한 나라들이 없다면 무슨 수로 위대한 국가가 존립하겠는가?

어떤 개한테 유전되는 귀한 자질과 사람 열 명 중 아홉 명에게서 드러나는 위선적인 '미덕'을 동일선상에 놓는다 치자. 이제 동등한 행동의 자유, 동등한 기회, 동등한 권리를 개에게든 인간에게든 부여해 보라. 과연 어떤 결과가 나올까? 깡마른 약골의 뼈대는 병든 살갗을 통해 비어져 나오고, 더없이 사나운 싸움꾼은 뒤룩뒤룩 살이 쪄야 마땅한 것 아닌가? 그들에게서 나오는 어떤 힘이 기회의 균등을 주장하고 강제하겠는가?

사회주의, 기독교신앙, 민주주의, 평등주의는 사실상 비천한 태생의 잡종무리가 처량하게 울부짖는 절규에 지나지 않는다. 이들은 국가의 적극적인 개입, 그러니까 "고통받는 인간에 대한 보호책"을 소리높여 하소연하고 있다. 그들에게 국가란 지고의 우상이자, 주인이고, 신이며, 지체 높으신 어른, 글자그대로 모든 것이다. 가엾어라, 속고 사는 데 이력이 난, 천박한 '잡초들'. 실제로 '신의 저주'가 그들의 골수 깊숙이, 그들의 죽어가는 심장박동에 속속들이 사무쳐있다.

정치꾼이 우리를 잘 살게 해주기를 바라고, 늠름한 군대가 우리를 보호해주기를, 우상을 모시는 사제가 우리의 구원을 책임져줄 것을 기대하면서, 국가제도를 통해 우리의 안정을 갈구하는 자는 누구나 가련하고, 비굴하며, 남자답지 못한 머저리다.

12

그 어떤 온정주의적 통치 메커니즘도 (이론적으로 아무리 완벽해도) 불우한 태생과 유복한 태생, 잡종혈통과 순수혈통을 지속적으로 평등하게 취급할 수 없다. 힘 있는 자를 '법령과 제도'로 다스리기보다는, 차라리 지진이 일어나는 땅덩어리를 쇠테로 묶어 안정시키는 것이 쉬울 것이다. '법령과 제도'는 속박 당한 자들을 다루기 위해서만 만들어졌다.

세상에 어떤 권력이 검둥이를 앵글로색슨인과 지속적으로 동등하게 취급할 수 있겠나?

힘 있는 자는 아무리 금욕적인 금지조항이 있어도, 도덕주의를 그럴듯하게 흉내 내도, 자존심 구기는 법치주의와 온갖 제도적 규정이 앞을 가로막아도, 결국에는 자기 하고 싶은 대로 하기 마련이다. 평등이라는 형식도 내용도 지상에 존재해본 적이 없다. 그것은 단지 추상적 개념, 하나의 꿈일 뿐이다. 평등! 평등! 2천여 년에 걸쳐 축적된 치매증상이 그 단어 하나로 요약된다! 그것에 대한 생각 자체가 열등한

뇌의 산물이다. 열등한 유기체의 뇌는 아직도 그것을 품고 있다.

숱한 세월 고생과 복종을 위해 태어나 살아온 자들이 어찌 자유롭게 태어나 대담한 삶을 살아가는 존재의 감정을 이해하겠나! 힘이 곧 지배자라는 우주의 법을 깨친 존재의 감정 말이다.

너는 거미줄을 쳐서 폭풍을 입막음할 수 없고, 구두끈으로 화산에 고삐를 맬 수도 없으며, 화약통(powder horn)에다 회오리바람을 담아 넣을 수도, 갈고리 장대로 격랑(激浪)을 붙잡을 수도 없다. 너는 힘 있는 자의 입에 재갈을 물릴 수 없다. 그보다 먼저 그가 너를 지옥에 보내버릴 테니까.

어떤 인위적인 사회적 기도(企圖), 아무리 좋은 뜻을 담아 용한 주문을 한다 해도, 철로 만든 그릇이 토기로 만든 그릇을 깨트리고 짓밟는 것을 막을 수는 없다. 왜 그래야 하나? 사회적 평등이 가능한 일이었다면 벌써 오래 전에 확립되었을 터다. 하지만 그러지 못했다. 앞으로도 그럴 것이다.[109]

그러니 끝없이 꿈만 꾼다고 해서 무엇이 나아지겠나? 일부러 거짓을 조장한 다음 그것을 토대로 아무리 화려한 공중누각을 짓고 그럴 듯한 이론을 만들든 무슨 소용이 있는가? 달콤한 과자를 달라며 보채는 철없는 어린아이에서 벗어나 이제 의연한 어른이 되어보자.

'사이비 그리스도의 위안과 위로'가 슬그머니 유입되어 우리 선조

---

109) "인간은 실체에 대한 권리를 갖는다."라고 토머스 페인은 썼다. 이에 대해 어느 꼼꼼한 독자는 이렇게 답했다. "맞다. 그리고 인간은 천년을 살 권리도 갖는다. 그렇게 살 수만 있다면." 문제는 권리가 아니라 능력, 곧 힘이다. (원주)

의 기를 꺾기 전에 본래의 그분들 모습처럼, 우리 모두 당당하고 용감하게 존재의 혹독한 현실을 직시하자. 아시아에서 건너온 복음주의에 현혹되어 모든 걸 내려놓는 우를 범하지 말자. 그것은 이미 우리의 혈통과 기후, 기질에 맞지도 않고 유용하지도 않다는 것이 증명되었다. 우리 다 같이 현실적이고, 용감하며, 감각적이 되자. 피르호[110]가 통렬하게 촉구했듯이 "우리가 상상한 대로가 아닌 있는 그대로의 현실", 노망난 철학자나 미친 시인, 거세된 사제들이 꾸며낸 환상이 아닌 현실 그 자체를 받아들이자.

13

우리가 죽기 살기로 매달려야 할 문제는 어떻게 하면 '행복하고 평등한 삶'을 사는가가 아니다. 행복이란 덧없는 환영이고, 평등이란 불가능과 동의어이기 때문이다. 인간이 어떻게 해야 기회를 쟁취하고, 경쟁자를 이겨내며, 도전자의 씨를 말릴 수 있느냐가 유일한 관건이다.

경주는 역시 발 빠른 자, 싸움은 강한 자가 최고다. 미인과 전리품은 언제나 당찬 용기에 주어지는 특권이다. 패배한 자에게 화 있을진저!

---

110) 루돌프 피르호(Rudolf Virchow, 1821~1902)는 독일의 병리학자이자 정치사상가로 비스마르크와 잦은 마찰을 빚어, 한때 그에게서 결투신청을 받기도 했다.

"이것은 빵과 사랑, 호흡을 취하려는 전쟁,
죽음의 아가리에 이르도록 평생을 이어갈 경주라네."[111]

자바 섬에는 엄청난 죽음의 계곡이 있다. 죽은 짐승들의 수많은 뼈와 해골이 거기 널려있다. 가로 3피트 세로 5피트 크기의 대형 바다거북이 산란기만 되면 그곳으로 힘겹게 모여든다. 바다에서 나와 계곡까지 가는 동안 녀석들은 들개 떼의 습격을 받는데, 하나같이 등을 깔고 뒤집혀진 채 들개들이 무방비 상태의 속살을 뜯어먹는 동안 속수무책 버둥거리다가 숨이 끊어지고 만다. 한데 개들이 배가 탱탱해졌을 즈음, 이번에는 매복해있던 호랑이들이 그들을 덮친다. 그 다음에는 화려한 호피를 노리는 사냥꾼들이 호랑이 사냥에 나선다. 우기(雨期)와 더불어 울창한 풀들이 자라나 이 열대의 '골고다'에 흩뿌려진 뼈들을 뒤덮으면, 소 떼가 몰려와 저마다 그 풀을 뜯는다. 그리고 다시 그 소들은 가죽이든 뿔이든 살코기든 사냥의 목표가 되어 그 자리에 쓰러지고, 뼈를 남긴다. 그 뼈가 다시 계곡을 비옥하게 하면서 새로운 사냥꾼과 사냥감을 위한 터전이 만들어진다. 이것이 바로 매일 반복되는 실제 세상 모습의 축소판이다. 모든 생물체는 그렇게 서로 쫓고 쫓기는 것이다.

비틀거리는 자들에게 화 있을진저! 거꾸러지는 너에게 화 있을진

---

111) 오스트레일리아 시인 P. 루프티그(Luftig)의 시 〈사명의 찬가(A Mission Hymn)〉 중에서. 1895년 10월 12일 〈더 불러틴(The Bulletin)〉 지에 수록.(원주)

저! 어떤 형태로든 '평등, 신뢰, 희망, 박애'의 이상을 운운하는 자들은 이 사멸하고야 말 삶의 현실을 과거에도 없었고, 현재에도 없으며, 미래에도 있을 수 없는 그림에 끼워 맞춰 해석하고 있다. 실제로 '도덕 천지'가 되고 '만인평등'이 이루어진다면, 세상은 얼마 못 가 멸망하고야 말 것이다. 파스칼이 중세적 미신에 사로잡혀 다음과 같은 문장을 썼을 때, 그는 분명 이처럼 현실의 어두운 실상을 염두에 두고 있었을 것이다. "나는 자는 사이 어느 무섭고 황량한 섬으로 옮겨진 상태에서 깨어나, 자기가 지금 어디에 있는지, 어떻게 그곳을 벗어날지 전혀 알 수 없는 사람처럼 두려움에 떨고 있다."

오로지 타락한 자만이 자신을 둘러싼 비극의 장엄함에 그렇게 치를 떤다.

운명적으로 정해진 투쟁이라면, 당당한 용기와 불굴의 환희로 임하지 못할 이유가 무엇인가? 이겨내거나 장렬히 전사할 것을 각오한 채 앞으로 나아가지 못할 이유가 무엇인가?

굴종하며 사느니 깨끗이 죽는 게 낫지 않겠나? "자유 아니면 죽음을 달라"는 것은 공허한 문장이 아니다. 천만에! 깨칠 능력을 갖춘 자에게 이것은 어마어마하게 중요한 의미를 갖는다.

대체 죽음이 무엇이기에 우리 모두를 겁쟁이로 만드는가? 삶이 무엇이기에 그토록 소중하게 여겨지는가? 세상에는 죽음보다 더 나쁜 것들이 있는데, 그중 하나가 바로 수치스러운 삶이다. 손으로든 머리로든 주인을 섬기는 사람은 예외 없이 수치스러운 삶을 사는 것이다.

삶이란 잠깐 반짝했다가 사라지고 마는 어둠 속 불꽃에 지나지 않거늘, 여기서 당장 그 삶을 해치우도록 하자! 여기서 당장!

"광영(光榮)에 빛나는 천국"도 죄인들이 불에 타는 지옥도 존재하지 않는다. 옳고 그름도 없고, 성부(聖父)와 성자(聖子)와 성령(聖靈)도 존재하지 않는다.

죽음은 모든 인간, 모든 '천둥의 아들'에게
끝을 의미하니,
길목을 지키는 사자(獅子)가 되어,
결코 짓밟히지 말라.

우리에게 안식처란 없나니, 이 땅 위에도 저 하늘 너머에도 태평성국(太平盛國)은 없어! '축복 받은 자의 섬'[112]도, 엘리시움도, 헤스페리데스 정원[113]도 존재하지 않는다. 천만에! 마법이야기에나 나올 법한 그런 것들은 한낱 백일몽일 뿐, "옛날 옛적에"로 시작하는 그야말로 '옛날이야기'일 뿐.

지금 여기는 고통의 나날! 지금 여기는 환희의 나날! 먹거나 먹히거나, 사자가 되거나 양이 되거나, 지금 여기서 결정할 일! 지금 여기가 사생결단의 현장. 도망칠 수도 물러설 수도 없다. 너를 구해줄 존재는 없나니, 오늘, 바로 이 순간, 선택하라!

---

112) 그리스 신화와 켈트 신화에 등장하는 영웅이 사후 다시 태어나 산다는 낙원의 섬.
113) 그리스 신화에서 밤의 요정 헤스페리데스와 라돈이라는 용이 황금사과를 지키고 있는 장소.

미래를 가꾸려는 모든 시도는 기필코 좌초하리라. 현재가 우리의 영역. 우리의 주된 목표는 철저한 비즈니스 원칙에 따라 그것을 장악하는 일.

그러므로 너에게 대적하는 자들과 맞서라. 너와 싸우려는 자들과 전쟁하라. 방패를 단단히 붙잡아라, 버려라! 무시무시한 존재가 되어 너 자신을 지켜라. 주먹을 치켜들어, 너를 해치려는 자들을 막아서라. 네 가슴과 영혼에 이렇게 말해주어라, "나 자신이 나의 구원자로다!"

너의 파멸을 획책하는 자들을 풍비박산 내버려라. 회오리바람, 죽음의 천사가 지리멸렬한 그들을 쫓아 휩쓸어버리게 하라. 놈들은 구덩이 속에 네 발목을 낚아챌 덫을 숨겨놓았다. 바로 그 덫에 놈들이 걸려들게 하라. 그러고는 의기양양 북소리 크게 울려라. 환호하라! 환호하라! 너 자신을 구원했으니, 네 몸의 모든 뼈가 자랑스럽게 외치리라. "누가 감히 나와 견주겠는가?"[114] 나 스스로 머리를 써서 나를 해방하지 않았는가? 내 원수들에게 나는 너무 강하지 않았던가? 나를 멸할 수도 있었던 놈들을 내가 멸하지 않았는가?

---

114) 〈구약〉 출애굽기 15장 11절에서 따온 표현. "주님, 신들 가운데 누가 당신과 견주겠습니까? 누가 당신처럼 거룩함으로 영광을 드러내고, 위업으로 두렵게 하며, 기적을 일으키겠습니까?"

14

이 빙글빙글 도는 공 모양의 행성은 해탈의 명상이나 즐기고 있는 것이 아니다. 그것은 별빛이 작렬하며 정신없이 휘도는 발할라[115]다. 그 안에서는 승승장구하는 전사들이 쓰러뜨린 상대의 두개골을 바가지 삼아 심장 속 거품 부글부글한 피를 퍼담아 마시면서 끝없는 전쟁을 반복한다.

보라, 얼마나 좋은가! 얼마나 바람직하고, 신나는가!

피 튀기는 싸움으로 뒤엉켜,

목숨 걸고, 목 내놓고,

끝없이 쟁투하네.

그 혈기왕성한 싸움을 통해 기운이 다시 샘솟는다. 적이 적을 쏘아보는 가운데 굶주린 표범처럼 죽음이 도처에 잠복하는 정복의 벌판에서, 과연 누가 지배하고 번식하며 소유할 적임자인가, 오로지 그것만이 수학적인 정밀성으로 (자연의 웅장한 재판정에서) 측정될 것이다.

정정당당히 정복하지 않고 주인이라 나서는 자들은 어정뱅이 좀도둑에 불과하므로, 당연히 종자(種子)배제의 우주법칙에 의거해 가차

---

115) 발할라(Valhalla)는 켈트 신화의 주신인 오딘의 궁전. 그곳에는 현세에서 사망한 영웅전사들의 혼이 모여 해 있는 동안 죽기 살기로 싸운 다음, 밤이 되면 통음난무의 연회를 벌이는 일을 끝없이 반복한다.

없이 처단되어야 마땅하다. 말하자면 죽음! 그런 자 모두에게 죽음을!

삶은 결투다. 오직 적자(適者)만이 성공을 꿈꿀 수 있다. 독자여, 정녕 살아남고 싶다면(그 말의 가장 고차원적인 의미로) 가서 무언가 범상치 않은 일을 해내라! 자꾸만 너를 머슴이나 겁쟁이와 동등하게 만드는 가짜 철학자를 경계하라! 살이 뒤룩뒤룩 찐 목사나부랭이나 세금 도둑 정치꾼들을 조심하라!

매끈하게 나불거리는 혀는 무조건 주의하라. 그리고 너의 가장 큰 적은 알랑거리며 너에게 아첨하는 따리꾼들임을 명심하라. 놈들은 먼저 네 마음부터 산 다음, 산 채로 네 살가죽을 벗겨버린다. 침 튀기며 설교하는 목소리 좋은 목사, 거짓 글 남발하는 글쟁이 궤변가(달필의 사기꾼), 연단 위의 악어 같은 정치꾼, 이들 모두 현대판 메피스토펠레스!

삼박자로 짖어대는 지옥의 개! 오, 놈들의 모가지가 하나였으면![116] 그리고 내가 린치 판사[117]였으면!

아메리카여! 아메리카여! 그대가 잠든 사이 몰래 그대를 휘감아 친친 동여맨 밧줄에도 불구하고, 여전히 그대의 자궁은 용기와 배짱, 힘을 가진 사내들을 품고 있다. 보라! 극심한 진통의 시간이 다가온다. 그대는 이제 저들을 다스릴 벼락과 뇌신(雷神)들을 낳아야 하리!

---

116) 이는 로마시대 역사가 수에토니우스의 《열두 명의 카이사르》에서 '가이우스 칼리굴라' 편이 전하는 내용 중, 자신과 다른 편을 응원하는 로마시민을 두고 칼리굴라가 했다는 푸념을 패러디한 것이다. "로마인이 단 하나의 모가지를 가지고 있었다면!"

117) 1780년 버지니아 주 피트실베이니아 카운티의 자경대장이자 치안판사인 윌리엄 린치(William Lynch, 1742~1820) 대위가 숱한 범법자들을 정식재판 없이 무차별 교수형으로 처단한 데서 오늘날 '린치(lynch)'라는 단어가 유래함.

드디어 때가 되었노라! 기쁨의 시간만은 아니리라. 천만에! 이는 분노의 날, 무서운 날이 되리니, 심판의 날, 시련과 승리의 날이 닥치리라!

그리고 민주주의여! 민주주의여! 이 나병덩어리야! 지긋지긋한 질병아! 요리조리 모양 바꾸는 괴물! 살인마 같은 너! 많은 나라가 너에게 머리 수그려 감염되더니, 지구상에서 그 자취를 감추더구나! 하지만 아메리카는 너를 쓸어 내버릴 터. 너, 지랄병! 사람에게 옮는 가축병!

진실로, 진실로 이르나니, 그대 아메리카에 새로운 귀족이 등장하리라! 강력한 지도자의 혈통! 무자비한 파괴자의 후손! 돈으로 사고팔 수 없는, 용맹과 권능, 힘의 귀족이! 선견지명을 갖추고 순수한 피가 흐르는, 영예로운 불굴의 귀족이!

장대한 투쟁의 태양광이 미래를 관통해 뻗어나간다. 영웅의 기세가, 그 옛날 트로이아를 뒤덮었듯, 미래를 뒤덮는다. 자연의 아들이 당당한 위용을 뽐내며 다시 한 번 세상에 나와, 저 더러운 우상들을 내치고, 신과 법, 노예가 만든 도덕에 맞선다.

여기 '힘의 철학'을 요약한다.

인간의 정부는 어떻게 인간에 의해 존립하는가? 무력을 통해서다. 싸움의 승자가 결국 통치자가 되는 것이다.

그런데 이 시대에 와서 힘으로 밀어붙이는 정부가 사라졌다고? 흔히 범하기 쉬운 착각이다. 정부는 그 어느 때보다 강력해졌다.

어째서 우리는 그 점을 바로 보지 못하는 걸까?

늘 복종하지 못해 안달인 열등한 자들에겐 굳이 강제력을 동원할 필요가 없기 때문이다.

어떻게 지배자의 위상이 무너질 수 있단 말인가? 그것은 결코 파괴될 수 없는 무엇이다. 그것은 본질적인 것이다.

그런데도 한 인간으로서 다른 인간을 지배하는 것이 잘못이라고? '잘못'이란 무엇인가? 힘 있는 자는 자기 뜻대로 하는 법이다.

'힘 있는 자'란 누구인가? 정복하는 자, 전리품을 취하는 자, 전쟁터에 진을 치는 자다. 인생 자체가 온통 전쟁터다.

굴종이란 어떻게 생겨났는가?

최초의 노예는 전쟁에서 패배한 뒤 굶주림과 구타로 길들여진 전사다. 그 후손은 처음부터 복종하도록 태어나고 훈련받아, 갈수록 더 유순해진다. 그렇게 모든 노예계층은 패배한 전사의 후예다.

주종(主從)제도는 옛날처럼 건재한가?

물론이다. 생존을 위한 한 치의 양보 없는 싸움에서, 나약하고 연약한 자들은 알아서 머리를 조아리기 마련이다.

그럼에도 우리는 "모든 인간이 평등하게 창조되었다"고 배운다고? 그것이야말로 외교적 수사(修辭)일 뿐이다.

노예는 어떻게 해야 자신의 자유를 되찾을 수 있나?

한마디로 말해, 나를 정복한 자를 내가 정복하면 된다. 만일 자신이 그럴 만한 존재가 아니라고 판단되면, 그 즉시 단념하고 자기 목을 자르든가, 끝까지 굴하지 않고 싸우다 죽든가다.

그래도 자유가 허락될 수 있는 것 아닌가? 자유란 원래 허락되는 것이 아니라, 빼앗아오는 것이다.

그렇다면 투쟁은 영원하고, 불가피하며, 영광스러운 것인가? 그렇다! 투쟁이란 일종의 적자(適者)판별법,[118] 싸움을 통한 재판의 성격이 짙다. 그것은 유죄와 무죄를 가려내는 틀림없는 방법이다.

하지만 이건 지나치게 가혹한 철학이 아닌가?

바람직하지 못한 존재에 대해 자연이란 원래 가혹하고, 잔인하며, 무자비하다. 자연의 미소는 오로지 용감하고, 강인하며, 아름답고, 배짱 좋은 자만을 위한 것이다.

'가난하고 비천한 자', '죄 없고 순진한 자', '짓밟힌 자'에게는 어떤 위안도 주어지지 않는다.

가난하고 비천한 자는 바닥을 기어 다니는 전염병이다. 죄 없고 순진한 자란 없다. 짓밟힌 자는 자신이 자처한 지옥의 죄인으로 전락하는 것이 마땅하다.

힘 있는 자에게 환호하고, 용맹한 자를 칭송하는가?

나는 그렇다. 그들이야말로 자연의 귀족이다. 백전백승 불굴의 용자(勇者)들, 그들을 바라보면서 자연은 기뻐한다.

---

118) ordeal. 불 위를 걷게 한다든지, 끓는 물에 손을 넣게 해서 무사할 경우, 무고한 자로 판정하는 신명재판의 방법. 여기서는 일정한 시련을 통해 생존에 적합한 존재를 가려내는 일.

Might is Right

제4장 ——— 인간은 육식동물이다!

1

동굴과 정글에 서식하던 사납고 털 많은 야수가 지금의 인간이 되기까지는 참으로 오랜 진화의 시간이 흘렀다.

그런 그를 로마 하수도의 전기배선을 통해 베들레헴과 타르수스[119]의 빈약한 발전기 단자와 연결시킨들, 그 골격 메커니즘과 병리적 본능이 즉각 말소되거나 발칵 뒤집힐까? 쟁투와 살상을 하게끔 정해진 그의 해부학적 구조가 하루아침에, 일 년 새에, 아니 저 해가 백만 번 떴다 지는 동안에 과연 변할 수 있겠나?

식량과 전리품, 땅과 사랑, 명예와 황금을 얻고자 하는 이유 있는 노력 속에서 남을 능가하고 잡아먹으려는 욕망은 그의 골수 속에 이미 뿌리내린 지 오래다. 따라서 개혁가든 메시아든, 그를 온순한 양(¥)으로 변화시키려는 자들의 모든 시도는 끝없는 실패에 부닥칠 수밖에 없다. 차라리 회색곰을 푸들강아지로, 대머리 독수리를 비둘기로 둔갑시켜보자는 것이 훨씬 그럴듯한 시도일 것이다.

이사야와 바오로에서 칼라일과 러스킨에 이르기까지, 민주주의의 파수꾼을 자처하는 대단하신 존재들이 지금껏 해온 일이라곤, 형형색색 군기 휘날리며 무자비하게 발걸음 내딛는 군대의 행진을 막아보겠다며 길가에서 고래고래 악이나 쓰는 것이 전부였다. 이들 고함이나 질러대는 악의 예언자들이야말로 허구한 날 달보고 짖어대는 목청 걸

---

119) 베들레헴은 예수의 고향, 타르수스는 바오로의 고향.

걸한 개들이 아니고 무엇이랴? "방향 바꿔! 방향 바꿔! 돌아와! 제발 돌아와! 그 길은 악(惡)의 길이야!" 이것이 귀청 찢어질 정도로 시끄럽게 메아리치던 그들의 고함소리다. 하지만 인류의 거대한 동향(動向)은 본능의 압도적인 영향 하에 의연하고 도도한 흐름으로 모든 것을 휩쓸어버린다. 거대군단의 우레와 같은 행군은 마치 이렇게 대꾸하는 듯하다. "우리가 가는 길이 악의 길일지도 모른다. 하지만 설사 그렇다 해도 악은 정직하지 않은가! 기만을 까부수는 자, 저항하는 자가 아니던가?"[120]

마소나 묶을 가죽끈으로 별들을 옭아맬 수 있겠나? 과장된 절망의 장광설을 토해낸들 힘으로 밀고 나가는 행진을 막을쏜가? 아니다! 아니다! 천국을 향하든 지옥을 향하든, 인간은 앞으로, 앞으로 움직여 나아간다. 장애물이 가로놓여 있어도 인간은 그걸 뛰어넘거나 깨뜨려 버린다. 만약에 야수가 덮치려고 노린다면, 놈을 때려눕히든가 놈에게 잡아먹히든가다. 지옥으로의 탄탄대로가 뻗어있다면, 지옥을 포위하고 공격해, 점거해버려야 한다. 그러기 위해서 지옥에 어울리는 극악무도하고 치명적인 무기를 들어야만 하더라도 말이다.

지금 이 세상은 너무 평화롭고, 너무 유순하며, 너무 길들여져 있다. 할례(割禮)받은 세상, 아니 거세된 세상이다! 세상은 더 크고, 더 좋아지고, 더 자연스러워지기 이전에 먼저 혹독해질 필요가 있다.

---

120) 대표적인 예로 창세기 3장은 실낙원의 주제를 다루고 있는데, 뱀의 형상을 취한 악마의 개입으로 창조주의 명을 어기는 인간의 모습을 뒤집으면 이와 같은 해석이 가능하다.

자연의 무자비한 전개과정을 '박애주의' 들먹이는 기만술이나 '약자구호' 운운하는 허세(虛勢) 쇼로 저지해보겠다니, 정말이지 바보가 아닌가. 타는 듯한 태양광선으로부터 말라비틀어진 영혼을 지키고, 매서운 겨울서리 피해 다 거덜 난 마음을 보듬겠다니, 정신 나간 짓 아닌가. 장구한 시간을 넘어 오로지 단 하나 가공할 목표가 건재하니, 천하의 곡물은 태양의 담금질로 무르익어야 비로소 베이고, 타작되어, 쟁여지는 법이다.

2

중세의 음험한 요술이 가미된 그리스도 신화의 흑마술은 인간의 자주성을 무력화시키고, 우리 조상의 용맹한 품성과 우월한 야성의 미덕들을 억누르는 데 부분적으로는 성공한 것이 틀림없다. 그러나 아직 생명을 소진시키는 그 어둠의 마법이 완전한 승리를 거둔 것은 아니다. 천만에! 우리 모두가 저들의 최종 바람대로, 온순하게 길들여져 농장 낙인이 찍힌 소나 양떼로 전락한 것은 아니다. 유구한 핏줄의 뿌리 일부가 아직 살아 남아있다. 노예와 돼지가 판치는 세상 한복판에 정말이지 보기 드문 우리 혈족이다.

가증할 도덕적 계율로 부당하게 이빨이 갈려나가도, 사자는 사자다. 철창 속의 평안함에 살가죽이 늘어지고, 노예법령의 족쇄에 발톱이 묶여도, 관료주의의 쇠사슬이 갈기를 옥여 죄도, 사자는 여전히 사자다.

　언제든 때가 되면, 비열한 방식으로 구속하고 있던 모든 속박을 끊어버리고, 부자연스러운 타락의 울타리 박차고 나가, 다시 한 번 그 원초적 행동의 자유를 되찾으리라. 겉과 속이 다른 법률가들, 겉만 번지르르한 정치가들, 지금 당장은 사자 몸에 양털을 자라게 한다든지 전쟁의 상처 가득한 그 어깨에 마구(馬具)를 씌우려고 열심이나, 모든 걸 후회할 날 반드시 오리라. 그땐 사자의 아가리가 그들을 씹어 삼킬 터.

　평화를 강요하는 거대하고 강력한 정부란 오로지 제(諸)민족이 내리막길을 걷는 타락의 시대에만 존재하는 법. 인간이라는 동물이 자연 속에서 순수한 삶을 영위한다면, 드넓은 광야와 깊이 우거진 숲 속, 거대한 파도가 들이치는 해변이나 강물이 휩쓰는 기슭에서 살아간다면, 나를 보호해준다며 들볶아먹는 경찰력, 나를 돕는다며 등쳐먹는 고리대금업자, 민생을 위한다며 내 재산 가로채는 세금도둑 입법자들, 내 영혼 구원해준다며 우롱해먹는 우상숭배자들 따위는 전혀 필요가 없을 것이다.

　잘못된 도덕 기준이 개인과 종족, 민족을 약화시키고, 타락시킨다. 우선 지배자의 법을 맹종하다보면 담대한 기개를 잃고 머릿수만 늘어나기 마련이다. 그러면 모두가 연명하되, 부지런히 일만 하면서, 주어진 법규에 순종하게 된다. 교회가 공포의 대상으로 높이 추어올린 죽음을 우러르느라 모든 개인적 용기는 흔적도 없이 사라져버린다. 그렇게 해서 알랑쇠만 득실거리는 나라가 만들어진다.

　정상적인 사람은 사랑을 하고, 축제를 즐기며 싸우고, 사냥하는 포식자다. 비정상적인 사람은 주인을 위해 고생하고, 굶주림을 참아가며 '생각'만 하는 선량한 개다. 전자는 완전한 동물이고 후자는 완벽한 괴물이다.

굴종을 의무화하고 '도덕적' 용기만을 불어넣는 모든 믿음은 사람의 힘줄을 약하게 하고 정신을 오염시켜, 노예근성에 익숙하게 만들고 결국엔 질식상태에 적응시킨다.

부단한 대결과 지속적인 싸움, 피할 수 없는 일대일의 쫓고 쫓김 없이 위대한 삶을 꿈꾸기는 불가능하다.

나약하고 닳아빠진 부류에 대한 테러, 고문, 공포, 절멸이 미래에 우리의 행보를 결정지어야 한다. 그렇지 않으면 진화, 인간배양, 인종배제 차원에서 퇴행을 거듭하게 될 것이다.

모든 국가의 영토는 그 각각이 투기장이며, 누구나 발을 딛고 공유할 수 있는 공간이다. 가장 혈기 왕성한 동물들만이 그곳을 자기만의 영역으로 만들고자 바랄 수 있다. 우리의 역사라는 것이 결코 아마겟돈(최후의 전쟁)이라고는 없을 것 같은, 끝없이 이어지는 전쟁의 서사시가 아니고 무엇이겠는가. 인간이 싸우기를 그친다면, 그건 이미 인간이 아닐 테니까 말이다.

이 늙은 지구는 무수한 전쟁에서 쓰러져간 전사들의 피에 젖은 백골이 산꼭대기까지 뒤덮고 있다.

땅 한 평, 흙 한 줌까지 인간을 담아내고 있는 것이다.

3

인류의 진화는 (혹은 퇴화는) 한 인간에서 다른 인간으로의 변모, 지속적인 화신(化身), 영원한 재생과 재구성을 요구한다. 과학적으로 볼 때, '죽은 자의 부활'은 단순한 망상이 아니다. 모든 살아있는 유기체는 이전에 존재했던 유기체의 해체된 원소들로 형성되기 때문이다. 오늘의 '어떤 사람'은 까마득히 먼 옛날 그 원형(元型)을 담아낸 무덤 주형물(鑄型物)이 낳은 것으로 보아야 한다. 따라서 죽음이 없다면 탄생의 질료 또한 없을 것이며, 혹독하고 치명적인 갈등 없이 극복이라는 게 있을 리 없다.

그러나 자신의 숙명을 무작정 슬퍼하게끔 훈련된 어리석은 인간에게는 이런 당연한 사실 자체가 극단적인 고통으로 다가온다.

셸링[121]은 진정 모든 것을 신이 주관한다는 비관론적 입장에서 이렇게 쓰고 있다. "이 계속되는 갈등을 엄중하게 굽어볼 때마다 우리 안에 몸서리치는 슬픔과 끝없는 공포심이 요동침을 느낀다. 그러나 어찌하랴? 자연을 온통 뒤덮은 슬픔의 베일, 평생을 꿈쩍하지 않는 깊은 우울 또한 그 때문인 것을."

여기서 셸링은 사물의 외양에 속는 다른 많은 철학자들과 마찬가지로 순수한 것을 무섭고 야만적인 것으로, 지속적인 것을 어딘지 해로운 것으로, 자애로운 것을 마치 재난과 같은 것으로 상상하고 있다.

---

121) 프리드리히 빌헬름 요제프 폰 셸링(1775~1854). 칸트 이후 독일 관념론을 대표하는 철학자.

파괴의 흐름이란 물의 흐름처럼 자연스럽고 필요한 현상이다. 인간의 어떤 능력도 희생제물로서의 그 숙명을 파기할 수 없으며, 피를 흘리는 것을 막을 수 없다. 왜 그래야 하는가?

장엄한 자연은 패배자의 마지막 저항이나 공포에 질린 자의 애끓는 통곡 따윈 안중에도 없이, 자신의 비장한 진로를 묵묵히 나아간다. 그러면서도 승리자의 격한 환호에는 씁쓸하면서 도도한 (어딘지 경멸이 묻어나는) 미소를 날린다. 칼날의 몸부림과 전통의 파열, 우지끈 부서지는 뼈들 그리고 전쟁에 지친 자와 갈가리 찢겨 죽어가는 몸뚱어리, 퉁퉁 불어터진 시체들 위로 (밤낮 없이) 사납게 펄럭이는 너덜너덜한 깃발들을 자연은 사랑한다. 하여, 그리스도는 오고갈지언정 카이사르는 영원하다.

소위 '나사렛 사람'의 사회학과 우주의 절대적 법칙 사이의 본질적인 대립성은 심오하고 영속적인 것이다. 그것은 서로에게 물과 불의 관계라 화해가 불가능하다. 정말이지 '갈릴리 사람'의 철학이 세상을 지배하느니, 차라리 태양계 스스로 뜨거운 열과 함께 녹아버릴 것이다.

세상을 사는 어떤 인간도 '그리스도 안의 완전성'에 도달할 희망을 품을 수 없다. 우리가 동물로 살아가고, 동물적 욕구와 동물적 격정, 동물적 경쟁의 지배를 받을 수밖에 없는 한 그렇다.

메시아의 이상이, 특히 그 개혁적 측면에서 실현불가능하고 희망 없는 이야기라는 점 또한 의심의 여지가 없다. 그럼에도 세상은 송장 같은 망상에 기만당하기를 즐긴다. 그렇기에 그런 조야한 우화들, 현실성 없는 설교와 어둠의 복음, 한낱 이스라엘 노예의 백일몽을 그토록 소중하게 받아들였던 것이 아니겠는가. 타키투스[122]는 이렇게 썼다. "아시리아인 다음으로 메디아인 그리고 페르시아인이 동방세계의 주인이었을 당시, 모든 나라에서 노예생활을 하던 유대인들은 가장 비천한 존재로 여겨졌다." 그리스도는 일개 유대천민이었다.

씩씩하고 용맹한 정복민족들이 이상적 인간으로 떠받들어온 것은 대범한 제우스라든가, 화려한 아폴론, 자신만만한 아킬레우스 같은 건설적인 능력의 소유자들이었다. 그리스도가 모범적 인간상으로 정착된 것은 수세기 동안의 노망(老妄), 사기(土氣)를 좀먹는 퇴행과 신경질환으로 점철된 세월을 거치면서 벌어진 현상이다. 우리 선조의 모범적 인간상은 전쟁의 신 오딘(Odin)이었다. 그런데 우리의 이상적 인간상은 질질 짜면서 채찍질이나 당하는 유대인이 되어버렸다. 일개 유대인을 신으로 떠받들고 있는 것이다!

그리스인과 바이킹족, 고트족과 로마인의 신들은 하나같이 용맹하고 강력한 남자들이거나 우월한 미모와 더불어 남자 못지않은 담력을 갖춘 여장부들이었다. 이들은 훗날 호전적인 존재들로 변하기 전, 자연의 고결한 혈통과 의식능력, 대담무쌍한 용기, 명민함과 성적 활력 그리고 성품에서 우러나는 무한정한 힘의 탁월한 본보기로 여겨졌다. 고대의 신과 영웅들이 가진 생명력은 괴물을 퇴치한다든가, 새로운 사냥터전을 점령하는 것, 폭군을 처단하고, 불굴의 자식을 낳는 일

---

122) 푸블리우스 코르넬리우스 타키투스(55~120). 로마의 정치가이자 역사가. 《역사》와 《연대기》의 저자로 유명하다.

에 동원되기 마련이었다.

그런데 그리스도는! 그리스도 왕국의 신은 어떤가? 신성의 으뜸이라 했던가! 그토록 "존귀(尊貴)"하다는 분이 아닌가! 그가 대체 어떤 신다운 행동을 하였나? 어떤 불굴의 자식을 낳았나?

정녕 기독교 사상의 최우선주의가 예기치 못할 기적을 통해 당면한 근본적 갈등에서 승리하는 데 있다면, 의심할 나위 없이 앵글로색슨족의 운은 다한 셈이고, 그 수명이 얼마 남지 않았을 것이며, 지배권은 이제 종식된 거나 다름없고, 무덤까지 마련되어 있을 것이다. 그리고 뇌를 마비시키는 황량한 불모의 시대를 거치면서 부적격한 수백만 종자들(병들고 덜떨어진 종족들)이 무한정 번식을 거듭하다가, 결국 흑사병 같은 치명적인 역병이 한바탕 몰아칠 것이다.

그땐 천조(天朝)의 좀비와도 같은 처지가 이 서방세계에 그대로 재현될 것이고, '진보'라든가 '발전', '문명' 따위의 얄팍한 미명 하에 타락한 권력 아닌 모든 것에 적대적인, 고문(拷問)에 비견될 분위기가 억지로 조성될 것이다.[123] 동방의 타락한 대중에게 그러했듯, '선의', '정의', '도덕'이라는 이름을 내세워 우리 후손에게도 똑같은 화(禍)가 미치고야 말 것이다.

아울러 정신의 유기적 퇴행을 동반한 육체의 태생적 쇠약증상이 계속해서 가속화될 텐데, 그럼 우리의 후손은 불을 지피거나, 코코넛을 깨거나, 꼬리로 매달릴 만큼 충분한 지각이 없는, (다윈이 우리 인간

---

123) 19세기 후반 청나라(天朝)를 둘러싼 정세를 빗댄 이야기다.

의 시발점으로 상상했던) 그저 캑캑거리는 원숭이가 되어 종말을 맞을지 모른다.

보라, 오늘의 인간을! 시간의 정점에 이르러 지난 모든 시대의 유산을 이어받았다는 이 '대단하신 상속자'를! 그의 시각, 미각, 후각, 청각이 형편없는 수준임은 널리 알려진 사실이다. 벼락을 제어할 순 있지만, 정확한 경로로 비행하는 우편비둘기의 본능은 그에게 언감생심이다. 그의 두뇌는 과열된 사고장치가 되어버렸지만, 안경 없이는 매일 아침 배달되는 거짓말[124]조차 읽을 수 없다. 그는 더 많은 것을 이해하게 (혹은 사고하게) 되었지만, 지금의 인공적인 환경에서 갑자기 벗어나면 천하의 호구가 따로 없을 만큼 곤란을 겪기 십상이다. 음파를 탐색하고, 부러진 뼈를 사진 찍을 수 있으며, 거대한 강철구조물을 축조하고, 전선을 통해 수마일 너머까지 속삭일 수도 있으나, 사냥개가 멀리 숨은 꿩의 냄새를 맡아낼 때 이 '복잡한 신경다발'은 그저 아연실색 방관만 할 뿐이다. 요컨대 문명화된 인간이 점점 감각을 잃어간다는 것이 문제다. 만약 지금과 같은 속도로 문명의 발달이 진행된다면, 인간은 비교적 가까운 미래에 후각과 시각, 청각을 완전히 잃을 것이다.

불길한 기운 품은 음산한 빛이
어둠을 뚫고 번쩍거린다!
유럽의 유독한 구름층(層)

---

124) 조간신문을 말한다.

악취 자욱하게 지면(地面)을 덮는다.

(…)

신이 심판하신 도시들에

재의 비는 쏟아지고,

(…)

난쟁이 자루 부산떨면서,

광석(鑛石) 깊숙한 곳 먹이 끄집어내고,

영혼도 등도 구부정하니 걸어 다니면서,

황금빛 번득이는 곳 찾아

탐욕스러운 두 눈 희번덕거린다.[125]

퇴화한 종족은 깨끗이 소멸하는 게 낫다.

4

원생동물에서 인간에 이르는 모든 생물체가 동일종 혹은 유사종에 속한 보다 약한 경쟁자를 파괴함으로써 생존하고 번식한다는 것은 자연사(自然史)의 자명한 이치다.

따라서 큰 물고기는 작은 물고기를 먹고, 큰 나무는 (자양분을 독점

---

125) 헨리크 입센의 희곡 〈브란〉 중에서.

적으로 흡수함으로써) 작은 나무를 "잠식하며", 강한 짐승은 약한 짐승을 잡아먹는 일이 무한정 이어진다.

인간도 예외는 아니다. 정복민족은 언제나 육식을 즐기는 포식자들이었다. 아울러 그들 대부분은 인육 또한 마다하지 않았다. 기독교 국가의 도살장은 무수히 살육 당한 짐승들의 악취가 가실 날이 없었다. 그렇게 동물의 왕인 인간은 매일매일 고기를 먹고, 피를 마시고, 뼈를 씹어야만 하는 것이다.

식인풍습으로 말하자면, 외딴 지역에서는 여전히 근절되지 않은 상태고, 우리의 가장 자랑스러운 문명권에서조차 아주 없었던 것은 아니다. 일단 엄청난 대재앙이 터지기만 하면, 언제든 그것은 재발 가능한 일이라고 할 수 있다.

18세기 내내 영국에서는 인육이 요리되고 팔리고 또 식용되었다. 천재지변이라든가 전쟁 등을 통해 자국으로 수입되는 식량이 갑작스럽게 전면 차단되는 사태가 올 경우, 적어도 영국인은 다시 식인풍습으로 회귀할 가능성이 없지 않다는 얘기다. 난파선의 선원들이 제비를 뽑아 잡아먹어야 할 동료를 결정함으로써 나머지 인명을 살아남게 했다는 것은 여러 차례 확인되는 사례다. 난파된 (가령 필설로 다할 수 없을 만큼 쓸모없는 짐짝[126])들로 들끓어 곪아터지는 한계상황이랄까) 나라 또한 그와 똑같은 상황으로 몰릴 수 있다.

고금을 통틀어 인간을 잡아먹는 인간에 관한 민담은 무수히 많다.

---

126) 극단적 인종주의를 암시하는 표현으로 해석된다.

우상숭배의 제단에서 공식적으로 행해지는 인신제의(人身祭儀)는 흔히 있는 일이다. 메히코와 고대 브리타니아에서는 고위성직자들이 악기 연주와 아름다운 송가, 군중의 환호 속에서 희생제물(보통 젊은 처녀)을 직접 도살했다.

오늘날의 성직자는 그렇게 김 펄펄 나는 대형 칼을 쓰지는 않는다. 대신 그보다 열 배는 더 날카롭고 파괴적인 다른 무기를 사용한다. 과거에 시행되었던 인신제의들 한 건당 지금 백만 배로 늘어났다고 보면 된다.

5

헉슬리[127] 교수는 사람고기를 스테이크용, 로스트용 등 체계적으로 분류해 팔고 있는 아프리카의 어느 정육점을 인상적으로 묘사하고 있다.

요세푸스[128]는 마지막으로 예루살렘이 포위되었을 당시 자기 아이를 잡아먹은 어머니에 관한 이야기를 전하고 있다. 그 뒤에도 역대 많은 포위공방전에서는 인육이 소비되곤 했다.

동방의 옛 문헌에는 '사자심(獅子心)' 리처드 왕에 관해 다음과 같은 기록이 있다. 한때 그가 회교도들 '머리요리'로 차려진 만찬을 주재하

---

127) 토머스 헨리 헉슬리(Thomas Henry Huxley. 1825~1895). 19세기 영국의 저명한 과학자, 진화론자.

128) 플라비우스 요세푸스(Flavius Josephus). 1세기경에 로마에서 활동한 유대인 정치가, 역사가.

면서 지극히 사무적인 말투로 이런 으스스한 말을 했다는 것이다. "사라센인 한 명으로 나의 선량한 기독교도 병사들 아홉 내지 열 명이 즐겁게 식사할 수 있지." 바로 이 장면을 아주 자랑스럽게 읊고 있는 한 영국시인의 말을 직접 들어보자.

"리처드 왕께서 장담하기를,
적어도 영국 사내에게는,
메추라기, 물떼새, 왜가리, 백조,
암소, 수소, 양, 돼지보다,
사라센인 머리고기 만한
진수성찬이 없도다."[129]

상당히 지적인 뉴질랜드 원주민 출신 중에는 (비교적 최근까지) 낮에 도끼로 쓰러뜨린 적들의 구운 살코기로 밤새 잔치를 벌이며 자신들이 얼마나 푸짐하게 배를 불렸는가를 신이 나 떠들어대는 자들이 아직 있다. 그런가 하면 온몸에 문신을 한 나이든 전사(戰士)의 입에서, 부족용 가마(붉게 달아오른 돌들이 깔린 타원형 토굴)에 던져질 때까지 소처럼 우리에 갇힌 채 억지로 살을 찌워야만 하는 전쟁포로들 이야기를 듣는 일은 드물지 않다. 그중 제일 통통하게 살이 붙은 자들을 선택하고 한 명씩 우리 밖으로 끄집어내면, 지극히 체계적인 절차를 거쳐 피

---

129) 월터 스코트의 〈부적(The Talisman)〉 중에서.

를 뽑고 내장을 드러내, 근처 나무에 발꿈치를 꿰어 매다는 과정이 차근차근 진행된다는 것이다. 우리네 도살장이나 정육점에서 양고기나 돼지고기, 소고기 등을 내다 팔기 위해 전시하는 과정과 정확히 일치한다. 한편 뉴질랜드 마오리족의 전통에는, 어떤 사람이 적을 죽여 그 고기를 먹으면 그로 인해 먹히는 자의 생명력과 힘, 용기가 먹는 자에게로 고스란히 흡수된다는 이야기가 있다.

새로 만들어진 뉴질랜드 식민지역에서는 선교사와 군인들, 포경선원들과 탐험가들이 종종 원주민에게 붙잡혀 요리되고 먹혀져왔다. 그러나 이제 '파케하'[130] 고기는 "너무 질기고 짜서" 그다지 좋지 않은 음식이라는 식도락적 공감대가 형성된 상태다.

남북전쟁 당시 버지니아의 어느 광산에 사고로 갇힌 북군 보병들이 있었는데, 전우를 한 번에 한 명씩 잡아먹으면서 삶을 연장했다고 한다. 결국 마지막 남은 한 명(존 유잉)이 굶주림으로 죽어가면서 그간의 일을 글로 적어 유리병에 넣고 봉인한 덕에 모든 사실이 알려졌다는 것이다.

이밖에도 소니 빈[131]이랄지, 퀴클로페스 전설, 팔라리스[132]의 황

---

130) '백인' 특히 영국인을 지칭하는 마오리족의 용어.

131) Sawney Bean. 15, 16세기 스코틀랜드 에든버러를 떠들썩하게 만든 식인종 일가의 가장.

132) Phalaris(BC 570~554). '아크라가스의 폭군'으로 알려졌으며, 청동 황소상 안에 사람을 집어넣고 불로 가열해 구워 죽였다.

133) 고대 암몬족, 페니키아인이 섬기던 신. 그 신상(神像) 안에 아이를 넣고 산 채로 구워 죽였다고 한다.

소상, 몰록[133]의 대학살 그리고 호메로스가 전하는 폴뤼페모스[134]에 관한 일화는 널리 알려진 이야기다.

오스트레일리아에서 식인풍습은 흑인과 백인 모두에 의해 행해졌다. 뉴기니와 아프리카 일부 지역에서 사람고기를 먹는 일은 지금 이 시각까지도 하나의 통상적인 관습이다. 마커스 클라크[135]는 영국 태생의 보타니 베이 유형수 가베트가 어떻게 다른 동료 죄수들을 꾀어 함께 탈옥한 뒤, 숲 속에서 그들의 뼈를 발라내고 골수까지 포식했는지를 묘사하고 있다.

유대 랍비들이 기독교도 아이들을 유괴하고 살해해서 그 피를 출입문 상인방에 바른다는 유월절 의식에 관한 이야기는 한때 유럽대륙 전역에 퍼진 미신이었다.

초기 기독교도에 대해서도 비슷한 혐의가 제기되었는데, 만약 배심원들의 평결로 판정하는 것이 맞는다면, 그 혐의는 로마제국의 법정에서 이미 증명된 셈이기도 하다.

인체의 지방은 근대의 잡화점에서 통상적인 판매품목이었거니와, 남태평양에서는 오늘날까지도 인간의 머리가 일용품으로 거래되고 있다. 우리 가운데에도 비의적 결사체라는 것이 존재하는데, 거기 입회하는 자는 충성서약과 더불어 여러 자루의 칼끝이 급사의 가능성을

---

134) 포세이돈의 아들이자 퀴클로페스의 우두머리. 오뒤세우스의 부하들을 잡아먹었다.

135) Marcus Clarke(1846~1881). 오스트레일리아 출신 작자. 《자연의 삶이 다하도록(For the Term of his Natural Life)》(1874)으로 유명함.

암시하듯 목을 겨냥하는 가운데, 해골에 담긴 피를 마심으로써 평생 비밀을 지키겠다는 맹세를 한다.[136]

궁전, 성채, 신전, 기념비 등 많은 유명 건축물의 주춧돌들은 산 사람의 몸뚱이 위에 상징적으로 얹혀졌다. 예컨대 크렘린궁처럼 말이다.

성체성사(聖體聖事)라는 것은 결국 상징화된 식인행위가 아닌가? 그것은 여러 가지 방식을 통해 경건하게 거행되는 정기적 식인만찬이 아니던가? 포도주는 인간의 피를, 전병은 인간의 살을 상징하는 것이 아닌가?[137]

은유적으로 따졌을 때, 모든 기독교 무역국가는 성인남녀뿐 아니라 어린아이의 살과 뼈, 피까지 매일 팔고 사들이는—명목상으로는 "신의 사랑"을 위해서라지만 실상은 "돈의 애정" 때문에 "바쳐지는"— 거대한 정육점이다.

가장 역겨운 종류의 잔학행위들은 터키나 샴(Siam)[138]뿐 아니라 뉴욕과 시카고에서도, 쿠바나 포트 아서(Port Arthur)[139]뿐 아니라 런던과 마드리드와 파리에서도, 마쇼날란드(Mashonaland)[140]나 콩고뿐 아니라

---

136) 프리메이슨 입단식을 암시하고 있다. 예컨대 '나이트 템플러' 계급으로 승급 시, 펼쳐진 메이슨 경전 위에 사람 해골을 얹어놓고 몇 자루의 검 끝이 승급자의 목을 겨냥한 상태에서 엄중한 피의 맹세 의식이 진행된다. 이때 승급자는 마치 성혈을 영하는 것처럼 해골에 담긴 피를 마신다.

137) 가톨릭에서 행해지는 이런 성체성사는 원래 원시 기독교 시대에 그 훨씬 이전부터 존재해온 페르시아의 미트라교에서 따온 의식이다.

138) 타일랜드(태국)의 옛 이름.

139) 오스트레일리아에 있는 악명 높은 유형지.

140) 오늘날의 짐바브웨.

상트페테르부르크와 베를린에서도 연일 시시각각 벌어지는 일이다. 남녀노소 불문하고 서서히 굶어죽거나 쓰러질 때까지 일하고, 법에 의해 비정상적인 인간으로 몰리는가 하면, 고문을 당해 목숨을 잃는 일이 도처에서 발생한다.

대부분 유대인에 의해 운영되는 (국가가 뒤를 봐주는) 거대 금융기업들은 배당을 통해 글자 그대로 대제국을 만들어낸다. 융자은행들과 사람을 집어삼키는 기관들의 주주목록을 들여다보면 수많은 목사, 고위장성, 법관, 공무원, 정치가들 이름이 발견된다.

설마 하는 의구심이 든다면 지금이라도 당장 저들의 공식 주주관련 문서를 훑어보라. 종교계, 법조계, 교육계, 정치권을 막론하고 이름만 대면 누구나 알 만한 거물들이 속속 눈에 들어올 것이다.

식인풍습은 사회가 높은 수준의 문화를 구가하던 시기, 고대 그리스에도 존재했다. 헤로도토스는 인육을 주메뉴로 삼는 아시아의 축제에 관해 기록하고 있다. 13세기로 내려오면 죽은 부모를 고깃국으로 만들어 섭취하는 티베트의 습속을 만날 수 있다.

한편, 사람을 죽인 경험이 있어야만 구성원으로 받아들여지는 공동체가 지금도 존재한다. 다이아크족(族)[141] 젊은이는 전쟁터에서 적을 한 명이라도 죽이기 전에는 독립해서 가정을 일굴 만큼 완전히 성장했고 인정받지 못한다. 인도의 튀그(Thug)[142]는 전략적으로 고안된

---

141) 보르네오 섬의 부족.

142) 인도 북부지역에서 활동한 종교적 암살단.

폭력을 사용하는 신성한 살인기술을 개발했는데 그 수준이 어찌나 완벽한지, 그랜트 장군[143]이나 몰트케 장군[144]이라 해도 그들을 소탕하지 못했을 터다.

인도의 킨데라와족(族)은 병들고 쓸모없어진, 노쇠한 구성원을 주기적으로 잡아먹는다. 이는 늑대들이 사냥 중 치명적인 상처를 입은 동료를 그냥 두지 않는 것과 마찬가지 이치다.

수마트라의 일부 지역에서는 범법자들을 징역형에 처하거나 전기의자에 앉혀 처형하지 않고, 실제로 한 점 한 점 살을 베어내 산 채로 먹어치운다. 남아메리카의 카파나구가족(族)은 자신들의 위장(胃腸)을 사망한 친인척의 무덤으로 삼는다. 그들에게는 장례식 자체가 향연인 셈이다. 티에라델푸에고 제도의 원주민들은 모든 늙은 여자를 교살한 다음 잡아먹는다.

중앙아프리카의 몬부타족(族)은 신선한 식량을 확보하기 위한 전쟁도발을 감행한다. 그들은 인육을 햇볕에 말리는가 하면 훈제로 만들어 다른 부족에게 판매하기도 한다.

이른바 태평천국의 난이 벌어지는 기간 동안 (찰스 고든 영국장군의 지휘하에 움직이던) 중국 관군 병사들은, 마오리족이나 브리턴족[145]이

---

143) 율리시스 S. 그랜트(Ulysses S. Grant. 1822~1885)는 남북전쟁의 영웅으로, 18대 미국 대통령이기도 하다.

144) 헬무트 K. 폰 몰트케(Helmuth K. von Moltke. 1800~1891) 백작. 프로이센의 대표적인 야전사령관.

145) 옛날 브리튼 섬에 살았던 켈트계 부족.

그랬던 것처럼, 죽은 적의 심장을 잘라내 먹는 습관이 있었다.

부유한 고대 페루 원주민은 식용 젖먹이를 낳아 기르는 임무를 맡기기 위해 첩(妾)을 두었다. 이 여자들이 아이를 갖기에 너무 늙어버리면, 거추장스럽기만 한 존재로 간주되어 마찬가지로 솥 안에 던져졌다. 1782년 오스트리아에서는 40명이 넘는 집시가 식인 혐의를 받아 처형되었다. 런던에서는 고양이와 개의 사체뿐 아니라, 죽은 행려자나 선원들의 변사체로 소시지를 제조해 유통해왔다는 섬뜩한 소문도 있다.

고대 스칸디나비아족, 튜턴족, 켈트족, 스키타이족, 몽골족, 사르마티아족, 가나안족, 고트족, 훈족은 모두 식인습성을 지닌 종족이었다.

정말이지 인간이 쾌락과 복수 혹은 이익을 위해 서로를 어떻게 고문했는지 그 자세한 사실들을 낱낱이 기록하다 보면 만 권의 책은 가뿐히 채우고도 남을 것이다. 이를테면 런던탑이라든지, 파리의 바스티유, 에스파냐의 이단재판소, 라인 강 유역 성채의 지하 감옥들, 베네치아의 '탄식의 다리', 런던의 뉴게이트,[146] 파리의 마자스 감옥,[147] 시베리아 유형지, 뉴욕 주의 싱싱 교도소, 뉴칼레도니아 유형지, 보타니 베이 유형지, 태즈메이니아 유형지 등에서 자행되어온 온갖 끔찍한 행위들은 한 인간이 평생을 읽고 이해한들 그 전모를 파악하기 어려울 터. 인간에 대한 인간의 냉혹한 잔인성을 세상 어떤 괴팍한 시인의 지옥 같은 악몽이 온전히 그려낼 수 있을 것인가.

---

146) 런던 구시가지 서문 쪽에 1902년까지 있었던 유명한 교도소.

147) 19세기 중반부터 1900년까지 악명 높았던 교도소.

식인풍습은 선사시대 인구밀도가 매우 높았던 어느 한 시기에 발생한 것이 틀림없다. 오늘날 (문명인에게든 야만인에게든) 그것은 사라진 지 오래인 사회적 여건의 잔존을 의미하고 있다. 사실상 그 전모를 헤아리기 어려운 세계역사의 아득한 어느 한 시기에 인간이라는 동물은 오늘날처럼 그 개체수가 엄청난 규모로 증가했을 것이고, 급기야 지표면에 거주할 공간이 모자라게 느껴졌을 것이다. 그쯤 되면, 병든 몸뚱어리들이 내뿜는 역한 기운과 천연두, 콜레라, 페스트처럼 수많은 생명을 앗아갈 병균, 우물이나 강을 오염시키고 바빌론 같은 대도시를 어느 한 순간 시체안치소 내지 무덤으로 만들어버릴 독기가 어딜 가나 만연했을 것이다. 그런 환경에서 식용가축을 기르는 것은 아마도 비용이 너무 많이 들고 버거운 일이었을 것이다. 어쩌면 그런 가축 역시 치명적인 질병으로 모조리 소멸해버렸을지 모른다. 이처럼 끔찍한 환경에서 생존자들은 어쩔 수 없이 식인행위에 의존해 연명했을 것이다. 그리하여 전에 없던 습관이 점차 자리를 잡아나가는 가운데 하나의 풍습으로 정착했을 것이다.

결국 오늘날 식인풍습을 가진 야만인은 우리 자신이 거쳤던 선사시대 문명의 한 단편인 셈이고, 그런 그들의 존재를 내치거나 제쳐놓는 가운데 우리는 성장, 지배, 소멸이라는 지긋지긋한 순환을 되풀이하고 있는 셈이다.

옛 전쟁터에서 파낸 죽은 군인들 사체는 일정한 상업적 가치를 갖고 있다. 그것은 잉글랜드로 수출되어 화학적 처리를 거친 다음, 메마른 밀밭에 생기를 불어넣을 비료로 재가공된다. 인간의 모발도 꾸준히 팔리는 품목이고, 일반 시신은 해부학 실습을 위해 대도시에서 현찰거래로 사고 팔린다. 무두질된 인피(人皮) 역시 장갑이나 책의 커버 재료로서 산업화된 지 오래인 물품 중 하나다.

건강한 사람의 혈액을 건강치 못한 사람에게 수혈하는 것은 일반적으로 통용되는 의학적 행위다. 인간의 살과 뼈, 피부의 이식 역시 마찬가지다.

미국의 보안관과 형사가 특별히 훈련된 블러드하운드를 풀어서 범죄자를 쫓는 것은 러시아인들이 늑대를 사냥하고, 목동이 코요테나 딩고를 사냥하는 방식과 똑같다. 도망친 검둥이 노예가 일단 붙잡히면, 말뚝에 묶여 산 채로 가죽이 벗겨진 다음, 몸에 등유가 부어져, 구경꾼들이 내지르는 광란의 환호성 속에 불타 죽는 것은 비일비재했던 일이다.

로마의 원로원 의원들은 늙어서 더 이상 쓸모가 없어진 노예를 물에 빠트려 자신이 기르는 칠성장어와 뱀장어의 먹이로 삼았고, 귀족 출신 여인네들은 엄지손가락 신호 하나로 수많은 검투사들을 저승으로 보냈다. 태생적 잔인성으로 보자면 어떤 짐승도 여자들을 따라잡을 수 없다.

회교도 세계의 소년들은 일찌감치 거세되어 왕궁의 하렘에서 시중을 들도록 고용되었다. 그런가 하면 기독교 세계에서는 사내아이를 마찬가지로 거세하고 훈련시켜, 그리스도를 찬송하는 일에 동원해왔다.

어린 여자들은 저잣거리에서 말이나 돼지가 거래되듯, 밤마다 현찰로 사고 팔린다. 그렇게 해서 손에 쥔 매춘부들의 돈 몇 푼이 헌금이라는 명목으로 교회의 살을 불린다고 생각해 보라. 큰소리 떵떵치는 설교자들의 생계비도 라합[148]의 몸값에서 나오기는 마찬가지다.

역사를 공부하는 학생에게 인간살육이란 그리 낯선 개념이 아니다. 창녀의 피로 편지를 쓰고, 그 간(肝)조각을 튀겨 런던경시청 앞으로 동봉한 '잭 더 리퍼(Jack the Ripper)'의 일화는 지어낸 옛날이야기가 아니다.

과연 이것이 그토록 "사랑하는 인간형제들"에 관한 기록일 수 있단 말인가? 그 번듯한 표현 속에 얼마나 황당한 자조(自嘲)의 뜻이 담겨있는가! 인간형제라고? 하하하! 차라리 악마의 형제라 하면 고개가 끄덕여지겠다!

우의적(寓意的)으로 말하자면 네가 지금 입은 옷, 살고 있는 집, 먹는 음식, 읽는 책 모두 타인의 뼈와 살을 강제로 도려낸 산물이다. 진정 한 인간의 송곳니는 그 자신을 제외한 다른 모든 생물체를 겨냥하거니와, 다른 모든 생물체의 송곳니 또한 한 인간을 겨냥한다. 이런 사정은 앞으로도 영원히, 영원히 지속되리라, 마치 혼례의 종소리처럼 흥겹게. 희생자에게 화 있을진저! 과연 보아하니, 좋구나![149]

세상은 희열이 충만한 낙원이 결코 아니다. 이곳은 살해당한 인육이 줄지어 매달린 음산한 도살장이다.

---

148) 〈구약〉 여호수아에 등장하는 매춘부.
149) 창세기 1장에 반복해서 나타나는 "하느님께서 보시니 좋았다"라는 구절의 패러디다.

6

과학적 견지에서 볼 때, 소, 말, 양, 토끼, 사슴, 돼지 등을 잡아먹는 것에서 한발만 더 나아가면 우리는 얼마든지 사람을 잡아먹을 수 있다.

이런 섬뜩한 사실을 직설적인 언어로 말하는 것 자체가 허약한 신경을 자극하는 일이 될 것이다. 그러나 지적이고 차분한 사람이라면, 인간이 결코 티 없는 아기천사도 순한 양도 아닐뿐더러, 오히려 가장 사납고 잔인하며, 교활하고 피에 굶주린 포유류라는 사실을 온전히 받아들이는 데 큰 어려움을 느끼지 않는다. 인간은 싸우고, 떠돌아다니고, 약탈하고, 강간하고, 식인까지 하는 최고의 포식자, 육식동물의 왕이다. 인간이 작심하고 바깥세계로 나서면, 뭍짐승이든 날짐승이든, 가장 드센 녀석까지도 숨을 죽인다. 다가서는 인간의 그림자를 피해 벌벌 떨며 도망치고, 두려움에 잔뜩 웅크린다.

인간으로 하여금 눈앞에 펼쳐진 모든 것의 지배자로 군림케 하는 것은 그가 가진 파괴적 에너지이지, 남을 위하는 마음이 아니다. 그럼에도 불구하고, 정작 그를 낳아준 자연의 위력에 비하면 인간이란 또한 얼마나 나약한 존재인가? 세상 어떤 야수도, 심지어 뱀이나 늑대, 호랑이까지도, 달리 피할 길이 없을 경우가 아니고는 인간 앞에 정면으로 맞서지 않는다.

구조적으로 인간은 고통을 가하고 견디는 목적에 적합하도록 디자인되어 있다. 모든 인간의 해부학적 구조는 정교한 신경망과 골격을 갖춘 지옥의 기계장치를 이루며, 호흡과 이동능력을 겸비한 일종의

'저거너트(Juggernaut)'[150]를 구현한다. 그것은 치명적인 파괴력을 가진 초강력 엔진으로서 희생물을 연료 삼아 자동적으로 동력을 유지한다.

인간은 사막이나 정글을 헤집는 야수처럼, 핏발선 눈알 부라리며 서로를 향해 달려든다. 그리고 자기가 쟁취한 전리품에 대해서는, 그 또한 늑대들처럼, 광란에 겨워 길길이 날뛰며 으르렁대고 울부짖고 탐욕을 드러낸다. 한편, 인간은 하늘을 원망하듯 두 눈 치켜 뜬 채 위선의 제스처를 즐겨 취하기도 한다. 자신이 베어 문 고깃덩이가 피를 뚝뚝 흘리며 경련을 일으키면 그 앞에서 악어의 눈물을 흘리기도 하는 것이다. 느긋하니 부른 배 어루만지고 피딱지 엉겨 붙은 입으로 상처 핥아가면서도, 그는 또 얼마나 열정적으로 할렐루야 찬송을 불러 젖히는지!

온몸에 알록달록 색을 칠한 인디언이 적에 보복하기 위한 사령가(死靈歌)를 부르는 것처럼, 새하얀 백인도 분에 못 이겨 대문짝만한 사설(社說)에다 온갖 악담을 퍼붓는다. 아프리카 평원에서든 히말라야 정글에서든 굶주린 사자가 한밤중에 포효하는 것과 마찬가지로, 노략질을 일삼는 앵글로-튜턴족(族)은 '공화국 전투찬가'[151]랄지 '지배하라 브리타니아여!'[152] 또는 '라인 강의 파수꾼'[153]을 목이 터져라 불러댄다. 이슬람 광신자가 가증스러운 "기독교의 개"를 칼로 베면서 "알라 아크바르(신은 위대하다)"를 외치는 것과 똑같이, 악랄한 영국인은

---

150) 앞길에 놓인 모든 것을 닥치는 대로 파괴하며 전진하는 강력한 추동력을 의미한다.

151) 'The Battle Hymn of the Republic'. 원래 남북전쟁 당시 군가였는데, 악에 대한 신의 심판을 기리는 내용의 가사를 새로 붙여 찬송가로 개작. 미국 애국주의를 고취하는 대표적 노래.

"사악한 이교도"의 몸통에 우아한 총검을 찔러 넣으면서 우렁찬 기합을 내지른다. 물론 이교도의 재산만큼은 "어디까지나 사업은 사업"이라는 당위적 논리로 고스란히 영국인 차지가 되는 것이고.

인체의 내적, 외적 기관들 즉, 안구와 치아, 근육, 혈액, 장기(臟器), 뇌, 척추를 막론한 기관 전부는 싸움, 격정, 공격성, 폭력, 자신만만한 에고이즘을 예외 없이 표방하고 있다.

심지어 인체를 구성하는 성분들까지도 치열한 전쟁상태를 유지한다. 그런 뜻에서 인체의 골격과 조직은 방대한 전쟁터나 다름없다. 그 안에서 무수한 미생물들이, 마치 우리가 이빨과 발톱으로 싸우듯, 치열하게 서로 싸운다. 그러다가 악성세균 무리가 (생존을 건 싸움에서) 득세하는 날엔 질병이나 죽음이 따라온다. 반대로 경쟁 숙주들이 승리할 경우에는 살과 신경, 뼈, 혈액이 그 행복한 사냥터가 되어, 우리의 건강이 회복된다. 적어도 박테리아 전사들이 궁극적으로 우리 몸을 죄다 먹어치우든지, 보다 사나운 무리가 나서서 오히려 녀석들을 박멸하기까지는 말이다.

이 지구가 하나의 살아 숨 쉬는 유기체이고 인간이라는 종족은 거기 발붙이고 살면서 스스로를 "온전한 존재"로 착각하는 미생물이자 흡혈성 해충일 가능성이 아주 없는 것은 아니다. 우리의 피부에 들러

---

152) 'Rule, Britannia!'. 18세기 영국이 스페인 무적함대를 굴복시켜 진정한 대영제국으로 발돋움할 당시 만들어진 노래. 한동안 제2의 영국 국가로 여겨질 만큼 제국주의적 영광을 기리는 노래.

153) 'Die Wacht am Rhein'. 프로이센 프랑스 전쟁과 제1차 세계대전까지 독일의 애국심과 프랑스에 대한 적개심을 고취하던 대표적 군가.

붙어 가려움증을 일으키는 기생충처럼, 우리 자신이야말로 무언가 더 고귀하고 위대한 존재의 표피에 달라붙어 집적거리는 불쾌한 기생충일 수도 있다는 얘기다.

7

어려서부터 백발이 성성한 나이에 이르기까지, 남자는 사냥과 전쟁에 속한 모든 것에 본능적인 희열을 느낀다.

소년은 참새를 향해 새총을 쏘고, 장난감 대포에 알포탄을 장전하며, 양철병정들을 훈련시키는가 하면, 나무로 만든 검을 휘두른다. 동무들과 전쟁놀이에 몰두하고, 놀이터 눈덩이를 쌓아 다져 요새를 만들기도 한다. 그러다가 인생의 가장 당당한 시기인 청년기에 이르러 "진짜 총"을 손에 쥔다.

장성한 다음부터는 이동타깃을 겨냥해가며 가상의 살인에 심취하곤 한다. 엽총을 꿰차고 들과 산을 누비면서 꿩이나, 여우, 늑대, 곰을 사냥하거나, 늪지를 힘겹게 건너 오리를 잡기도 한다. 때론 사자나 코끼리를 찾아서, 또는 운 좋게 검둥이라도 쏠 기회를 누리기 위해 더 멀고 외딴 세계로 나가보는 경우도 있다.

북아메리카의 인디언 소탕부대는 "붉은 악마들"을 살해하는 데 유별난 쾌감을 느끼고, 퀸즐랜드에서는 유칼리나무 아래 모닥불 지펴놓고 둘러앉아 "검둥이 사냥" 경험담을 떠벌리는 것이 최고의 오락에 해당한다.

모름지기 현재 중년 나이에 이른 남자들에게 희망봉, 오스트레일리아, 뉴질랜드, 북아메리카, 남아메리카는 유혈이 낭자한 인간 살육장으로 기억된다. 지금 야생동물을 잡으며 느끼는 희열은 그들이 서로를 도륙하면서 경험한 열광에 비하면 더없이 무미건조한 감정상태에 불과하다.

스파르타에서 인간사냥은, 특히 노예들의 수가 과도하게 늘어나고 제대로 관리하기가 어려워졌을 때, 매우 조직적으로 시행되었다. 만약 우리 사회 최하층의 머릿수가 넘칠 만큼 늘어난다면, 그 역시 비슷한 인간사냥 방식으로 조절될 가능성이 없지 않다.

매 끼니마다 우리는, 먼 옛날 동굴생활을 하던 털투성이 조상님들께서 그래왔듯, 고기를 썰고 뼈를 갈라 골수를 빨며, 피까지 꼼꼼히 핥아먹는다. 모든 기독교 국가의 식량공급은 사람이든 미물이든 생사(生死) 불문하고 그 살점과 피, 가죽과 골수를 총망라해 이루어지는 것이다. 무수한 먹잇감 무리의 목숨이 매일 기름진 스테이크로 변하고, 그것을 돈 가진 자들이 구매해 섭취하고 있다. 우리는 먹이와 생존을 위해 서로 치열하게 경쟁할 뿐 아니라, 글자 그대로 공동의 묵인 하에 서로를 게걸스레 잡아먹고 향유한다. 그런 의미에서 다윈주의는 살집 풍부한 사람들에게 썩 기분 좋은 학설은 못 된다.

'자유의 전당'이든 십자가를 치켜세운 대형교회이든, 감옥이든 신전이든, 이 시대 모든 공공건물은 이집트의 피라미드나 아시리아의 궁전들과 똑같은 원칙에 입각해 지금 그 자리에 들어섰다. 요컨대, 강철 대들보와 가로대, 콘크리트 벽돌, 그밖에 단단하게 다듬어진 온갖 석재들은 "이해는 없고 오직 복종만 허락된" 도태된 자들의 손에 의해, 누군가 내질렀을 단말마의 신음소리를 토대 삼아, 하나하나 차곡차곡 얹혀진 것이다.

이러한 냉혹하고 모진 현실에 부도덕하거나 비도덕적인 점은 전혀 없다. 일체가 적자생존이라는 우주의 법규와 엄정한 조화를 이루는 현상일 뿐이다.

우리는 생존을 위한 투쟁이 절대적 필연에 속하는 일임을 본능적으로 인지한다. 자연이 실수를 범하지 않는다는 것을, 따라서 마땅히 자연의 뜻에 따라야 한다는 것을 우리는 직감하고 있다. 이는 그럴듯한 이미지로 포장하거나 무수히 반복해서 떠들어대는 것과는 아무 상관이 없다.

8

인위적인 방식으로 왜곡되지만 않는다면, 자연이 드러내는 모든 것은 옳다. 인간은 자연에서 멀어질수록, 옳은 것에서도 멀어진다. 옳은 것은 자연스러운 것이요, 자연스럽다는 것은 옳다는 것이다. 태양은 빛을 발한다. 고로 햇살이 내리쬐는 것은 옳다. 빗방울이 떨어진다. 고로 비가 내리는 것은 옳다. 썰물이 들어오고 밀물이 나간다. 고로 조류가 들고나는 것은 옳다.

다윈의 법칙은 존재한다. 즉, 매일 실제로 작동하는 것이 눈에 보인다. 고로 그 또한 옳은 것이다. 그것은 '종교'와 같은 꿈이 아니고, '도덕'처럼 의도적으로 고안해낸 것이 아니다. 햇살과 비, 조류와 같은 우주적 실체다! 자연은 우상을 세우지도 않고, 미신을 지어내지도 않으며, 십계명을 작성하지도 않는다. 그런 모든 것은 인간이 스스로 영원한 저주에 묶이는 줄도 모르고 손수 만들어 착용한 차꼬에 지나지 않는다.

도덕이나 법, 교리(敎理)는 어떤 의미에서든 근본원칙이라고 볼 수 없지만, 그 나름 쓸모는 있다. 마치 사형집행인에게 단두대가, 정원사에게 제초기가 쓸모 있듯이 말이다. 그것들은 유치한 수준의 지능을 가진 개체를 세상에서 일소하고, 열등한 유기체를 박멸하는 데 편리한 장치가 될 수 있다. 아마도 모든 미신의 숨은 목적은 옳고 그름의 거짓 기준을 논리를 초월하여 승인하는 데 있으리라.

신화를 근거로 거짓을 꾸며내는 것이 현실을 토대로 거짓을 지어내는 것보다 훨씬 안전하다. 이유는 간단하다. 신화를 줄자로 재가며 검증할 수 없기 때문이다.

사회적 정적주의(靜寂主義. quietism)로서 기독교의 가르침이 월등한 힘과 용기, 지혜의 소유자들에게 온전히 받아들여진 예는 없다. 그들은 기독교적 이상을 오로지 노예근성에 찌든 정신에게만 유효한 모델로 바라볼 뿐이다. 간혹 전략적 의도로 일부 동조하는 척할 수는 있지만, 글자 그대로 받아들여 실행하는 일은 상상할 수 없다. 그래도 문제는 없다. 어차피 세상의 통치자와 내세의 설교자가 고분고분한 대중을 향해 공히 언명하는 입장은, "나를 그대로 따라 하지 말고, 내가 시키는 대로 하라!"이니까.

이처럼 도덕률을 앞세우는 독재방식은 통치권의 진화 속에서 하나의 역사적 상식으로 보이는 데 성공했다. 언제 어디서나 비도덕적으로 조작되어 보통사람에게 부과되는 도덕률을 지배계급이 준수하는 경우란 없다.

9

일반적 도덕률과 법률, 복음의 지시사항에 의거해 기독교 사회 지도자들을 평가하면, 단 한 명 '도덕적인 사람'도 발견하기 어려울 것이다. 도덕적, 종교적 교의에 따라 평가할 경우, 그들은 너나없이 모두 공갈범, 협잡꾼, 도둑, 살인자, 배신자들로 똘똘 뭉친 집단이다. 법이든 도덕이든 종교든 구체적인 규정들을 적용할수록, 엘리트 계층보다는 사회의 하층에서 정직(正直)을 찾는 게 훨씬 빠르다. 다만, 인간세상의 지배자들에게 거짓된 기독교적 기준을 들이대는 것 자체가 본질적으로 부당하긴 하다. 그리스도와 그의 도덕적 잣대 모두 그들이 부리는 하수인이자 체제유지에 효과적인 도구일 뿐이기 때문이다.

사실상 '도덕률'이라는 것은 너나없이 서로 먹고 먹히는 게임에서 사용하는 여러 트릭 중 하나에 불과하다. 도덕률을 준수함으로써 스스로 안전하다고 상상하는 자들은 그 자체로 마취상태에 빠진 거나 다름없다.

　자고로 왕이나 대통령 같은 체제의 수반이라든가, 의회나 장로회처럼 국가나 종교의 지도부가 진정한 의미의 기독교도였던 적은 없다. 물론 그런 위상을 갖춘 상당수 유명인사들이 기독교를 표방하긴 했지만, 그런 걸 진지하게 받아들이는 건 대중의 마비된 판단력뿐이다. 기독교인과 지도자는 완전히 상극이다.

　복음의 주장들이 현실차원에서 터무니없게 무기력하다는 사실은 그것이 순전한 창작의 산물임을 말해준다.

　그리스도는 분명히 무력(武力)의 사용을 단죄하고 있다. 하지만 현재 번영하는 모든 나라는 (단 하나의 예외 없이) 제한 없는 살상과 약탈을 토대 삼아 그렇게 건재한 것이다. 세상을 주무르고 무소불위의 권력을 휘두르는 자들은, 지금도 과거에도 슬픈 눈을 하늘로 치켜 뜬 채 떠돌아다니는 구세주를 닮아본 적이 없다. 그들은 철저하게 폭력의 주인공이었을 뿐이다. 이사야의 언어를 그대로 따오자면, 시온뿐 아니라 세상의 모든 나라가 "피와 더불어 세워졌다." 다른 방식으로는 이루어질 수 없는 것이 바로 대업(大業)이다.

　역사에 처음 등장한 로마인은 떼강도였다. 영국인은 해적이었고, 독일인 역시 떠돌아다니던 도적 무리였다. 러시아인은 말도둑 집단으로 처음 역사에 등장했다. 미국인은 독실한 무정부주의자와 검둥이 절도범들이었고, 오스트레일리아인은 유배된 범죄자들이었으며, 투르크인은 베두인 산적이었다.

　도처에서 발견되는 왕권이나 민족, 국가의 상징물은 하나같이 폭력과 도전, 전쟁과 관련이 있다. 로마 집정관이 행차할 땐 그 앞에 파스케스(fasces)[154]를 앞세우는데, 매질용 막대기 다발 속에 참수용 도끼를 꽂아 넣은 형상이다. 영국 의회의 상징물인 직장(職杖)과 왕홀(王笏)들 역시 그럴듯하게 깎아 금빛을 칠한 몽둥이에 불과하다. 원래 직장과 왕홀의 기원은 단단한 두개골을 깨트리는 데 사용되던 일상의 도구였다. 그것들은 울퉁불퉁한 곤봉이나 미늘창, 녹옥(綠玉) 해골도끼가 식인의식 주재자의 상징인 것처럼, 아직도 입법부의 권위와 공격적 폭력성을 상징하고 있다.

국가의 인장은 비둘기나 양, 염소, 까치, 토끼를 본떠 만들지 않는다. 일반적으로 사자, 호랑이, 늑대, 뱀, 용, 곰, 독수리, 전사(戰士)가 국가의 인장을 만드는 데 활용된다.

고도화된 서구 문명권의 중심부에서조차, 물리적 힘은 권력의 배경을 이루는 가장 기본적인 원리로 인식된다. 국가와 국가의 모든 외교적 관계에서도 물리적 힘은 끊임없이 요구되고, 한 국가 안의 당파 간 경쟁에서 역시 사정은 마찬가지다. 경찰의 곤봉이라든가 경기병의 검, 포병의 야포(野砲)는 아직도 질서와 자유, 평화의 최후수단으로 간주된다. 맥심건(maxim gun)은 옛날 몽둥이의 궁극적인 발전단계가 어떠한 것인지를 보여준다. 특히 광포한 폭도를 다룰 때 그것의 진가가 드러난다. 그 아름다운 기계 한 대와 충분한 탄약 그리고 잘 훈련된

---

154) 파스케스는 '다발'이란 뜻의 단어로, 권표(權表) 혹은 속간(束桿)이라고도 불리며, '통합을 통한 힘'을 상징한다. 로마시대에서 유래한 이 상징은 20세기에 들어어 이탈리아의 베니토 무솔리니가 독재정권의 표상으로 차용함으로써 파시즘(파시스트)이라는 용어를 낳기에 이르렀다.

대여섯 명의 군인이면, 런던이나 파리, 시카고 같은 도시에서 소요를 일으키는 대규모 군중을 반나절 안에 깨끗이 쓸어버릴 수 있다. 〈시카고 타임즈-헤럴드〉(1892~1924)의 발행인이자 백만장자인 콜사트[155]는 "대개의 경우 정규 보병연대 하나면 아무리 규모가 크고 광포한 군중도 충분히 제어할 수 있다"고 썼다.

법규를 위반한 시민은 곤봉으로 무장한 채 영장을 제시하는 제복 차림의 경찰관들에 의해 국가시설 중 하나인 감옥으로 연행되거나, 기소되어 재판에 회부된다. 그 점잖은 풍모의 판사와 경찰 뒤에는 정부와 법으로 대표되는 국가의 물리적 힘이 위협적으로 버티고 있는 셈이다.

법정(法廷)은 총검의 토대 위에 세워졌다. 결국 일체의 법령과 헌법, 도덕률은 칼끝으로 쓰인 것이다. 세상에 존재해왔고, 지금도 존재하며, 앞으로도 존재할 모든 정치제도의 진정한 기반은 다름 아닌 물리적 힘이다. 그 밖의 다른 기반은 실효성이 없다.

칼로 일으켜 세운 것은 칼로 지킬 수밖에 없다. 따라서 세상의 모든 제왕과 대통령, 차르, 술탄, 샤, 심지어 야만족 우두머리에 이르기까지 훈련된 군대와 떠들썩한 군중을 모아놓고 그 앞에서 상징적인 방식으로 즉위식을 치른다. 전투용 나팔의 화려한 팡파르와 우레와도 같은 포성(砲聲), 눈부시게 뽑아든 검의 날들은 거기서 빠질 수 없는 요소들이다. 서로 다른 두 대륙의 상이한 두 정부형태에서 이루어지

---

155) 허먼 헨리 콜사트(Herman Henry Kohlsaat, 1853~1924).

는 의식을 예로 들어보자.

에드윈 아널드 경(卿)[156]은 러시아 황제의 최근 즉위식을 다음과 같이 묘사했다. "왕실 의장석을 배경으로 은빛 독수리 부대[157]의 새로운 지휘관이 번쩍거리는 검을 빼들고 서있었다." 리가[158]에서 블라디보스토크까지 유럽에서 아시아에 걸친 광대한 대륙을 가로지르며 일제사격의 포성이 울려 퍼지는 가운데, 종주권의 최종적 소재가 장대하게 선포된다. 그에 맞춰서 2백만에 이르는 전사가 군모를 벗고 칼날을 요란하게 부딪치면서 영원한 충성을 맹세한다.

그런가 하면 미국 일리노이 주 주지사인 존 라일리 태너[159]가 대통령 취임식장에 등장하는 장면[160] 또한 시사하는 점이 남다르다. "(그는) 금술 장식이 갖춰진 챙 넓은 펠트 모자를 쓰고 기마대의 대검을 착용하고서 흑마(黑馬)에 올라, 주방위군 제1연대를 인솔하여 펜실베이니아 대로를 행진하는데… 뎁스[161]가 일으킨 반란 진압에 큰 공

---

156) Sir Edwin Arnold(1832~1904). 영국의 시인이자 저널리스트. 붓다의 삶과 가르침을 주옥같은 언어로 노래한 서사시 〈아시아의 빛(The Light of Asia)〉(1879)으로 유명하다.

157) '은빛 쌍두(雙頭) 독수리'는 러시아 제국의 문장이다.

158) 현재 라트비아의 수도.

159) John Riley Tanner(1844~1901). 남북전쟁 당시 북군으로 참전했고, 후에 일리노이 주 의원과 일리노이 주 주지사를 역임했다.

160) 미합중국 제25대 대통령 당선자 윌리엄 매킨리(William McKinley. 1843~1901)의 1897년 3월에 있었던 취임식을 말한다.

161) 1893년 사회주의자인 유진 V. 뎁스(Eugene V. Debs. 1855~1926)는 조지 풀먼의 시카고 철도 회사에 대한 대대적인 파업을 주도했다. 이에 사장인 풀먼이 당시 대통령 그로버 클리블랜드에게 적극적인 개입을 요청했고, 결국 경영자 측의 손을 들어준 정부는 파업을 국가에 대한 공격으로 간주해, 중무장한 연방군을 투입함으로써 시위대를 강제 진압했다.

을 세운 개틀링건[162) 부대가 뒤를 잇는다." 선출직 군주나 다름없는 미합중국 대통령은 결국 연방군 최고사령관인 셈이다. 그가 가진 행정적 권한은 아시아의 그 어떤 전제군주보다도 강력하다.

영국의 육해군 장교들은 공식적으로 여왕[163)에 의해 직접 임관된다. 최근까지 대관식에서는 세습군주가 전신을 무장한 채 의원들, 기사들, 귀족들, 장군들이 모인 앞에 말을 타고 나타나, 왕좌에 이의를 제기하는 자의 도전에 공개적으로 응하는 것이 하나의 관례였다.

유럽에서 토지소유권의 유래를 추적하다보면 군사적 권력이나 왕권으로까지 거슬러 올라가는 경우가 종종 있다. 모든 영국 식민지에서는 왕실의 지정에 의거해 주인 없는 땅의 소유와 경작 권한이 정해졌다. 그와 동일한 원칙이 지금 이 공화국과 모든 야만족에도 똑같이 통용되고 있는 셈이다.

10

존재하는 모든 것은 오로지 힘에 의해 진화하고, 유지되며, 영속한다. 힘이 원자들을 모으고 나눔으로써 정신과 물질의 조화로운 우

---

162) Gatling Gun. 리처드 J. 개틀링(Richard J. Gatling. 1818~1903)이 발명한 세계최초의 수동식 기관총. 여러 개의 총신이 다발처럼 구성되어 회전함으로써 분당 2백발 발사능력을 발휘하는, 당시로선 획기적인 대량살상 무기.

163) 이 책의 집필 당시 영국을 지배하던 빅토리아 여왕을 말한다.

주가 이루어진다. 힘이 원자들을 통합하여 유기체적, 무기체적 형태들을 낳는다. 힘은 그 형태들을 계속해서 분해시키기도 한다. 힘은 인간의 바람이나 욕망 따위는 조금도 고려하지 않은 채, 일으켜 세우고 허물어뜨린다. 힘은 이론을 낳고, 창조하며, 구성하고, 제거하는가 하면, 공격하고, 거부한다. 글자 그대로 힘은 만물 속에, 만물을 통하여, 만물을 초월해 존재한다.

아크바르와 티무르의 시대에[164] 그랬던 것처럼, 오늘날 물결치듯 이루어지는 민족의 대이동 역시 인간이라는 매질(媒質)을 통해 작동하는 힘의 파동이다. 즉, 힘의 맥동(脈動)이 육화된 것이라 할 수 있다.

아메리카와 유럽, 아프리카, 아시아 그리고 대양의 여러 섬들에 대한 고고학적 탐사는 민족과 부족 대대로 내려오는 전설, 민담, 연대기의 내용이 사실임을 속속 확인해주고 있다. 허공에 떠있는 이 구체(球體)의 과거란 결국 식인과 침탈, 재앙, 죽음으로 얼룩진 기나긴 잔혹의 역사였던 것이다.

지표면은 주검의 방, 해저면은 시체의 집이다. 둘 다 인간과 자연이 신나게 때려 부순 잊힌 문명의 잔해로 온통 쑥대밭이다. 언제 어디서나 약자는 파멸하고 강자는 성취한다. 태초에 그랬던 것처럼 지금도 앞으로도 힘과 굴종, 고통과 희열은 함께 간다.

노예의 족속은 앞으로도 넘칠 만큼 많을 것이다! 그러니, 그대 인

---

164) 아크바르(1542~1605)는 인도의 무굴제국 황제. 티무르(1336~1405)는 페르시아, 튀르크, 러시아, 인도까지 정복한 티무르제국 황제.

간이여, 전사를 키워내는 데 힘써라! 전사를 단련시키는 데 매진하라! 탁월한 악기연주자가 거듭되는 악기 연주를 통해 만들어지는 것처럼, 용맹한 전사 역시 치열한 전투를 치름으로써 탄생하는 것이다. 근육에는 근육을, 두뇌에는 두뇌를 맞서게 하라. 그리하여 승자의 머리에는 월계관을 씌우고, 패자의 몸에는 거친 넝마를 입혀라. 그 어떤 타협도 없게 하라. 어중간한 전진, 미적지근한 후퇴는 없다. 오로지 가장 강한 자는 살고, 가장 비굴한 자는 죽을 뿐.

지금까지 인간의 진화과정은 어둠과 광기, 비극으로 점철된 피비린내 나는 여정이었다. 그것이 앞으로는 다른 양상이어야 한다고 단언할 만한 합리적 근거가 없다. 지금까지와는 다른 시도를 하는 게 현명하다고 볼 단서가 없는 것이다.

그렇다면, 어차피 바꾸지도 못할 상황을 놓고 왜 불만에 사로잡혀야 하는가? 눈앞의 밥 한 술이 그림의 떡보다는 나은 법. 신들의 황혼 속에 우리 종족이 막 등장하던 아득한 시절처럼, 앞으로도 그렇게 나아가는 거다.

> "도끼의 시대여, 칼의 시대여,
> 폭풍의 시대여, 늑대의 시대여."[165]

---

165) 아리안족의 신화에서 신들이 최후를 맞는 라그나뢰크(Ragnarøkkr. '신들의 몰락') 즉, 최후의 전란기(戰亂期)를 의미한다. 그때가 되면 주신(主神) 오딘이 전사들을 거느리고 모든 것이 괴멸될 최후의 전투를 치른다.

눈에 보이지 않는 미생물, 하늘의 새와 땅의 짐승들, 바다의 물고기들, 행성들과 항성들 모두 그렇게! 변함없는, 감히 넘볼 수 없는 기세로 힘이 모든 것을 지배한다.

옛날 온화한 로마황제가 생각하기에 아무리 평화가 도래한 세상이었다 해도, 어딘가에 숨은 암살자는 항상 그의 목을 노리며 칼을 갈고 있었다. 그리고 지금, 제아무리 열등한 생물체들이 약육강식 대신 화해와 협력을 꿈꾼다 한들, 세상의 이면에선 제거의 메커니즘이 소리 없이 구축되고 있다. 그것이 완성되는 날, 열등한 생물체들은 지구상에서 깨끗이 박멸되고 말 것이다.

강인한 생물체들은 언제나 세상의 결정인자다. 그들은 나약한 생물체들의 운명을 손아귀에 거머쥐고 있다. 평등과 자비, 연민의 감정 따위는 가족 테두리 안에서만 의미 있을 뿐, 완전히 하찮은 것으로 치부된다(가족은 남자의 소유이자 그의 일부다. 따라서 가족을 지키는 것은 사람이 자기 목숨을 보존하는 것과 마찬가지로 남자의 본질적인 과업이다. 여자와 아이들은 남자에게 예속된다. 남자는 자기 자신은 물론 자기에게 딸린 이들을 위한 사냥에 결연히 나서야 한다. 이론이나 실상 모두에서 남자는 여자와 아이들의 주인이다.)

자연 그대로의 조건에서, 비천한 자를 위한 피난처는 존재하지 않는다. 나약한 자를 위한 희망, 지친 자를 위한 휴식처, 패배한 자를 위한 관용은 없다. 자연은 연약한 존재를 혐오한다. 모든 생명체, 모든 인간은 군림하든지 복종하든지 둘 중 하나다. 이것은 궁극의 결론이다.

삶이란 죽음의 아가리에 들어갈 때까지 힘을 추구하는 경주다. 꼴등은 지옥행이다.

꼴등이 지옥행이라고? 천만에! 그렇지 않다! 정확히 말해서, 꼴등은 그리스도의 소관이다! 그것이 정확한 표현이다. 현실 속에서는 그리스도야말로 진정한 악의 왕자다. 그는 위로의 말투로 이렇게 말했다. "고생하며 무거운 짐을 진 너희는 모두 나에게 오너라."[166] 그 말을 곧이듣는 자들은 필경 지옥에 빠지고 말 거다. 아니, 이미 그들은 지옥을 경험하고 있다! "그들에게 고통을 주는 연기는 영원무궁토록 타오르니…"[167]

옛날에는 무능한 자들을 무단으로 처단하는 것이 널리 허용되었지만, 지금은 사정이 다르다.

처음에는 종교적 취지에서 시작했다가, 나중에는 국가 차원에서 진행된 자선활동이 온갖 무능한 존재들과 그 씨앗을 대대로 거두다 보니, 이제는 나라마다 (남자든 여자든, 가난하든 부자든) 모조리 쓸모없고 혐오스러운 존재들로 넘쳐난다. 자연조건에 작용하는 도태의 원리가 종교와 도덕의 이름으로 중단된 상태다. 이러다가는 인류 전체가 유전적인 정신병과 뼛속 깊이 썩어 문드러진 타락상으로 포화상태에 이를 날이 머지않다. 오늘날 기독교 문명은 나약한 미생물들에게 온실과도 같은 역할을 한다. 반면 자연은 그들에게 가스실이나 마찬가지다. 불치의 낙오자에게 적절한 안식처는 무덤뿐이다.

경쟁은 죽기까지 이어져야 한다. 조금이라도 경쟁을 늦추면, 이로

---

166) 마태복음 11장 28절.

167) 요한계시록 14장 11절의 내용을 패러디하고 있다.

운 결과를 얻기 힘들어진다. 잘못된 종교와 잘못된 도덕의 주요 목표는, 경쟁이 치열했다면 언감생심 꿈도 꾸지 못했을 것들을 도태되어야 마땅한 자들에게 마구 베풀어, 인간사회에서 경쟁 자체를 흐지부지하게 만드는 것이다. 무릇 자선단체라는 것은 엘리트 인간의 위상을 훼손하고 배척하기 위해 고안되었지만, 뜻대로 된 것만은 아니다.

정상적인 인간에게 싸운다는 것은 하나의 즐거움이다. 자신을 약탈한 자를 약탈하고, 자기를 이긴 자를 이기는 것보다 더 달콤한 것이 없다. 적에게 본때를 보이고, 당한 만큼 되돌려주는 일보다 더 신나는 일이 어디 있겠는가. 정상적인 사람이라면 남에게 잡아먹히기보다는 남을 잡아먹는 쪽을 좋아하기 마련이다.

하지만 비정상적인 사람은 그렇지가 않다. 그는 그저 무리에 속한 존재다. 양떼처럼 여론에 편승하기 바쁘다. 그냥 떼거리에 불과하다. 바로 그 '떼'라는 단어가 중요하다! 그건 결국 어느 한 방향으로 모아서 인솔해주는 목자의 존재를 전제하는 단어 아닌가? 나아가 거세를 해주는 사람, 털을 깎아주는 사람, 내다 팔거나 사주는 사람, 도살해주는 사람, 무두질 해주는 사람, 급기야는 잘 구워주고 그럴듯하게 소스까지 쳐주는 요리사와 그걸 쩝쩝대며 먹어주는 살찐 대식가까지 말이다.

11

허버트 스펜서는 한 사회의 풍습과 예법, 정치제도의 기원을 이야기하면서 다음과 같이 말하고 있다.[168] "승리한 우두머리나 가장 힘이 센 자의 의지가 한 집단의 모든 행위를 지배하는 규칙이었다. 그가 어떤 사사로운 분쟁에 판결을 내리면, 그 결정이 곧 법을 낳는 근거가 되었다. 강한 자의 비할 데 없는 자질은 사람들의 마음속에 공포심과 존경심을 한꺼번에 불러일으켰고, 그 복합적인 감정은 인간의 능력과 한계에 관해 알고 있는 것이 별로 없는 미개한 정신의 소유자들에게 곧장 초자연적인 의미로 받아들여졌다. 바로 그것이 종교의 기원이었으며, 강한 자의 의견은 최초의 도그마로 굳어졌다. 정복당한 자가 정복자의 자비에 보답하는 뜻으로 복종을 맹세할 때, 그것은 오늘날 예절과 매너라 불리는 외적 징표의 첫 사례였다."

인간의 역사란 계속해서 스스로를 복제하는 과정이다. 끝없는 파노라마로 돌고 또 도는 무엇이다.

인간이라는 무리가 우글거리는 곳에서는, 모종의 시기와 무기력한 반발이 아주 없진 않지만, 대개 승자지배의 원칙이 어김없이 지켜진다. 승리한 자는 어떤 식으로든 주인행세를 하게끔 되어있는 것이다. 단, 그는 자신의 권력이 비겁하고 천박하며 정신적으로 타락한 다수의 유토피아적 이상주의로 인해 부지불식간에 흔들리지 않도록 주의를 기울여야 한다. 집단화된 인간성이 저지르는 횡포는 가히 파괴적이다.

스펜서는 또 이렇게 썼다. "현재의 가장 큰 정치적 미신은 다수라

---

168) 허버트 스펜서(Herbert Spencer, 1820~1903)는 영국의 사회학자이자 철학자로 진화의 원리를 사회학에 적극 수용하여 '사회유기체설'을 주장했다. 마흔 살 때부터 36년간 저술한 《종합철학》(총 10권)은 진화의 관점에서 철학, 과학, 종교의 통합이론을 제시하고자 한 대작이다.

는 개념에 함축된 신성한 권리, 그 대리자인 의회의 신성한 권리에 대한 믿음이다."

경건한 몽상과 문헌들, 교리와 전통, 법률보다 펄펄 살아 숨쉬는 인간의 기상이 훨씬 우월하다는 점은 옛날뿐 아니라 오늘도 과감하게 주장하고 적극적으로 옹호해야 할 가치다. 성난 군중의 길길이 날뛰는 발굽 아래 순순히 굴복하는 권력자에게 화 있을진저! 계략과 죽음의 덫에는 어디까지나 전투와 폐허로써 맞서야 할 터.

"패자에게 또한 화 있을진저! 승자의 묵직한 칼날이 그의 몸값 더욱 무겁게 하리니, 싸움이 벌어진 들판에는 승자의 의지 아닌 모든 것이 재앙이로다."[169]

'적자생존'이란, 영웅적 시대의 격언인 '패자에게 화가 있으리라(Viæ Victus)'를 학문적 언어로 옮긴 것이다. 민감한 영혼에게는 다소 혹독하게 느껴질지 모르나, 자연 그 자체로 진실이다. 아무리 법을 만들어 적용하고 기도를 해도 피하거나 없앨 수 있는 것이 아니다. 잠깐 동안은 중단시키고 차단할 수 있겠지만, 그야말로 잠깐 동안이다. 둑을 세워 흐르는 강물을 잠시 잡아두는 것처럼 말이다. 얼마간 강물은 흐름을 멈추고 있겠지만, 언젠가는 수량이 불어나 둑의 가장자리를 넘어설 날이 올 테고, 그땐 엄청난 굉음을 내며 둑 자체를 무너뜨리고 말 것이다.

십계명을 비롯한 온갖 법령들은 거스를 수 없는 자연의 흐름을 막아보겠다며 병든 시대가 헛되이 쌓아올린 진흙방벽에 불과하다. 그

---

169) 월터 스코트의 소설 《로브 로이(Rob Roy)》 제32장의 한 구절.

허약한 장애물이 허물어지거나 강물이 범람하듯 극복되는 건 시간문제다. 뉴먼 추기경[170]은 영국교회를 일종의 "쓸모 있는 방파제"로 묘사했는데, 대단히 예리한 지적이다. 따지자면, 모든 성직제도가 "쓸모 있는 방파제"라 할 수 있다. 그 효용성은 백년에서 길게는 2천년까지도 갈 수 있을지 모르나, 급기야는 허물어지고 만다. 무릇 인공적인 장애물은 영구히 버텨낼 수 없는 법. 만약 그럴 수 있다면, 그 많은 고대문명들이 하나같이 붕괴할 이유가 없었을 것이다. 결국 그것들 역시 나름대로 "쓸모 있는 방파제"들을 갖추고 있었던 셈이다. 다름 아닌 신과 신전들, 정치, 윤리, 철학이라는 이름의 방파제 말이다.

법적 윤리적 바리케이드들 자체가, 필경 쇠락해가야 할 것들의 운명을 언제까지나 유보해줄 수는 없는 노릇이다.

지상에서 자취를 감춘 모든 민족은 마땅히 그렇게 된 것이다. 만약 '문명인'이라 자처한 그 많은 족속이 멸망하지 않고 지금껏 생존해왔다면, 이 지구는 구더기들로 득실거리는 끔찍한 소굴이 되어 있을 것이다. 자연이 그들로 하여금 생존하고 번식하고 발전하도록 허락했다면, 지금의 세상은 얼마나 악취 나는 시궁창이 되어있을 것인가! 전쟁과 질병이 눈앞의 지옥을 몽땅 태워버려 역한 공기를 정화시키지 않는다면, 가까운 미래의 모습이 과연 어떠할 것인가?

그러니 쇠약해진 종자들의 완전 박멸은 고도의 지혜가 낳은 조치

---

170) 존 헨리 뉴먼(John Henry Newman, 1801~1890)은 영국성공회 고위성직자이자 신학자로서, 1845년 로마 가톨릭으로 개종한 뒤, 추기경의 자리에까지 올랐다.

다. 우리가 저마다 그에 동의하든 하지 않든, 박멸은 계속될 것이다. 병든 것을 제거하여 "심신이 건강한 것"을 위한 공간을 확보하는 일이 부당하거나, 자연에서 벗어나거나, 사악한 짓일 리 없다.

단연코 말하건대, 삶의 모든 단계에서 약한 힘은 강한 힘으로 제압당해야 마땅하다. 이것이 바로 힘이 정의다(Might is Right)라는 말의 참뜻이다. 역사가 기록하는 사건들과 삶의 구체적 경험들 그리고 과학의 발견을 통틀어 촌철살인의 이 경구가 진실임은 광범위하게 증명되고 있다. 벤저민 키드[171]가 쓴 대로, "삶의 법칙은 태초부터 지금까지 항상 똑같았다. 그것은 끊임없는 투쟁의 불가피성, 끊임없는 선택과 배제의 불가피성이다." 만약 "힘이 곧 주인이다"라는 말에 따로 증명이 필요하다면, 그 사실 자체를 정신적, 윤리적 도착상태가 세상에 만연한다는 증거로 보아도 무방하다. 하긴 우리가 살고 있는 이 시대야말로 '계몽과 진보의 시대'가 아니라, 심리적 마비와 발전불가능이 특징인 암흑의 시대일는지도 모른다. 우리 시대의 종교라든가 지성만능주의가 단지 마법의 눈속임에 지나지 않을 수도 있다. 이를테면 우리는 지금 정신 나간 상태에서 '진보와 계몽'을 꿈꾸는 가운데, 실제로는 멸망에 이르는 내리막길을 걷고 있는지도 모른다. 어쩌면 그런 꿈을 꾼다는 것 자체가 몰락을 부추기는 복잡한 과정 중 하나이자, 오늘날 인종적 타락이 엄청난 속도로 진행중임을 말해주는 징표일 수도 있겠다.

에든버러 왕립학회 특별회원인 헤이크래프트 박사[172]는 자신의 저

---

171) Benjamin Kidd(1858~1916). 19세기 말에 활동한 저명한 사회학자이며, 저서로는 《사회진화론》(1894)과 《권력의 과학》(1918)이 널리 알려졌다.

서 《다윈주의와 인종발전》(1894)에서 주장하기를 "지난 30년 동안 아리안 인종이 확실히 퇴화했다고 믿을 만한 강력한 근거가 있다"고 했다. 특히 이 자유와 광명의 나라, 뇌물과 뒷돈이 효율로 인정받는 나라에서 아리안 인종 고유의 기질이 퇴화한 것은 이해력이 한참 떨어지는 바보가 보기에도 명백한 사실이다.

의심할 나위 없이 퇴폐적인 기운이 우리의 사회생활을 좀먹어 들어가고 있다. 그러면서도 우리는 어려서부터 줄곧 이런 구절을 마음 깊이 새겨온 것이다. "어둠을 걷던 이들이 큰 빛을 보리니, 땅 끝들이 모두 우리 하느님의 구원을 보리라."[173] 구원이라니! 제정신인가?

> "잡초와 꽃들 시들어가며
> 새로운 삶의 터전 내어주듯이,
> 모두 그렇게 가버리나니,
> 숱하게 들어온 그 사연
> 일일이 되풀이하러
> 또 모두 그렇게 오는구나."[174]

---

172) John Berry Haycraft(1859~1923). 영국의 생리학자. 《다윈주의와 인종발전(Darwinism and Race Progress)》을 썼다.

173) 〈구약〉의 이사야 9장 1절과 52장 10절에서 한 구절씩을 따와 패러디한 것이다. "어둠 속을 걷던 백성이 큰 빛을 봅니다. 암흑의 땅에 사는 이들에게 빛이 비칩니다."(이사야 9장 1절) "주님께서 모든 민족들이 보는 앞에서 당신의 거룩한 팔을 걷어붙이시니, 땅 끝들이 모두 우리 하느님의 구원을 보리라."(이사야 52장 10절)

174) 월터 스코트와 동시대에 활동한 스코틀랜드 시인 윌리엄 녹스(William Knox. 1789~1825)의 시 〈필멸(必滅. Mortality)〉의 한 대목. 에이브러햄 링컨은 이 시를 특히 좋아해 종종 암송했다고 한다.

야수에게 쫓기는 아프리카 초원의 타조가 그러하듯, 가차없는 자연의 응징을 피해보겠다며 우리의 머리통을 구석에 처박아봤자 아무 소용없는 어리석고 비겁한 짓에 불과하다. 사회체제를 주먹구구식으로 재편해도, 만세반석을 아무리 부르짖어도,[175] 법치를 통해 개선할 수 있다는 터무니없는 믿음도, 부질없는 미덕이나 무모한 구속(救贖)으로도, 그 어떤 경제조치를 동원해도, 무얼 하라 하지 말라는 식의 이스라엘식 율법으로도, 어리석고 미진한 인간들이 혹독한 대가를 면할 방법은 세상에 없다. 그들이 말하는 '최후의 심판'은 조만간 닥칠 것이다.

주위에 널린 문명의 폐허를 바라보며 내가 이렇게 글을 쓰는 동안에도, 광분한 자연은 모든 것을 휩쓸어버릴 재앙의 회오리를 준비하고 있을 것이다. 지금 유럽은 시끄러운 미치광이 하나가 한복판에서 횃불을 흔들어대는 거대한 화약고나 마찬가지다. 그런가 하면 아시아에서는 역병에 시달리는 수많은 인구의 지독한 악취가 들끓는다.

현재 '문명세계'는 언제 어느 순간 마비상태에서 화들짝 놀라 깨어날지 모른다. 그땐, 여태껏 이 지상에 한 번도 펼쳐진 적 없는 어마어마한 드라마를 목도하게 될 것이다. "폭풍 속 시뻘건 섬광이 번뜩이는 가운데", 거대한 나라들이 한꺼번에 흔들리며 신음하고, 저마다 요동치며 몸부림치는 광경을. 무참한 충격에 대비해 천둥처럼 육중한 발걸음을 내딛는 대규모 군단의 행군모습을. 분주하게 돌아가는 모든

---

175) 〈만세반석 되신 주〉라는 찬송가 제목의 패러디.

도시의 무기공장들과 칠대양(七大洋) 가득 대결을 앞둔 철갑선들의 당당한 위용을.[176)

생존을 위한 싸움이 끝났다고 생각하는 자들은 한치 앞을 못 보는 바보들이다. 이제 시작이다. 이 행성은 지금 노년이 아닌 유년기다. '종식(終熄)'은 동떨어진 개념이다. 천국은 결코 가깝지 않다. 우위를 점하기 위한 경쟁은 끊이지 않고 있으며, 다양한 형태로 펼쳐지는 중이다. 거기에 단 한순간도 휴전은 없다. 밤낮으로 치열한 전투가 벌어지다가 일요일을 기해 원기를 회복한다. 자나 깨나 우리의 귓가를 맴도는 무기 부딪치는 소리, 뼈 으스러지는 소리. 인명(人命)을 겨냥하여 치켜든 칼끝이 도처에 번득인다. 사방에서 카인의 몽둥이가 두개골을 내리찍고 광분한 미국인들이 피 냄새를 쫓아 질주한다. 소위 '믿는 이들의 공동체'는 무고한 존재의 피로 두 손 다 시뻘겋다. 그런데도 형제인 어린양의 피 덕분에 깨끗해졌다며 큰소리 떵떵 친다.

인간은 영원한 전투를 통해 삶을 점유해나간다. 그 점유권의 파기가 곧 죽음이고 노예생활이다. 적이 내 발에 짓밟히는 것이 바로 삶이요, 성공이다. 실제로 인간들의 싸움은 짐승들의 그것보다 훨씬 무자비하고, 잔인하다. 짐승은 상대를 이용하거나 노예로 부리는 것이 아니라, 죽음을 통해 깨끗이 마무리 짓는다. 반면 인간은 다른 인간을 사업적 수단으로 악용하고, 그를 연료 삼아 자신의 쾌락을 탐한다. '인

---

176) 이 글이 쓰인 뒤 20년이 채 안 된 시점에 제1차 세계대전이 발발했음을 감안한다면, 이 책의 예언적 가치가 어느 정도인지 알 수 있다. 총 2천여 만 명의 유럽인이 사망한 제1차 세계대전은 그때까지만 해도 세계 역사상 전례가 없는 참사였고, 이로써 모든 전쟁의 종지부가 찍혀진 것으로 믿었다.

생의 낙오자'는 그 수가 헤아릴 수 없을 만큼 많으며, 살아도 죽은 것과 다름없는 그들의 끔찍한 신세를 모르는 사람은 없다. 이글거리는 용광로 같은 약육강식의 아가리 속에 매일같이 던져지는 그들의 처절한 운명을 떠올려 보라.

열등한 생명체를 굳이 공공연한 처형을 통해 제거할 필요는 없다. 타락한 자들은 왕왕 저 혼자 알아서 소각 처리되곤 한다. 정부기관이 개입하는 즉시, 그들의 존재는 다진 고기처럼 잘게 분쇄되기 시작한다. 정신적으로, 육체적으로, 도덕적으로 그들은 구제의 가망이 없다. 완전히 파멸한 영혼들이다!

예컨대 고아원에 수용된 인원의 75퍼센트는 알코올중독 부모의 자식들이다. 만성적 가난과 사실상 노예생활이나 다름없는 삶은 상습적 투표행위의 결과다. 알코올중독과 정치는 일종의 최첨단 소각로와도 같은 편리한 파괴장치다. 나약하고 겁 많은 '양떼'는 그것을 통해 스스로를 소진시킴으로써 지배자의 이득을 창출한다.

자연으로부터 이미 단죄된 존재로서, 그들은 완만하지만 확실한 자살수단인 달콤한 독(毒)을 서로에게 제공한다. 그들은 지옥의 불구덩이를 만들고 자진해서 그 속으로 뛰어든다.

사회학이란 원래 생물학적 문제이며, 민중은 가축의 무리다. 이 엄혹한 만물의 이치를 명료히 의식할 때, 얼마나 많은 선동적 제스처가 제풀에 잦아들면서 치열한 자기성찰만 홀로 남겠는가!

길목을 지키는 사자(獅子)가 되어라!

증오에는 증오로

연민에는 연민으로,

눈에는 눈으로, 이에는 이로,

비웃음엔 비웃음으로,

미소에는 미소로,

사랑에는 사랑으로, 속임수엔 속임수로,

전쟁에는 전쟁으로, 비탄에는 비탄으로,

피에는 피로,

타격에는 타격으로.

너희는 소위 '신성'을 가장한 방랑자가 떠들어댄 저 유명한 악질적인 철학을 익히 들어 알고 있을 것이다. "원수를 사랑하여라. 너희를 미워하는 자들에게 잘해주고, 너희를 학대하는 자들을 위하여 기도하여라."177)

그러나 나는 이렇게 말한다. 너희의 친족을 사랑하여라. 너희의 친구들을 사랑하고, 너희 자신을 아껴라. 그리고 너희의 적을 온 마음을 다해 증오하여라. 친구의 적에게는 적이 되고, 친구의 친구에게는 친구가 되어주어라. 너희에게 가해지는 그 어떤 위해(危害) 행위도 그냥

---

177) 누가복음 6장 28절(산상수훈)의 내용이다.

지나치지 말고 꼭 갚아주어라.

"밟으면 꿈틀한다."를 너의 모토로 삼아라. 모욕이든 폭력이든 얌전히 당하고 있는 자는 개만도 못한 존재다. 천하의 겁쟁이나, 타고난 노예, 기독교도나 그러고 산다.

나는 용감한 자들의 친구요,

겁쟁이들의 적이다.

나는 대담(大膽)을 불러일으키고

낙담(落膽)을 내팽개친다.

사악한 영(靈)이 우리 인종의 뇌리에 굴종과 퇴폐의 섬뜩한 복음을 주입시켰다. 그것은 "악에 대항하지 말라"라고 억지를 부리면서 이렇게 덧붙인다. "누가 너희의 뺨을 때리거든 다른 쪽 뺨도 내밀어라."

그러나 나는 말한다. "누가 너희의 뺨을 때리거든 곧장 그의 뺨을 후려쳐라."

모든 악에 격렬히 저항하라! 길목을 지키는 사자가 되어라! 설사 물러서는 한이 있어도 이를 드러내 으르렁거리며 뒷걸음질 쳐라!

용기를 내라! 용기를! 지치지 않는 용기를!

궤도를 도는 별조차 어둠과 싸우며 나아간다.

Might is Right

1

나폴레옹은 이렇게 훈시했다. "너희가 명성을 얻으려거든 적의 모가지를 짓밟아야 한다. 위대한 인간은 성공을 통해 만들어진다." 이 세상에서 인간이 다해야 할 의무는 오로지 성공하는 것이다. 자기 앞가림을 하고 적을 물리치는 것, 경쟁상대를 앞지르는 것. 정복하지 못하는 자는 정복당한다. 남을 무자비하게 짓밟지 못하는 자는 남에 의해 짓밟힐 것이다. 인간은 자신의 팔이 휘두르는 힘만큼 자기 빵을 찾아 먹고, 노예는 자신의 이마에 흐르는 땀만큼 주인을 위한 빵을 생산한다.

"서로 사랑하여라."라든가 "고생 끝에 낙이 온다."와 같은 감상적인 수사는 분투의 노력을 마비시키고, 사람을 승자가 아닌 희생자로 만들어버리는 경향이 있다. 어디까지나 인간은 인간에 대항하는 존재다. 물론 개인끼리 일시적인 협력관계를 맺을 수는 있다. 그러나 어느 한쪽이 약속을 깨면 관계는 곧 허물어지고, 모든 것은 원점으로 돌아가 서로 원수가 된다. 육식동물끼리의 우애란 새벽안개처럼 덧없는 것이다. 그것은 잘해야 임시방편에 불과하다.

굶주린 사자 두 마리가 서로 힘을 합해 사냥에 나설 수는 있다. 하지만 일단 사냥에 성공하면 반드시 한 놈이 다른 놈보다 많은 양을 차지하려고 시도하기 마련이다.

무엇보다 먼저, 무슨 수를 써서라도 자기 자신부터 챙기는 것이야말로 정글의 법칙이다. 육식동물인 인간에게도 사정은 마찬가지. 인간 사회는 그런 점에서 야생의 정글과 조금도 다르지 않다. 그러니 독자여, 싸워 이겨라! 지상의 쓸 만한 모든 것을 능력이 닿는 만큼 차지하라! 사람은 단연코 빵으로만 산다.[178] 강해져라! 두려워하지 마라! 강인한 성격, 강인한 행동 앞에서 모든 장애물은 녹아 없어진다. 그어떤 신에게도 너의 마음을 바치지 말라. 모든 신은 어리석음의 극치다. 너의 이웃을 네 몸 같이 사랑하지도 말라. 그건 미친 짓이다. 목에 칼이 들어와도 '닐 데스페란둠(Nil Desperandum. 절망하지 말라)'을 너의 모토로 삼아라. 너는 실패함으로써 마땅히 혐오스러운 존재가 되고, 성공함으로써 숭앙 받는 존재가 된다. 이기는 자에게는 명예와 영광을, 지는 자에게는 '아나테마 마라나타(anathema maranatha. 저주가 내리리라)!'[179] 실패와 패배는 불명예일 뿐 아니라, 생존 부적합의 실질적 증거이기도 하다.

　"당차고 나쁜 남자"가 승승장구할 경우, 그가 저지른 숱한 잘못은 그가 가진 힘과 재산으로 너끈히 가려진다. 사자 같은 결단결과 독수리 같은 원칙을 가진 남자를 여자들은 얼마나 흠모하는가! 반대로 겁많고, 선량하기만 하며, 나약하고, 여성적인 그래서 만날 실패만 거듭하는 남자를 여자들은 얼마나 혐오하는가! 역사를 뒤져봐도 뻔뻔하고

---

178) 마태복음 4장 4절에 대한 패러디.

179) 〈신약〉에서 바울의 고린도전서 16장 21~22절 "누구든지 주님을 사랑하지 않는 자는 저주를 받으라! 마라나타!"의 패러디. '아나테마'와 '마라나타' 모두 아람어인데, '아나테마'는 종교적 의미의 저주를 뜻하고, '마라나타'는 "저희의 주님, 오십시오"라는 뜻으로 바오로의 서한에서 일종의 마무리 인사말로 사용되던 표현이다. 별개인 이 두 표현이 훗날 하나의 문장처럼 오용되어 '최후의 심판과도 같은 저주를 받으라'는 의미로 변질됨.

거친 반역자나 막강한 정복자는 거의 예외 없이 대중적인 애정과 명망을 누렸다.

　그러니 황금과 땅, 권력을 거머쥐어라. 한번 그르치고 실패했다면, 다른 식으로 재도전하라. 뜻이 있는 곳에는 반드시 길이 있기 마련이다. 그깟 닳고 닳은 길 하나가 가로막혔다 해서 주저앉지 말고, 우거진 정글 속으로 너만의 새로운 직행로를 뚫어라. 설교꾼이나 글쟁이들의 말은 개의치 말아라. 그들은 너를 눈멀게 하고 방해하는 걸로 먹고사는 자들이다. 무엇보다도 다수(多數)의 뒤를 따르지 말라. 그 길은 죽음으로 가는 내리막길이며, 결국에는 가난과 구속, 수치의 구렁텅이로 발길을 이끈다. 뒷걸음질 치지 말고, 좌나 우로 방향을 꺾지 말라. 다만 지그재그라도 계속 전진하라. 연민이나 자비를 구하지 말라. 굴복하여 망하느니, 깨끗이 죽어라. 정복자에게 한방 먹여라. 선행을 베풀 수 있는 능력이 네게 있다면, 마땅한 자격을 갖춘 자에게는 주저말고 선행을 베풀라. 그러나 무엇보다도 당당하고 올곧은 자세를 잃지 말라. 기백(모든 미덕이 거기서 유래한다)이야말로 최고의 지혜이며, 물질적 성공이 인간의 최종목표임을 명심하라. 똑바로 일어서라. 그렇지 않으면 거꾸러질 것이다. 모루 아니면 망치가 되는 것이다.

　지금 여기서 싸우고 정복하라! 내일이면 너는 죽나니, 그것으로 너는 끝이다. 나폴레옹의 이상을 네 것으로 삼아라. 나폴레옹은 마상(馬上)의 다원이었다. 이탈리아 원정 당시 굶주림에 지친 군대를 놓고 그는 이렇게 말했다. "병사들이여! 저 아래(이탈리아 평원) 비옥한 들판이 그대들을 유혹하고 있다! 여기서 용기와 근성을 내려놓을 것인가?"

그 말에 병사들이 하늘을 찌를 듯한 용기와 근성으로 화답했음은 물론이다. 결론적으로 베네치아 은행의 엄청난 금은보화를 비롯해 이탈리아 전역에서 거두어들인 전리품은 나폴레옹 원정대 병사들에게 골고루 분배되었다. 이와 비슷한 사정은 도처에서 압도적으로 확인되어 왔고, 앞으로도 항상 그럴 것이다.

세상에는 용감하고 대범하며 강한 자만이 탈취하여 누릴 수 있는 땅과 황금, 명예, 권력, 승전가가 있는 법이다. 그러니 그리스도가 되지 말고 나폴레옹이 되어라.

너에게 가장 쉬운 방법을 통해 이득을 취하라. 경제용어로 설명하자면, "제일 싼값으로 사서, 가장 비싼 가격으로 팔아먹어라." 사자와 독수리가 저항을 최소화한 상태에서 사냥에 성공하듯이 너도 평생소원을 그렇게 이루어라.

옳고 그름에 관한 모든 시건방진 가르침을 무시하라. 옳고 그름의 문제는 너 스스로 결정하라. 할 수만 있다면 정직하게 재산을 취하라. 그러나 명심하라, "비즈니스는 비즈니스다."

인생은 인생이고 패배는 지옥이다. 너 자신 내면의 목소리를 따르라. 그러면 실수가 있을 리 없다. 그 목소리야말로 너의 영혼이다. 다원으로 빙의(憑依)해 적극적으로 행동하라. 평생 꿈만 꾸지 말고, 행동에 나서라.

너는 도덕원칙들을 이야기한다. 너의 두뇌와 팔을 마비시키는 그 원칙들이 대체 무엇인가? 얼추 신성한 듯 보여도, 전혀 자연스럽지 못하고, 솔직하지도 않으며, 정당하거나 진실하지 못한, 지극히 인위적인 규정들이 아니던가? 도덕률이란 모든 겁쟁이들에게 만연한 악성 전염병이다.

2

이 책에서 성도덕(SEXUAL MORALITY)에는 이의를 제기하지 않고 있다는 점을 독자들은 특별히 유념해야 한다. 모든 성적 관계에서 (다른 것도 마찬가지지만) 도덕은 힘이 좌우하게 되어있다. 여자는 한창 나이때에도 아주 나약한 존재에 불과하며, 마음 깊숙한 곳으로부터 항상 무한정한 사랑을 할 수 있는 상태다. 따라서 안정된 번식과 자식부양을 위해, 완전히 종속된 처지에 머물러야만 한다. 자고로 여자는 남자의 완력에 의해 포획 당한 몸으로서, 굳이 부양하고 보호하는 차원을 떠나서도 "쇠사슬에 묶어" 관리할 필요가 있다. 만에 하나 이 사랑스러운 생물체가 주인의 통제를 벗어나 남자와 동등해지거나 우위에 선다면, 그야말로 남녀 할 것 없이 종족 전체에 재앙이나 다름없는 결과로 이어질 수 있다. 태초부터 남자는 자기 아내를 힘과 기지로 사로잡아왔으며, 오늘날에도 사정은 마찬가지다. 혼례의식은 이처럼 아내에 대한 남편의 포획과정과 소유권을 상징적으로 재현한 것이다. 결혼반지가 바로 아내를 포박한 쇠사슬의 한 고리를 상징하며, 선사시대 동굴 속에서 신랑이 신부를 묶어 길들였던 사실을 암시하고 있다.

오늘날 우리 가운데 만연하고 있는 성적 타락은 전적으로 기독교

문명의 소산이다. 다시 말해서, 남자의 가치를 깎아 내리고 여자는 상대적으로 격상시켜 남자와 동등하게 취급한 결과다. 남편이 가정이라는 자기 세력권 내에서 절대적 지휘권한을 고수하는 한, 침대 속 결혼생활에 중독되는 상황은 발생할 수 없다. 만약 아내나 외간남자가 감히 남편을 욕보일 경우, 죽음으로 다스리는 것이 현실적인 억제책이라 할 수 있다. 마찬가지 방식으로 엄격하게 다루어진 딸들은 능글맞게 접근해오는 남정네들에게 헤프게 처신하는 법이 없다. 대신 좋은 자질을 타고났거나, 약육강식의 전투에서 능력과 기백을 충분히 증명한 진짜 남자를 배필로 맞이할 공산이 크다.

교회와 국가는 남녀의 성적 관계에 무단으로 개입함으로써 남자를 점점 하찮은 존재로 왜소화시킨다. 결국 이런 경향은 조직화된 매춘 시스템이나 성풍속 문란으로 이어지기 십상이다. 최근 이혼법정의 기록에 따르면 성적불륜현상이 들불처럼 번져나가는 추세임을 알 수 있다. 한 저명한 뉴요커가 최근 어느 공개석상에서 발언하기를, 뉴욕에 거주하는 기혼여성의 무려 3분의 2가 만성적인 불륜을 저지르고 있다는 것이다. 그런가 하면 비만한 몸집의 어느 설교꾼은 아예 자기 교회 여신도들을 상대로 소위 '이혼법정'이라 부르는 매춘부 생산공장을 통해 각자 '성스러운 자유의 기쁨'을 찾으라고 부추기는 실정이다.

무릇 여자란 존재는 그 3분의 2가 자궁이나 마찬가지다. 나머지 3분의 1은 신경선과 감정선으로 얽히고설킨 실타래라고나 할까. 그런 여자를 '해방한다'는 것은 곧 여자의 감상벽을 적절히 이용할 줄 아는 목사들의 재량에 여자를 넘겨주는 것을 뜻한다. 일단 그러고 나면 부당한 신앙고백이 힘을 키워가고, 심지어 '남자의 총체적 의무'까지 각인시키려고 든다. 어느 정도 시간이 지나면, 악마적인 목회이론이 정치학에 영감을 불어넣고 나라를 주무른다. 그때 국가는 개인의 독재자가 된다. 퇴행과 사회학의 이종교배가 진흙홍수처럼 밀려드는 가운데 남자의 위상은 현저히 하락한다.

매춘제도 역시 부자연스러운 상황의 직접적인 산물로서, 정치꾼과 성직자가 작당한 말세적 작품이다. 많은 나라에서 이 역겨운 체제가 법률로 지정되어 있다. 모든 대도시에서 매춘은 매우 효과적이고 확실한 세수원(稅收源)이다. 대도시란 하나의 거대한 종양이다. 그리고 거대한 종양은 선천적 혈액독성의 확실한 징후다. 소돔과 고모라를 파괴한 것은 분명 잘한 일이었다.

우리의 현대판 소돔이 완전히 허물어진다면, 자연이 그 영원한 순수함 속에서 얼마나 기뻐하겠는가! 이 소돔의 칙칙한 묘터를 얼마나 눈부신 광휘로 뒤덮겠는가!

지금과 같은 식의 발전이 계속된다면, 이런 기록이 역사에 새겨질 날도 그리 멀지 않았다. "미국에서 결혼제도란 존재하지 않는다." 여기에서도 남자에게 치명적 위협이 될 요소가 다수의 노예적 발상과 더불어 잠복해있다. 이혼제도의 그럴듯한 형식 속에 숨겨진 악마적 책략은, 한때 북아메리카를 침략한 자랑스러운 순수혈통 색슨족을 사이비 사회주의적 자유연애 신봉자 패거리로 순식간에 전락시키는 중이다.

가정의 신성함이 사라지고 있다. "남자의 집은 그의 성채"라는 표어도 이제 그 힘을 상실했다. 결혼하는 사람들이 점점 줄어들고, 국가 차원의 신생아 양성은 글자 그대로 파탄상태다. 국가의 부적절한 개입과 목회를 빙자한 종교적 간섭으로 가정생활은 갈수록 피폐해져간다.

프랑스에서 벌어지는 일들을 살펴보아라. 정부의 관리가 강화되면서부터 남편의 절대권이 단순한 공상의 산물처럼 취급되고 있다. 그러다 보니 어떤가? 나라 전체가 지옥의 하수구 속으로 빨려들 듯, 공산주의적 성애(性愛)의 도가니로 전락하지 않았는가! 프랑스 여자의 바람기는 악명이 자자하다. 아무리 역겨운 성적 욕구도 그곳에서는 자연스럽게 통용되고, 아무렇지도 않게 웃고 넘어간다. 그와 같은 성풍속의 문란에 피임 같은 구체적 방식까지 가세하는 상황은 급기야 사회적 불임이라는 끔찍한 결과로 이어진다. 한때 강성했던 프랑크족 공동체가 지금은 쇠약증을 앓는 허약한 종족으로 전락해, 아시아계의 전횡[180]에 속수무책으로 휘둘리는 꼴이 되고 말았다.

남자로서 자기 여자를 소유할 자격과 권리는 교회나 국가 또는 다수결의 원칙과는 애당초 무관한 것이다. 그것은 남자라는 존재 자체에 뿌리를 둔 것이다. 그것은 포획으로 시작해서, 서로의 애정과 관용 그리고 부모로서의 사랑을 통해 조금씩 변화를 겪는다. 국가라는 괴물이 만들어지기 전부터 그것은 존재했다. 교회와 국가(이들은 쌍둥이 악마다)가 궁극적으로 해체된다 해도, 그것은 끝끝내 건재할 것이다. 기독교 교회는 원래 로마제국과 시리아 지방의 노예들 가운데서

---

180) 19세기 프랑스 사회에 막강한 실력을 행사하던 유대계 프랑스인의 영향력을 말하고 있다.

발흥한 것이다. 그 주도자는 다름 아닌 은밀한 통정의 결실이었고 말이다.[181] 그는 평생 결혼을 하지 않고 주막의 여주인이나 최하층민 여성, 창녀와 어울리며 살았다. 한 유명한 사례에서 침묵을 고수함으로써 사실상 그는 간통을 두둔했다. 아울러 애매모호한 낙원(사회주의자와 아나키스트들이 이 지상에 도래할 것이라 줄기차게 주장하는 바로 그것)에 관하여 이야기할 때마다 그는 결혼이란 타당하지 않다는 주장을 흘리곤 한다.

초창기 3백 년 동안 기독교도는 '자유연애자'를 지칭하는 다른 이름이었다. 그들은 카타콤베를 비롯한 여러 비밀장소에서 모임을 갖고, 오매불망 '종말의 날'이 닥치기 전까지 난교(亂交)의 향연을 실컷 즐겼다.[182]

중세 수도원과 자선을 빙자한 신도공동체의 역겨운 풍속도에 관해서는 익히 알려진 터라, 가볍게 언급하고 넘어가겠다. "자위행위가 밥 먹듯 행해지는 그곳 밀실들"은 자연에 역행한다는 악명으로 이름 높다. 독신남녀의 거처뿐 아니라 교회나 신전의 제의실은 항상 불결함과 음란함의 온실이었다.

초기 교회는 알라리크[183]라든가 아틸라[184]가 이끄는 침략세력이

---

181) 이는 2세기 그리스 철학자 켈수스(Celsus)가 처음 제기한 이후, 중세 탈무드 문헌에까지 일종의 전설처럼 거론된 예수의 반기독교적 탄생비화를 암시한 표현이다. 그 내용은 예수가 마리아 막달레나라는 창녀와 로마군인 판데라 사이에서 태어난 씨앗이라는 설이다.

182) 고대 교회사에 대해 잘 모르는 기독교인은 이 부분에 대해 즉각적인 반박부터 할지 모른다. 하지만 초창기 교회공동체에서는 (오늘날의 시각에서) 성적 향연이라고 충분히 볼 수 있는 행위와 의식이 광범위하게 통용되었다는 것이 정설이다. 이는 초기 기독교가 근본적으로 고대세계의 비의적 종교에서 의식의 많은 부분을 끌어왔다는 사실로 일부 설명이 가능하다. 예컨대 '동정녀 마리아'의 원형은 고대에 널리 숭배되던 풍요의 여신이었다.

로마제국 영토로 밀려들자, 그들을 의식해서 공산주의적 자유연애 입장을 포기했다. 아울러 이와 같은 변화를 재가하고 문헌상 근거를 마련해주기 위해, 교회는 소위 '성인들의 서간'을 광범위하게 조작하여 유럽 전역에서 주도면밀하게 출판했다.[185]

오늘날은 어떤가? 민주주의의 의기양양한 등장과 더불어 온갖 천박한 노예적 풍속이 활발히 되살아나고 있다. 정말이지 민주주의의 득세는 사실상 파탄의 시작이요, 이종교배의 개가일지니! 보라! 이것이 바로 이교도를 눈처럼 희게 정화해준다던 구속(救贖)의 정신이로다!

현대의 많은 교회는 단순한 '교제(交際)장소'보다 나을 것이 별로 없다. 빈민가 길목에서 그럴듯한 제복차림으로 종을 흔드는 구세군은 거창하게 동원된 비열한 종자들이다. 어느 패기만만한 목사는 자유연애가 판치는 아방궁을 조성해놓고 제왕노릇 해가며, 그곳을 아예 '천국'이라 불렀다고 한다. 그곳에 머물던 지극히 못생긴 '천사' 한 명은 자신이 성령으로 임신했다는 공개증언을 마다하지 않았다. 결국 그 성령의 아들은 아주 인간적인 방식으로 분만되었지만 말이다.

---

183) 알라리크 1세는 서기 370년에서 410년까지 활동한 서고트족 왕이며, 그리스와 이탈리아를 약탈하다가 410년에는 로마에 입성했다.

184) 아틸라는 서기 406년에서 453년까지 활동한 훈족의 왕으로, 로마인들 사이에서 '신의 징벌'이라 불릴 만큼 공포의 대상이었다.

185) 교회문서 위조의 역사는 교황의 세속적 권한이 증대됨에 따라, 이를 뒷받침하기 위한 필요에서 매우 조직적으로 이루어진 것이다. 그중에서도 세속의 황제권에 대한 교황권의 우위를 원천적으로 보장한 '콘스탄티누스 기증서'가 대표적 위조문건이며, '카노사의 굴욕'으로 유명한 그레고리우스 7세나 십자군전쟁을 개시한 우르바누스 2세 등은 문서조작을 담당하는 기관까지 따로 두어 운영할 정도로 이 문제에 적극적이었다.

원시 기독교 사상은 현재 총체적인 재생단계에 접어들었다. 이제 어떤 결과가 초래되는지 유심히 지켜보라! "아버지의 나라가 임하시며, 아버지의 뜻이 하늘에서와 같이 땅에서도 이루어지소서."라는 기도가 신속하게 물질화되고 있다.

신은 그 자신을 '법의 집행자' 거대한 조각상으로 일으켜 세웠으니, 국가가 그의 옥좌요, 교회는 그의 발판이라. 영광! 영광! 영광이로세! "우리 하느님의 구원을 세상 끝들이 모두 보았네!"[186] 오호라, 기독교가 사회제도로 구체화되니, 법률은 황금을 수확할 씨앗이로구나!

오, 라인 강과 다뉴브 강을 건너는 야만의 무리여! 북쪽 바다를 헤치며 들이닥친 금발의 해적이여! 오, 사자의 심장과 사자의 두뇌를 가진 용맹한 자들이여! 희망과 신념을 날선 검(劍)으로 벼려낼 진정한 기사단이여! 슬프구나! 슬퍼! 허무로다, 허무! 모두가 허무로다![187] 기사의 시대가 저물었나니, "지난날의 패기는 잠들고, 영광의 전율 또한 그렇게 멈추네."[188]

---

186) 시편 98장 3절의 패러디.

187) 전도서 1장 2절.

188) 아일랜드 시인 토머스 무어(Thomas Moore. 1779~1852)의 시 〈타라의 홀에 울려 퍼지던 하프 소리(The Harp That Once Through Tara's Halls)〉의 한 구절.

3

모든 현실적 행동에서, 원칙에 얽매이지 않는 자는 원칙에 얽매이는 자보다 확연한 이득을 누린다. 정직은 결코 성공하는 법이 없다. 성공하는 것이 정직했을 리 없기 때문이다. 전쟁과 사랑에서 공정한 게임이란 존재하지 않는다. 그리고 인생은 전체가 사랑과 전쟁으로 이루어진다. 마냥 정직한 사람은 객사하기 딱 좋다. 그들이 사업을 한다면 백전백패일 것은 불 보듯 뻔하다. 그러다가 노망이라도 들어 이제 갈 때가 되면, 친구 하나 없이 쓸쓸하게 병원문을 두드린다.

이를테면 사업을 하든, 글을 쓰든, 정치를 하든, 악행을 밥 먹듯 저지르는 자들과 맞서 싸워야 할 경우 양심적인 인간에게 과연 승산이 있을까? 그들이 보기에 이제 곧 깃털을 뽑아버릴 비둘기이자, 방아쇠만 당기면 쓰러질 사슴이며, 족쇄를 채울 죄인이자, 노리개나 삼으면 적당할 광인이고, 가죽을 벗길 양이거니와, 산 채로 불태워 죽여도 무방한 이교도 신세와 무엇이 다를까?

그렇다고 해서 통념적인 윤리관을 더 이상 신뢰하지 않는다며 공개적으로 떠벌리는 것은 분명 좋은 전략이 아니다. 적어도 세상에서 뜻을 이루길 원한다면 말이다. 총명한 자는 그런 문제와 관련하여 진짜 자기 입장은 섣불리 드러내지 않는다. 이때, 자신의 이단적인 윤리관을 감추는 최고의 가면은 오히려 윤리적으로 최대한 고결한 척 가장하는 것이다. 이는 매우 효과적인 전술이다. 도둑놈 중에서도 아주 고수들은 경건하고 양심적인 척하는 술수가 상상을 초월한다. 목사나 정치꾼, 언론인들이 그럴듯한 도덕적 가치를 화려한 언변에 실어 강조할 때, 십중팔구 무언가 꿍꿍이속이 있음을 간파하는 것은 그래서 중요하다.

'믿음'이라는 것은 하나의 술책, 기만의 수단이자 편리한 위장의 형식이다. 그렇기 때문에 종교적으로 경건하게 보이는 사람일수록 속은 시커멓고 도저히 믿을 수 없는 불한당인 경우가 허다하다. 보통 그런 자들의 인생 전체는 거짓으로 일관되기 마련이며, 행동과 사고의 진실한 면이 단순한 위선으로 변질되기 일쑤다.

정치가, 작가, 목회자, 역사가, 철학자, 언론인 등은 본디 자연을 기만하는 재주가 탁월하며, 기회만 있으면 이런저런 구실을 만들어대는 것으로 악명 높다. 자연에 반하는 퇴폐적인 취향과 독초(毒草)에 중독된 감각의 착란이 뼛속까지 스민 그들은 정직한 사고와 글쓰기는 고사하고, 제대로 말을 하는 것조차 버거운 상태로 전락한다. 무엇이든 가공하고 윤색하는 버릇 때문에 자기도 모르게 사기꾼이 되어버린 그들은, 무덤 파는 인부의 삽이 관 뚜껑에 부딪치는 바로 그 순간까지도 사기꾼으로 남을 것이다. 옛날 '산중(山中) 노인'[189]이 광신도들을 살인병기로 훈련시켜 세상에 내려보냈듯, 문명은 이들 약쟁이 지식인들을 단련시켜 인간의 본성을 압살하는 일에 내몰고 있는 셈이다. 그들은 사나이의 기백에 흠집 내고, 왕의 사고를 시해하며, 영웅의 행위를 방해한다. 내가 악마의 군단을 풀어 그들의 모가지를 죄다 비틀어

---

189) 11세기에 활동한 페르시아의 정치적 암살단 '하시신'의 창시자이자 두목인 하산 이븐 알사바흐의 별명이다.

버릴 수 있다면! 그들은 저 유구하고 장대하며 노련한 북구(北歐)의 현실주의를 히브리의 낡은 쓰레기 동방신화 거적때기로 뒤덮어버렸다. 그들은 마치 총포(銃砲)에 화약을 다져 넣듯 자기들 속에 무엇이 세뇌되어왔는지를 끊임없이 떠들어댄다. 그들의 배움은 양돈축사의 닳고 닳은 돼지의 배움. 그들의 미덕은 고지식한 수도승의 미덕. 머리가 아둔하다 보니, 미리 입력된 악보대로만 돌아가는 손풍금처럼… 달이 가고 해가 가도, 옛날 그 곡조만 줄기차게 토해낼 뿐이다.

4

인생에서 눈에 띄게 성공한 사람들, 이를테면 장군이라든가 귀족, 기업주, 고위 성직자, 부유한 은행가는 인위적인 도덕원칙 때문에 고민하지 않는다. 그들은 마음속으로 성서의 모든 복음들을 경멸하며, 사회의 법적 영향력이 미칠 수 없는 곳에서 삶을 영위한다. 다수결로 제정된 규칙과 법에 부응하지 않는다는 지적은 왕, 정복자, 백만장자에게 극히 일상적인 것이다.

누구나 다 알만큼 뻔하고 틀에 박힌 원리원칙에 꽁꽁 얽매여 인생을 살아가는 사람은 승자가 되기 어렵다. 소싯적부터 도덕교과서나 부둥켜안고 법대로만 살아온 주제에 반드시 인생에서 성공하겠다며 큰소리치는 사람은, 전쟁터에 나서기 전 자기 오른손을 등 뒤로 묶는 것도 모자라 적의 신체 중 어느 한 곳만을 쏘아 쓰러뜨리겠노라 장담하는 군인에 비할 수 있다. 그처럼 정신 나간 군인이 승리를 희망할 수 있을까? 더군다나 상대는 그런 어리석은 제약들로 자신을 구속할 일도 없을뿐더러, 거침없는 용맹과 무장상태를 자랑할 경우, 과연 이쪽에 승산이 있을까?

일찍이 홉스는 《리바이어던(Leviathan)》에서 이렇게 썼다. "흔히들 '유스 나투랄레(JUS NATURALE. 自然法)'라 부르는 자연에서의 정의(正義)란 인간이 자신의 본성과 삶을 구현하기 위해 자기 역량을 총동원할 자유를 의미한다. 자기 판단과 이성에 따라 인생에 가장 적절하다고 여겨지는 한, 어떤 행동이든 취할 자유 말이다." 다수가 정한 터무니없는 도덕적 원칙들에 스스로 지배당하는 것을 용납하는 자는 날개가 꺾기고 발톱이 부러진 독수리와도 같다.

전쟁에서 너의 최종목표는 적의 움직임을 무력화시켜 분쇄하는 것이다. 그걸 효과적으로 관철시키려면 계략에는 계략으로, 무력에는 무력으로 맞서야만 한다. 드러내놓고 싸우든 은밀히 싸우든, 바다에서 싸우든 육지에서 싸우든 혹은 공중에서 싸우든, 너는 만반의 준비가 되어있어야 한다. 너는 직접 나서서 전쟁을 치러야 하고, 너 자신이 주도적으로 작전을 짜야 한다. 노예를 앞세우거나 숭배자를 불리는 것은 소심하고 겁이 많아서 하는 짓이다. "그러니 필리스티아인들아, 사나이답게 힘을 내어라!"[190]

타키투스는 진정한 로마인의 위엄을 갖추고 말했다. "신들은 고결

---

190) 사무엘상 4장 9절.

한 용기를 흐뭇하게 굽어살피신다." 허버트 스펜서의 거친 발언도 경청할 만하다. "자기 자신을 지켜낼 힘이 없는 존재는 죽어 마땅하다." 하여, 파리한 혈색에 무기력한 인간들은 죄다 폐기처분해서 질 좋은 거름으로나 써먹을 일이다. "악인들의 자손은 뿌리째 뽑히리라"[191] 했거늘, 과연 맞는 말이로다!

우리 시대는 모든 것을 뛰어넘는 인간을 원한다. 강단(剛斷)이 살아있는 인간, 눈 하나 깜빡하지 않고 죽음을 응시할 각오가 되어 있는 인간 말이다! 보라, 이 몸이 새로운 성명을 공표한다. "지금껏 공정함을 표방한 자는 거짓말쟁이였다."

너의 적이 어떤 무기를 가지고 있든 너는 그것보다 두 배 더 강력한 무기를 가져야 한다. 적이 정면 공격에 능하다면, 너는 매복을 통해 놈의 측면을 노려야 한다. 또는 몰래 우회해서 그 후위를 쳐야 한다. 어디까지나 적을 교란하고, 속이고, 끌어들여, 뒤통수치는 것이 관건이다. 도덕적으로 마음에 걸린다든지, "세상이 무어라 말할까?"라는 식의 고민이 발목을 잡는다면, 너는 남의 밑에서 굴러야 할 팔자다. 그러니 알아서 기는 게 낫다. 남을 이기고 올라설 희망이 없으니, 차라리 다시 태어나길 바라는 게 빠르다.

텅 빈 무덤 위로 성공가도가 펼쳐진 예는 없다. 드넓은 세상 전쟁터에서 모든 인간은 전사일 수밖에 없다. 그렇다면 유능한 전사가 되기 위해, 인간은 계산적이고 냉정한 두뇌회전 뿐 아니라, 무자비한 전

---

191) 잠언 37장 28절.

략과 담력, 강력한 무기와 불굴의 결단력까지 갖춰야 한다.

샴쌍둥이조차 평생에 걸친 내전을 치른다.[192] 앞서 충분히 살펴보았듯이 인간은 육식동물의 왕이다. 호모 호미니 루푸스(HOMO HOMINI LUPUS).[193] 선천적으로든 후천적으로든, 모든 육식동물은 사냥에 성공하기 위한 전략을 갖추게 되어있다. 예컨대, 달리 먹잇감을 잡을 방법이 없을 경우, 납작 엎드려 때를 기다린다. 그러다가도 마음만 내키면 조금도 주저 없이 전격적인 사냥에 나선다. 사람이든 짐승이든, 우수한 포식자가 사전에 정한 법칙에 따라서만 사냥을 하는 경우는 없다. 만약 그랬다면 번성하지도 못했을 것이고, 아마 죄다 굶어죽었을 것이다. 포식자의 우수성은 샘솟는 순발력에 있다. 상대가 도저히 예상치 못할 행동을 하는 것, 그 어떤 도덕적 잣대도 가볍게 뛰어넘는다는 바로 그 점 말이다.

최고 지도자로서 탁월한 자질은 인간적인 선량함과는 거의 아무런 관계가 없다. 대개 무자비한 전략에서 드러나는 대담한 공격성과 독창성이 그것을 가늠하는 기준으로 작용한다. 가령 완전히 도망친 것처럼 보이는 순간, 급선회하여 추격자들을 단번에 섬멸해버리는 식이다. 그런가 하면 적이 단단히 준비를 하고 있을 땐, 쥐도 새도 모르게

---

192) 19세기 당시 세계적으로 큰 화제가 되었던 샴쌍둥이 창 벙커와 엥 벙커 형제의 이야기다. 지금의 태국인 샴에서 1811년에 태어난 이 형제는 1829년 한 영국인 상인의 눈에 띄어 미국으로 건너온 뒤부터 최초의 샴쌍둥이로 세상에 알려지게 되었다. 형제는 1874년 1월 17일 둘 다 사망하기까지 미국시민으로 자수성가하여 두 아내와 함께 슬하에 21명의 자녀를 두었다.

193) "인간은 인간에게 늑대와 같은 존재다." 로마의 희극작가 티투스 마키우스 플라우투스(Titus Maccius Plautus, BC 254~184)의 작품 〈아시나리아(Asinaria)〉에 나오는 구절.

슬그머니 자취를 감춰버린다.

자기 조국의 국경선을 따라 수비대를 포진할 것이라는 소문이 나돌 즈음, 느닷없이 라인 강을 건너 파리로 쇄도한다.[194] 모스크바를 고스란히 놔두고 퇴각할 것이라 여겨졌을 땐, 난데없이 그 도시 전체를 깡그리 불태워버린다. 급기야 눈과 얼음에 갇힌 적이 얼어 죽을 지경에 이르자, 이번에는 그 머리 위에 집중포격을 가한다.[195] 머리 좀 굴린다는 자들이 하나같이 갈리아 지방을 석권해 식민지를 개척하리라 내다보는 사이, 막상 그 장본인은 루비콘 강을 건너 로마로 진군한다.[196] 적이 이탈리아 평원에서 전투태세를 갖추고 있을 때, 전격적으로 페니키아의 바다를 건너 아프리카 대륙으로 전쟁을 몰아간다.[197] 바빌로니아 성벽을 치는 중이라고 알려진 사이, 강줄기를 따라 새로운 통로로 벨사차르의 왕궁에까지 이른 다음 그 벽에 "므네 므네 트켈 우파르신(MENE MENE TEKEL UPHARSIN)"이라고 쓴다.[198] 북을 치고 군기

194) 여기서부터는 탁월한 전술로 역사상 유명한 전쟁에서 승리했거나 외교적, 정치적 성공을 거둔 최고 지도자들의 일화를 짤막하게 언급하고 있다. 지금 이 대목은 프로이센 프랑스 전쟁을 승리로 이끈 비스마르크의 일화.

195) 1812년 나폴레옹 군대에 초토화 전술로 맞선 러시아 총사령관 쿠투조프 장군의 일화.

196) 로마로 진격해 쿠데타를 성공시킨 카이사르의 일화.

197) 한니발의 카르타고에 대항해 제2차 포에니 전쟁을 승리로 이끈 로마군 사령관 스키피오 아프리카누스의 일화.

198) 바빌로니아 벨사차르 왕의 허를 찔러 멸망시킨 페르시아 왕 퀴루스 2세의 일화. 〈구약〉 다니엘 5장 24절과 25절에는 이렇게 기술되어 있다. "그리하여 하느님께서는 손을 보내셔서 저 글자를 쓰게 하신 것입니다. 그렇게 쓰여진 글자는 므네 므네 트켈 그리고 파르신입니다. 그 뜻은 이렇습니다. 므네는 하느님께서 임금님 나라의 날수를 헤아리시어 이 나라를 끝내셨다는 뜻입니다. 트켈은 임금님을 저울에 달아보니 무게가 모자랐다는 뜻입니다. 프레스(파르신의 단수형태)는 임금님의 나라가 둘로 갈라져서 메디아인들과 페르시아인들에게 주어졌다는 뜻입니다."

를 휘날리며 해안의 비탈지대를 행군해 올 것이라는 수비대의 예상을 따돌리고, 야밤을 틈타 에이브러햄 고지로 기어오르더니 덜컥 퀘벡을 함락시킨다.[199] 서방 외교관들이 모두 콘스탄티노플로 치고 들어올 거라 생각하는 동안, 증기기관차로 만리장성을 돌파해 빈사상태이던 중화제국의 '권리증서'를 코트 주머니 속에 챙긴다.[200]

5

인간이라는 동물은 전적으로 도덕적일 수 없다. 여우나 유대인처럼 천성적으로 간교하기 짝이 없는 존재이기 때문이다. 혹여 정신이 깜빡해 야수의 성향을 버리기라도 한다면, 그 즉시 퇴화가 진행되어, 결국에는 보기조차 역겨운 병든 괴물 신세로 전락하고 말 것이다. 스스로 정직하고 선한 존재가 되고자 애쓰는 인간은 우상의 제단에 자기 자신을 희생 제물로 고스란히 바치는 꼴이다.

만약 모든 인간이 진정으로 정직하다면, 정직함 자체에 아무런 문제도 없을 것이다. 하지만 단 1퍼센트의 인간이라도 부정직하다면, 정직함은 치명적 결함이 될 수 있다. 그런 상황에서는 나머지 99퍼센트의 인간이 바로 그 1퍼센트 인간에게 희생될 것이기 때문이다. 정직한

---

199) 1759년 퀘벡의 프랑스 주둔군을 야간기습 작전으로 궤멸시킨 영국군 울프 장군의 일화.

200) 청나라를 상대로 아이훈 조약과 베이징 조약을 체결함으로써 이권을 챙긴 러시아 차르 알렉산드르 2세의 일화.

상인은 부정직한 상인 때문에 파산한다. 정직한 지휘관은 부정직한 지휘관에게 허구한 날 당한다. 정직한 노동자는 부정직한 노동자 때문에 일자리를 잃는다. 정직한 법관은 부정직한 법관의 모함을 받는다. 정직한 국가는 부정직한 국가의 지배를 받아 노예상태로 곤두박질친다.

정직함은 단지 정치적 수사일 뿐이다. 인간의 노력이 투여되는 모든 분야에서 정직함이란 진짜 의도를 감추기 위한 망토와도 같다. 마치 기습용 병력을 은폐하기 위해 우거진 숲이라든가, 협곡, 약간 솟은 둔덕 이면을 지형적으로 활용하듯이 말이다.

그렇다면 부모들은 왜 무방비상태인 자기 자식의 정신 속에 도덕적 행위에 관한 거짓개념을 주입시키고 있는가? 부모들 스스로 그런 개념이 부와 권력을 향한 경주에 치명적인 장애가 된다는 것을 경험을 통해 잘 알고 있을 텐데 말이다. 통째로 거짓이라는 걸 너무나도 잘 알고 있는 덧없는 이상들을 집에서든 학교에서든 아이들에게 가르치면서 그 결과로 품격 있는 처신을 기대하다니, 이 얼마나 어리석은 작태인가! 한 젊은이를 '도덕적 원칙'으로 잘 단련시켜 세상에 내놓아 보라. 99퍼센트 그에게 불리한 결과로 이어질 것이다.

과연 대다수 사람들은 중년의 나이가 되어서야 겨우 인생의 성공을 맛본다. 이는 거짓된 이상주의의 허물을 벗어버릴 만한 시간이 지나야, 인간은 비로소 세상을 바로 보기 시작한다는 뜻이다. 자연에 반하는 이상이 영웅의 계보를 일군 적은 결코 없으며, 앞으로도 그럴 것이다. 모든 위대한 종족이 포식자인 이유다.

식인호랑이는 안다. 으르렁거리며 의도를 노출하거나 시야가 트인 곳에서 사냥감에 달려들면, 십중팔구 자기 머리에 먼저 총알이 박힌다는 사실을. 그래서 놈은 바위그늘이나 통나무 뒤에 숨어 있다가, 기회다 싶은 순간 '저녁식사거리'를 향해 도약한다. 이는 두 발로 걷는 육식동물에게도 똑같다. 그 상당수가 사람을 잡아먹는 호랑이와 다를 게 없으며, 나머지는 그들의 먹이로서 존재한다. 요는 문명세계의 도덕주의가 전적으로 비합리적이라는 사실이다. 본질적으로 반(反)자연적이고 전혀 효력이 없다. 기독교의 원칙과 자연의 원칙은 서로를 반대한다. 자연은 적(敵)그리스도(Anti-Christ), 다윈주의는 히브리사상(Hebraism)의 천적이다.

자연의 명령은 "이기주의자가 되어라. 지구를 차지하라. 그러기 위해 싸워라"이다. 반면 예수는 강변한다, "이타주의자가 되어라. 세상을 버려라. 그리고 원수를 사랑하라." 다윈은 선언한다, "너희 모두는 서로를 잡아먹는 경쟁자다! 그러니 강하고, 대범하며, 두려울 것이 없는 존재가 되어라." 반면 그리스도는 "너희 모두는 서로 사랑하는 형제들이다! 그러니 겸손하고, 착하며, 성령을 두려워하는 존재가 되어라"라고 가르친다. 예수는 추종자들에게 구원받기 위해 기도하라고 다그친다. 다윈은 스스로 깊이 깨달은 투쟁의 법칙을 친절하게 공개한다. "일하기 싫어하는 자는 먹지도 말라"는 것이 사도의 선언이다.[201] 반면 "싸우기 싫어하는 자는 먹을 수도 없다"는 것은 자연의 살

---

201) 데살로니가후서 3장 10절.

벌한 논리다.

목사가 공허한 소리로 떠벌린다, 주는 것이 받는 것보다 행복하다고. 그러나 보편적인 상식이 말한다, 받는 것보다 **빼앗는** 것이 즐겁다고. 인간을 착취할 인간의 권리를 부정하는 자는 인간의 행위가 아닌 자연의 질서를 문제 삼는 것이다.

자, 그렇다면 과연 누가 옳은가? 앵글로색슨족인가 아니면 이스라엘 족속인가? 과학자인가, 언변 좋은 마법사인가? 서방세계의 사상가인가, 동방의 몽상가인가? 무엇이 진정한 신앙인가? 야벳의 논리인가, 셈의 우화인가?[202]

6

상식으로는 옳고 그름의 정확한 해결책을 제시할 수 없다. 인간 자체를 한정할 수 없기에, 모든 도덕철학은 거짓이고 허무하다. 놀랍게도 윤리의 영역에서 오늘날 무얼 좀 안다고 자부하는 대다수 인간들은 지극히 광신적이고 터무니없게 완고하다. 그들은 윤리원칙들을 마치 반석 위의 집이라도 되는 양 생각하고 있다. 그 집이라는 것이 근거 없는 가설이며, 반석 같은 것은 아예 존재하지도 않는데 말이다.

---

202) 〈구약〉 창세기에서 셈과 야벳은 노아의 아들들인데 야벳은 유럽인의 조상으로, 셈은 유대인의 조상으로 여겨진다.

선과 악은 오로지 인간의 마음속에 살고 있다. 그것들은 실재가 아니고 그림자다. 그저 믿음이고 환영(幻影)일 뿐이다. 정신이 돌아도 한참 돌아야 제 그림자를 실재와 착각할 수 있다.

무엇이 옳고, 무엇이 그른가? 이 본질적인 질문은 시대를 불문하고 제기되어왔으며, 그에 대한 대답 또한 시대를 불문하고 제시되어왔다. 사실상 옳고 그름이란 최면상태의 망상을 드러내는 임의의 대수학적 기호에 지나지 않는다. 오만한 종교적 믿음의 철지난 파편들이 상징화된 잔재일 따름이다. 자연에서는 모든 변천상이 본질적으로 하나이고, 동일한 현상이 무한정 섞이고 삼투한다. 선과 악은 인간이 만들어낸 것이다. 인간의 어리석음과 편협함, 근시(近視)의 결과다. 자연이 어디로 향하는지를 완벽하게 이해하기에는 인간이라는 유기체의 두뇌가 너무 작고 보잘것없다. 우리에게 옳지 않아 보이는 것이 자연에게는 옳은 것일 수 있으며, 그 역도 마찬가지다.

오늘을 사는 우리는 빈틈없는 윤리적 체계를 세우기보다, 빈틈없는 종교, 철학, 정치체제를 세우는 것이 쉽다. 우주는 무한한 유동상태인데, 인간이라는 버러지는 저 혼자 열 받아 끝없이 투덜대고 있다. 인간은 뜨겁게 달궈진 증류기 속의 부글거리는 거품들과 더불어 끊임없이 데굴거리며 요동치는 코르크 조각에 아무런 목적 없이 얹혀산다. 자신의 영역 안에서 인간 하나하나는 최고의 결정권자이고, 또 그래야 하지만, 그 영역을 벗어나는 순간 아는 것이 전무하다. 하물며 철학을 논해 무엇하랴!

고타마 싯다르타부터, 마르두크(고대 메소포타미아의 주신), 이슈타르

212

(메소포타미아의 대표적 여신)를 거쳐 그리스도, 마호메트, 베드로, 마르틴 루터, 장 칼뱅, 브리검 영에 이르기까지, 소위 미래를 알아맞춘다는 예언자들은 하나같이 아녀자나 뜨내기 천민들의 속기 쉬운 감상벽과 아둔한 심성을 자극해 등쳐먹는 자들이었다. 가짜 선생이 자기 이론 안에서 정말로 진지하고 성실할 수는 있을 것이다. 하지만 그렇다고 내재적 신성(神性)이 증명되는 것은 아니다. 지금껏 많은 가짜 예언자들이 자신들의 견해 때문에 살해당했다. 예외라면 유다의 나사렛 예수와 일리노이 주 '나우부'[203]에서 활동한 조셉 스미스가 있다. 모르몬교 창시자의 (정치인들이 들고일어나 주장한) 처형과 기독교 창시자의 (제사장들이 들고일어나 주장한) 처형은 서로 정확한 닮은꼴이다. 요는 총격으로 죽든 십자가에 매달려 죽든, 그것만으로는 신성이나 정직함이 충분히 증명되지 못한다는 사실이다.

옳고 그름이란, 위와 아래, 동쪽과 서쪽처럼, 일정하게 고정된 의미라기보다는 서로에게 상대적인 개념일 뿐이다. 암거위에게 좋은 것이 수거위에게는 좋지 않을 수 있다. 뉴펀들랜드는 시카고의 동쪽에 있지만, 베를린에서 볼 땐 서쪽에 위치한다. 모든 것이 관점에 따라 다르다. 결과적으로, 어떤 시대에 옳은 것이 다른 시대에는 전혀 옳지 않을 수 있다는 얘기다.

로마시대 자유시민이 할례를 치른 유대인을 존중하는 것은 지독한 불경과 이단, 반역으로 통했다. 반면, 오늘날 유럽과 아메리카에서 그

---

203) 히브리어로 '아름답다'는 뜻의 모르몬교도 정착촌.

것은 지극히 자연스럽고 권장할 만한 일로 여겨진다. 심지어 어떤 주어진 상황에서 누군가에게 옳았던 것이 또 다른 상황에서는 동일인에게 매우 그릇된 것이 될 수도 있다. 올리버 크롬웰은 철기군을 이끌었을 당시 왕의 절대권력을 악의 근원으로 생각했다. 그러나 공화국의 수반이 되어 자신의 손아귀에 그 권력이 들어오자, '지고의 재량권'이라며 그것을 옹호했다.

아메리카를 예로 들어보자. 남북전쟁 당시 정부군이 '반란군'을 사살하는 것을 사람들은 '영광의 승리'라 불렀다. 그런데 독립전쟁의 불씨가 된 소요사태 때 정부군이 식민지 반도(叛徒)를 사살하자, 모두가 "사악한 학살"이라 불렀으면서 말이다.

부자집단이 가난한 사람들을 착취하는 것은 사업적 수완이고, 정치력 발휘이며, 자본의 논리다. 반면 가난한 집단이 부자들을 털면 그것은 절도행각에 도둑질, 강도질, 반란이 되고 만다. 앵글로색슨 침략자가 인도에서 감금, 살해당했을 때 그것은 유혈폭동이자 무자비한 살인행위였다. 하지만 바로 그 침략자가 세포이(인도인 용병) 반란군을 소탕하고 심지어 대포의 포구에 몸뚱이를 묶어 발포함으로써 산산조각 내버리자, 그것은 법과 질서를 바로 세우는 일이 되었다. 쿠바 게릴라가 에스파냐 병사들을 죽이자 미국신문들은 일제히 이것을 '전쟁'으로 인정하여 보도했다. 한데 에스파냐 병사들이 보복에 나서 쿠바인들을 죽이자, 이번에는 "웨일러 장군에 의한 끔찍한 도살행위"[204]라며 비난의 표적이 되는 것이었다. 에스파냐 본국에서는 '도살자들'이 영웅으로, 쿠바의 애국자들은 무법자에 떼강도, 잔인한 검둥이 살인마로 묘사되었고 말이다. 모든 것은 관점에 의존한다.

승리가 모든 것을 정당화한다. 추상적인 윤리의 영역을 아무리 뒤져도, 진솔한 사람의 마음을 움직여 결단을 내리게 할 만한 다른 요소는 없다. 사회학적인 관점에서 볼 때, 윤리적 원칙들은 경쟁관계의 무력 간 충돌로써 결정되기 마련이다. 정의는 언제나 승리의 깃발에 새겨진 것이었고, 불의는 패배의 질질 끌리는 넝마에 수놓아진 것이었다.

갈리아의 지도자 브렌누스[205)]가 클루시움을 공격했을 때, 로마의 사절이 이렇게 따져 물었다. "도대체 클루시움 사람들이 당신들에게 무슨 잘못을 했다고 이러는 겁니까?" 그러자 브렌누스는 껄껄 웃더니 대답했다. "이들이 나와 땅을 나누려고 하지 않은 게 잘못이다. 알바, 피데니아, 아르데아 사람들이 로마인에게 저지른 바로 그 잘못 말이다. 최근에는 비에니아와 팔리스키, 볼스키 사람들도 그대들에게 같은 잘못을 저지르지 않았는가.[206)] 그대들은 무기를 들고 저들의 피로 모욕을 씻음으로써 분을 풀었다. 저들을 쓰러뜨리고, 집을 약탈하고, 도시와 땅을 파괴했다. 그건 결코 잘못한 일도 불의한 일도 아니다. 약한 자의 재물이 강한 자의 차지가 된다는 오랜 섭리를 따랐을 뿐이

---

204) 에스파냐 장군 발레리아노 웨일러(Valeriano Weyler, 1838~1930)는 1896년 쿠바 총독으로 부임해 반란을 무자비하게 진압했다. 그는, 당시 무역상대국으로서 쿠바의 독립에 우호적이었던 미국 언론의 집중포화 대상이었다.

205) 브렌누스(Brennus)는 기원전 394년 군대를 이끌고 사상 최초로 로마를 공격해 약탈을 감행한 갈리아 군주다.

206) 클루시움은 이탈리아의 에트루리아 지방 도시. 알바는 옛 에스파냐의 영토. 피데니아와 아르데아, 팔리스키, 볼스키 모두 옛 이탈리아 영토이며, 비에니아는 현재의 빈이다.

다. 신들로부터 시작해 짐승에 이르러 끝나는 자연의 절대법 말이다. 그러니, 오 로마인들이여, 클루시움 사람들을 향한 동정심은 그만 접어라. 우리 갈리아인에게 연민은 아직 낯선 감정이다. 섣부른 감정을 불어넣으려 하지 마라. 그렇지 않으면 우리 또한 그대들이 짓밟은 자들에게 동정심을 갖게 될 테니."

역사는 이와 유사한 논리로 가득하다. 예컨대 브루투스는 친구이자 은인인 율리우스 카이사르에게 칼침을 놓았지만, "가장 고결한 로마인"이라는 평가를 얻어왔다. 반면 에이브러햄 링컨을 살해한 존 윌크스 부스는 언제 어디서나 사악한 암살자라는 오명을 벗지 못하고 있다.

사실 법이 작동하는 방식 자체가 옳고 그름의 모순적 본질을 적나라하게 표출한다. 가령 법을 위반한 시민은 판사 앞에 불려나가 수차례 교차심문을 거친 다음, 국가가 만든 수감시설에 장기간 갇혀 지낸다. 반면 정치인과 공무원은 나라에 해를 끼치는 대가로 금품을 받기 일쑤이며, 각종 법률을 위반하면서도 법적 제재위협을 전혀 개의치 않는다. 더할 나위 없이 가증스러운 범죄까지도 국가의 체제적 묵인을 통해 얼마든지 무죄판결이 가능한 세상이다. 일종의 면죄부 발부나 다름없는 이 같은 권한으로, 국가는 이제 서서히 교회의 위상을 대신하고 있다. (과거 프로테스탄트들이 개인의 종교적 사고를 폭압적으로 좌우하는 교회에 반기를 들었다면, 미래의 프로테스탄티즘은 개인의 삶과 가치판단을 통제하고 왜곡하는 정치권력에 맞서야 할 것이다.)

"선한" 기독교인이라면 누구나 예수에게 가해진 일종의 사법살인을 극악무도한 범죄로 여긴다. 하지만 야엘이 시스라를 기만하여 살해하고, 모압 왕 에글론이 암살당한 것에는[207] 환희의 찬송을 마다하지 않는다. 가톨릭과 프로테스탄트가 "하느님의 영광과 그 이름을 거룩히 떠받드느라" 서로를 산 채로 불에 태운 것은 비교적 최근까지 벌어진 일이다. 그들 양진영 모두 각종 기발한 고문도구들을 동원해 자신의 옳음을 주장해온 것이다. 프로테스탄트는 여전히 신의 어머니를 숭배하는 것이 죄라고 생각한다. 하지만 가톨릭은 아이를 분만한 뒤에도 처녀성을 잃지 않은 히브리 여자를 신격화하는 것이 옳고 정당하다 여기고 있다.

돼지고기와 콩을 먹는 것은 유대인들에게 대단히 거북한 짓이지만 평범한 보스턴 시민들에게는 얼마든지 가능한 일이다. 위스키를 마시는 것이 튀르크인에게는 부정한 짓이지만, 스코틀랜드 사람에게는 기분을 좋게 하는 묘책이다. 구운 쇠고기는 "야만스러운" 영국인에게 아주 훌륭한 식사가 되어주지만, 정통 힌두교도에게는 굶어죽을지언정 결코 입에 대선 안 되는 무엇이다. 결투는 일부 나라에선 명예로운 행위이나, 다른 나라에선 그렇지 않다. 권투라든가 사사로운 복수, 왕을 살해하는 것, 투우, 전쟁도 마찬가지다. 퀘이커교도, 아나키스트, YMCA는 전쟁과 그 참혹상에 대해 끊임없는 비난을 퍼붓지만, (필자를 포함해) "야만적이고 불경스러운" 일부 족속은 전쟁을 자연의 위대한 예방책으로 여긴다.

영국과 미국에서 일부다처제는 옳지 않은 일이고, 일부일처제가

---

207) 각각 〈구약〉의 사사기 4장과 3장에 나오는 이야기다.

정당하며, 일처다부제[208)]는 국가가 제도적으로 허가할 경우 '옳은 일'에 속한다. 반면 동유럽이나 모든 "미개한" 부족에게는 일처다부제가 부정한 짓이고, 일부다처제는 축하할 일이며, 일부일처제는 한심한 일이다.

고대 라케다이몬(스파르타)에서는 도둑질이 들키지만 않는다면 매우 상찬할 만한 일이었고, 그건 오늘날 미국에서도 마찬가지다. 솔론은 절도행위를 엄연한 직업적 활동으로 간주했다. 아리스토텔레스는 '노상강도질'을 다양한 수렵행위의 일종으로 분류했다. 이들 고전적인 저자들의 견해에서 위선이라고는 털끝만큼도 찾을 수 없다. 그들은 있는 그대로를 말하고 있으며, 사실을 찾아 자연 속을 파고들지 도서관을 뒤지진 않는다. (그것이 바로 그들이 천재인 이유이자 수그러들지 않는 명성의 비결인 셈.) 어떤 사람이 말이나 소를 한 마리 훔치면 반사회적 존재로 낙인찍혀 옥고를 치르겠지만, 금융계를 농락해 말 백만 마리에 해당하는 이득을 챙기면 당장 지체 높은 나리로 등극한다. 남의 집을 터는 것은 엄연한 범죄행각이나, 메히코인에게서 텍사스를, 프랑스인에게서 알자스와 로렌 지방을, 튀르크인에게서 이집트를, 호바족에게서 마다가스카르를 강탈하는 것은 "시장을 확대하는 행위"다. 요는 거물급 정치가나 군주들이란 고차원적인 범죄자나 다름없었다는 사실이다. 무릇 전쟁은 약탈을 위한 장정(長征)이었고, 모든 왕권과 재화는 선쟁을 통해서 얻어진 것이었다.

---

208) 여기서는 여성이 이혼한 뒤 재혼하는 것을 말한다.

(재물을 탈취하려고) 사람 한 명을 죽여라. 너는 살인자가 되어 있을 것이다. (마찬가지로 재물을 탈취하려고) 백만 명을 죽여보아라. 너는 유명한 장군이 되어 있을 것이다. 한 사람의 소유물을 빼돌리는 너는 그저 해로운 일개 절도범이지만, 어느 한 나라 전체의 재화를 집어삼키는 너는 식민지를 개척하는 강대국의 재상이다. 너 자신만의 잇속 챙기기로 직접 남의 것을 빼앗으면 가증스러운 무법자나 강도에 머물지만, "오로지 공공의 이익을 위해" 간접적인 약탈에 나서면 "우리의 유능한 지도자, 고명하신 애국지사"로 추앙 받는다.

농부들에게서 그들이 가진 지극히 보잘것없는 것을 빼앗아보아라. 그들은 당장 너를 뜨내기 좀도둑 취급해서 혼쭐내려들 것이다. 하지만 그들의 수확물 중 3분의 2를 법과 규정에 의거해 (임대료나 이자, 세금 등으로) 탈취해보아라. 그들은 아마 한밤중에라도 만사 제쳐놓고 밖으로 뛰쳐나와, 마을로 행차하는 지체 높은 너를 환호로 맞이할 것이다.

농장에서 거위를 훔치는 것은 못된 도적질이지만, 거위에게서 농장을 빼앗는 것은 일종의 정치적 수완이다. 거룩한 우화들을 책으로 엮으면 신의 사도나 성인 대접을 받지만, 일상의 비즈니스에서 뻔한 거짓말을 떠벌리고 다닌다면 질 나쁜 건달 취급받기 십상이다. 유쾌한 재담꾼이 술 취한 상상력으로 빚어낸 재미난 이야기를 글로 옮겨놓았다 치자. 그는 아마 재능 있는 작가로 주목받을 것이다. 반면 평범하고 아둔한 작가가 있는 그대로의 사실들을 나름대로 풀어서 공개적으로 선포했다면, 대뜸 불경스럽고 정신 나간 신성모독자, 아폴리온,[209] 사탄으로 낙인찍힐 일이다. "누군가에게 식사인 것이 다른 이

219

에겐 독이 될 수 있다.”

설교대에 올라 '신의 영광'을 위해 횡설수설 늘어놓는 자는 어딜 가나 성스러운 목자로 대우받는데, 보통 법정에서 거짓 증언 몇 마디 하면 위증죄를 범한 몹쓸 죄인으로 처벌받는다.

과연 지구 어디를 가도 범죄로 인정받는 명문화된 범죄가 단 하나라도 있는지 의문이다. 세상에는 신에 관한 서로 다른 형상과 관념이 무수히 많듯이, 옳고 그름에 관해서 역시 서로 부닥치는 숱한 관점들이 존재하는 법이다. 모든 풍토, 모든 국가, 모든 공동체가 제각기 도덕의 의미에 대한 고유의 입장을 가지고 있다. 도덕원칙이란 상황에 맞도록 그때그때 만들어지며, 항상 위협의 도구로 사용되는 것이다. 그것은 굳이 자연에 근거하거나, 부합할 필요가 없다. 단, 사람을 속이는 것 또한 자연의 속성 중 하나라는 의미에서는 예외다. 생물학적으로 역사적으로 따져보았을 때, 세상에는 옳은 것도 그른 것도 존재하지 않는다. 다만 우리의 생각이 그런 걸 꾸며낼 따름이다.

시대마다 국가마다 그들 나름의 옳고 그름을 해석해내야만 한다. 개인 역시 마찬가지다. 자기만의 윤리적 신조를 만들어내는 것은 각자에게 주어진 명백한 의무다. 이 점을 등한시하고 아무 생각 없이 자신이 속한 집단의 신조를 차용할 경우, 그가 가진 독자성은 졸지에 매몰되어 사라지고 만다. 그땐 보다 뚜렷한 의지력을 가진 다른 사람들이 어색한 가짜 원칙들을 조작해, 그것을 따르라고 강요하게 될 것이

---

209) 요한계시록 9장 11절에 등장하는 악마.

다. 그들이 지배자가 되는 동안 개인은 노예의 처지로 전락하고 말 것이다. 모든 윤리적, 정치적, 종교적 도그마 속에는 이처럼 자유를 위협하는 요소가 숨어있기 마련이다.

남이 신봉하는 '계율을 따르는 자'는 필연적으로 그 하수인으로서 살아가게 되어있다. 다수의 마음에 들기 위해 자신만의 사고를 억제하는 자는 이미 정신적 자유를 상실한 것이다. 누구든 자기도 모르는 사이 여론만을 좇고 있다면, 그는 피가 돌지 않는 마네킹이자 꼭두각시에 불과하다. 독립성을 표방해봤자, 사실상 자기 손으로 자신을 가두어버린 격이다.

삶의 긍지는 무엇이든 자기 스스로 결정하고 행동하면서 주도적으로 살아가는 데 있지, 남의 뜻을 추종하는 데 있지 않다. 기존의 '계율을 따르는 자'는 언제나 규정과 규칙을 구걸하고, 타의에 종속된 채로 살아가야 한다. 반면 '계율'에 복종하지 않는 자는 그 자신이 계율을 만들어내는 자가 된다. 즉, 열등한 생물체의 몸과 마음, 재산을 다스리는 존재 말이다. 복종은 머슴의 특성이다. 불복종은 영웅의 징표다. 프로타고라스는 말했다. "인간은 만물의 척도다."

"무엇이든 솔선하지 않고 스스로 결정하지 못하는 사람은, 아무리 똑똑하고 성실하다 해도, 남의 밑에서 의존적인 삶을 살게 되어있다."[210] 모든 위대한 행적은 다수결이 아니라 개인적 활동에서 빚어진 결과다.

---

210) 존 그라임스 워커(John Grimes Walker. 1835~1907). 남북전쟁 당시 북군 제독. 1896년 공개연설 발언. (원주)

자유로운 모든 사람은 (단, 여기서 자유란 다수를 결정하는 상자 속에 표딱지 몇 장 투척하는 권리 이상의 무엇을 의미한다.) 만사를 자기만의 개성에 준하여 판단해야만 한다. 그는 자기 자신을 하나의 잣대 즉, 결정인자이자 가치의 단위로 여겨야 하며, 개인적 검증과 합리적 검토 없이 무턱대고 타인의 기준을 답습하지 않도록 주의해야 한다.

어떤 도적 떼가 나라 하나를 거덜 내는 가장 손쉬운 방법은 위조통화를 발행하여 그것을 실질가치와 맞바꿔버리는 것이다. 그리고 어떤 한 종족을 노예로 만들어버리는 가장 쉬운 방법은 그들을 감언이설로 꾀어 가짜 윤리 즉, 기만적인 도덕관에 사로잡히도록 만드는 것이다.

저울에 조작이 가해질 때, 그걸 통해 이루어지는 모든 거래는 도둑질이 된다. 은행가들은 담보물 차압에 나서면서 죄다 소도둑놈으로 돌변하고, 정치집단은 본격적인 떼도둑으로 진화한다. 그리하여 이제 정치인과 도둑은 서로 얼마든지 바꿔 쓸 수 있는 단어가 되었다. 특히 미국, 프랑스, 오스트레일리아에서 정부란 거대한 공갈집단이다.

7

자유로운 동물은 생포되어 길들여지고 구속되기보다는 즉석에서 죽는 것이 훨씬 낫다. 정신적으로, 도덕적으로, 육체적으로 다 자란 성인이 그 어떤 외적 도덕관이나 관례, 자의적인 행동규칙에 맹종을 선언한다는 것은 있을 수 없는 일이다. 다른 누구로부터도 독립된 자신만의 개성을 발전시키는 것에서 특별한 자부심을 느껴야 한다. "뭉쳐야 힘"이라는 말에는 한결같은 거짓이 숨어있다. 현실 속에서는 남과 동떨어진 자야말로 가장 위대한 존재로 남는 경우가 허다하다. "각자 자기 자신을 위해서"는 삶의 법칙이다. "각자 제도와 신, 도그마를 위해서"는 죽음의 법칙이다. "네 일에나 신경 써라"라는 선명한 충고가 이 병약한 시대에 얼마나 푸대접을 받고 있는가. 실컷 물러 터져 도태된 종자들끼리 마치 제 일인 양 서로를 챙기고, 거두고, 다독이겠다며 온갖 오지랖을 떨고들 있지 않은가. "제가 아우를 지키는 사람입니까?"[211]라며 발끈한 카인의 말 한마디는 아주 광범위하게 실용적인 철학을 담고 있다. 우리는 그 말을 오늘날의 사회학적 불균형 현상과 생물학적 진화론의 관점에서 차분히 곱씹어볼 필요가 있다. 오직 겁먹은 자만 뉘우친다. 도덕을 등진 자들은 가계를 일구고, 도시를 건설하며, 지구를 다스리고, 신을 조롱한다.

각 개인은 남이 무어라 생각하든 조금도 개의치 말고 자기 좋을 대로, "기(氣)가 쏠리는 대로" 사고하고 행동해야 한다. 오로지 행동의 한계는 (당연한 일이지만) 또 다른 물리적 행동의 반발에 직면했을 경우에만 존재한다. 강자는 또 다른 강자의 자연스러운 한계를 의미하기 때문이다. 누구든 자기에게 복종을 강제할 만한 상대에게가 아니면 복종할 필요가 없다. 하지만 언제 어느 상황에서나 복종을 강제한다는 것이 얼마나 힘겨우면서도 위험한 일인가.

---

211) 〈구약〉의 창세기 4장 10절.

실제로 호적수와의 대결에 직면할 경우, 이를 극복하는 것은 모든 용자(勇者)의 소임이다. 그는 자신의 힘(또는 자신을 따르는 이들의 결집된 세력)을 넘어서는 곳에 오로지 굴종 아니면 죽음만이 있다는 사실을 깨달아야 한다. 만약 (반역자 카틸리나처럼)[212] 장렬하게 최후를 맞을 용기가 없다면, 그 자신은 물론 자손 대대로 굴종의 삶을 이어가야만 할 것이다.

보다 우월한 힘(혹은 전략)에 밀려 어쩔 수 없이 일시적인 후퇴를 할 경우엔, 기고만장한 적 앞이라고 반드시 머리 조아리지 않아도 된다. 대신 (언제든 적절한 기회가 오기를 기다려) 상대를 제압하고 섬멸할 만반의 준비를 갖추고 있어야 한다. 나는 말한다, "쟁취하라! 수단 방법 가리지 말고 쟁취하라!"

그대여, 진정한 기사(騎士)가 되어라! 그대 자신의 힘으로 그대 스스로를 구하라. 누가 그대의 따귀를 때리면, 그자를 박살내버려라. 자신을 지키는 것은 그대의 첫째가는 생존법칙. 증오에는 증오, 연민에는 연민, 비웃음엔 비웃음, 이에는 이다. 나는 말한다, 쟁취하라! 수단 방법 가리지 말고 쟁취하라!

자기한테 소중한 존재가 빵이 아쉬워 울 때 같이 울어주는 것을 용기로 포장하지 말라. 진정 용기와 호방함을 갖춘 자가 뭔가 아쉬워 눈물 흘렸다는 얘기 들어본 적 없다. 여자는 눈물을 흘리고, 남자는 피

---

212) 로마의 역사가 살루스티우스는 전한다, "전선의 모든 병사가 부상을 당해, 단 한 명도 목숨을 건지지 못했다. 카틸리나 역시 적의 시체에 둘러싸여 최후의 순간을 맞이했다"라고. 카틸리나(BC 108?~62)는 로마의 정치가로, 키케로가 집정관이던 시절 로마 공화정에 대한 반란을 이끈 인물이다.(원주)

를 흘린다. 소심한 인간은 주인을 모시고, 배짱 있는 인간은 스스로 주인이 된다.

굴욕의 골짜기를 지나갈 때, 겁쟁이와 노예는 한껏 상처를 드러내고 울면서 위안과 동정을 구한다. 용감한 사람은 홀로 저만치 떨어져 복수를, 최후의 승리를 궁리한다.

죽음에 대한 두려움은 노예생활의 시작이다. 다수결에 의한 독재는 오로지 즉결사형을 궁극의 제재수단으로 삼음으로써만 유지된다. "문명화된" 인간에게 죽음은 생각만 해도 오금이 저릴 공포. 사정이 그러한 만큼, 즉결사형을 과감하게 휘두르는 자가 세상을 지배할 터. 소규모의 잘 훈련된 싸움꾼들이 (사형으로 보호막을 치기만 한다면) 자기의 수천 배에 달하는 종족을 지배할 수도 있는 거다.

그러니 "눈에는 눈, 이에는 이"의 원칙에 입각해, 교회든 국가든 폭군적인 기존체제의 파괴를 목표로 결성된 모든 비밀결사체는 (아득한 과거에서부터) 즉결사형을 토대로 해서 이루어져왔다. 결과가 성공적일 경우, 그런 조직이 훗날 공격력을 방어력으로 개편함으로써 스스로 '정부(政府)'가 되는 것이다. 이런 연유로 '정부' 안의 작동방식은 외부세계에 알려지지 않는다.

모든 행정내각, 고위관료집단은 가장 엄격한 비밀엄수를 맹세하고, 이를 어겼을 시 죽음을 불사하는 조직이다. 대중적인 정부형태의 이면에 세계금융제국이 버티고 있다는 것은 기정사실이다.

토지를 사용하고, 독립적 인격을 보장받고, 재산과 아내를 취하고, 말할 자유와 생각할 자유를 누리는 것 등등에 대한 세상 사람들의 권리는 저절로 주어지는 것이 결코 아니다. 힘으로 권리를 주장하지 않는다면 우리는 그중 어떤 것도 누릴 수 없다. 보통 '권리'라 부르는 것은 사실 일종의 '전리품'이다. 힘으로 얻는 특권이다. 그러나 더 이상 유지할 힘이 없으면 순식간에 사라지고 마는 것이 또한 '권리'이기도 하다. 결론적으로 모든 '권리'는 아침 무지개처럼 무상한 것이며, 한시적 휴전협정 조항이나 국제조약처럼 가변적인 것이다. 협상에 참여한 어느 쪽도 힘만 있으면 그것을 파기할 수 있다.

폭넓게 얘기하자. 힘은 구체화된 정당성이며, 정당한 권리란 힘의 또 다른 형태다. 힘과 정의는 동의어다. 논란의 여지없는 힘을 갖춘 자는 (그 수가 하나이든, 열이든, 천만이든) 정당성을 주장할 수 있다. 정부는 재산에 근거하고, 재산은 정복에 근거하며, 정복은 힘에 근거한다. 그리고 힘은 뇌와 근육, 유기체적 동물성에 근거한다. 부모가 자식들에게 옳은 것을 일러주듯, 강인한 동물들은 유약해빠진 수많은 인간들에게 옳은 것을 일러준다. 왕정 통치자는 요란하게 차려입은 꼭두각시, 대의(代議)기구는 힘센 존재들을 위한 세금 수거장치. 은행과 귀중품보관소는 그들의 보물창고이며, 해군과 육군은 그들의 보초이자 야경꾼, 사형집행인이다.

토머스 헨리 헉슬리[213] 교수는 이렇게 썼다. "전격적이고 효과적인 물리력(物理力)이 앞으로 있을 수 있는 반발을 잠재움으로써 최대한

---

213) Thomas Henry Huxley(1825~1895). '불가지론'이란 용어를 만든 영국의 생물학자로 다윈주의를 대중적으로 확대시켰다.

214) William Stanley Jevons(1835~1882). 19세기 영국의 급진적 경제학자이자 논리학자, 철학자.

신속한 소유권 확립이 가능하다는 견해에는 충분한 타당성이 있다.”
제번스[214] 교수의 다음 발언 또한 같은 취지로 이해할 수 있다. “우선
추상적인 권리 같은 것이 있다는 생각을 머릿속에서 몰아내야 한다.”
‘정신적 권리’라든지 ‘도덕적 권리’라는 표현은 실체가 없는 말장난으
로, 도무지 그 의미를 납득할 수 없다. 심지어 그림자만도 못하다. 적
어도 그림자는 어떤 물리적 실체의 현존을 전제하기 때문이다. 부재
하는 것을 규정하기란 어렵다. 그런 건 대학강단 교수들이나 주일학
교 선생님들에게 맡길 일이다. 그 사람들은 정신의 헐벗음을 온갖 미
사여구로 그럴듯하게 덮어 가리는 일에 달인이다.

정의의 가장 넓고 깊은 의미를 논리적으로 규정하자면, 전쟁터와
도 같은 자연의 최고법정에서 인간의 사고와 근육을 통해 발현하는
태양에너지라고 말할 수 있다. 힘은 곧 승리이고, 승리는 정당함을 이
룬다. 힘은 화학작용을 일으키는 우주동력이다. 인간은 (그 본령에서)
직립 보행하는 태양 중심 에너지다. 힘은 중력과도 같은 위력을 행사
하는 것이어야 한다. 그렇다, 힘은 중력의 법칙이다!

8

옳고 그름의 모든 자의적 법칙은 개인의 자유에 대한 터무니없는
침해다. 인간으로서의 기품을 지키고자 한다면 언제 어디서든 그런
법칙 따윈 무시하고 내팽개쳐야 마땅하다. 다만, 자연에 비추어 면밀

히 검토하고 나서, 일종의 타협책으로 무난히 감수하는 경우는 예외다. 그렇지 않고 평생을 짊어지는 짐처럼 그런 법칙에 구속된다면, 장례식을 미리 치르고 사는 것과 같다. 자기 스스로 불구가 되거나 자살을 하지 못해 안달인데, 무엇은 감수하지 못하겠는가?

현명한 자는 남이 적극 추천한다는 이유만으로 어떤 법칙이나 관례를 받아들이지 않는다. 만약 추천하는 사람이 살아있다면 그 동기를 의심할 것이요, 죽었다면 일고의 가치도 느끼지 않을 것이다. 현명한 자는 모든 일에서 자신만의 법이 되어야 한다. 그렇지 않을 경우, 그는 가축과 같은 수준으로 전락하는 셈이다.

진정한 인간은 절대적으로 자신을 믿어야 하며, 자신만의 목표를 결정하고, 자신만의 계획을 세워야 한다. 만에 하나 간섭하려드는 권위주의적인 시도에 대해서는 거세게 분노해야 한다. (특히 그것이 관료주의적 형태를 취할 경우 분노는 극에 달한다.) 남의 공적, 사적 인생에 구차한 가치기준을 부과하려드는 오지랖 넓은 자들의 저열한 시도를 철저히 차단해야 한다.

진정한 인간은 흔들리지 않는 친구일 뿐 아니라 위험천만한 적이 될 줄도 알아야 한다. 자신의 원수에게는 신처럼 무자비해야 하며, 곤란을 겪고 있는 친구에게는 깃발 휘날리는 군대 같은 존재가 되어야 한다.

그리하여 나는 말한다, 남자다워지라고! 씩씩하면서 현명해지라고! 겁 없고, 악착같고, 난호하고, 담대해지라고. (폰 클라우제비츠[215]가 주장하듯이) "압도적인 지성이 주도하는 대담성은 영웅의 지표다."

남자가 이 세상을 살아가면서 짊어지는 첫째 의무는 자기 자신을 지키는 것이다. 여기서 '자기 자신'이란 그의 마음을 덩굴손으로 휘감고 있는 가깝고 소중한 존재들까지 포함한다. 남자에게 가족이란 자신의 일부다. 그는 싸울 때, 자신의 몸 하나는 물론 가족 전체를 위해서도 싸우고 있음을 잊어서는 안 된다. 남자의 힘은 가족을 지키는 보루이며, 가족의 힘은 남자의 영예다. 가족과 개인은 하나의 단위다.

　도발적인 언론인인 헨리 와터슨[216]이 월스트리트 상공회의소에서 행한 연설은 인간의 운명을 압도하는 공동체주의의 신성한 권위를 노골적으로 강조하고 있다. "우리는 시민이 정부를 위해 존재하는 것이지, 정부가 시민을 위해 존재하는 것이 아니라는 교훈을 전파해야 한다." 수많은 로욜라, 칼뱅, 알바 공작,[217] 토르케마다,[218] 피우스[219] 같은 자들은 하나같이 이처럼 뒤틀린 궤변을 늘어놓는 데 뛰어난 재주를 발휘했다. 오랜 세월 이들 '자유의 파괴자'들은 개인이 신성한 교회를 위해 존재하며, 교회가 개인을 위해 존재하는 것이 아니라는 주장을 펴왔다. 그러나 사회주의적 교권주의의 전횡은 결국 그 기세가 꺾

---

215) Karl von Clausewitz(1780~1831). 프로이센의 군인이자 군사학자. 《전쟁론》에서 '총력전'과 '정부정책으로서의 전쟁'과 같은 개념을 논한 것으로 유명하다.

216) Henry Watterson(1840~1921). 남북전쟁 당시에는 남부군으로 참전했으며, 미국 하원의원으로 재직했고, 대통령 선거에 한 차례 출마한 경력의 언론인이다. 제1차 세계대전이 발발하기도 전에 독일에 대한 선전포고를 주장한 사설로 퓰리처상을 받았다.

217) 페르난도 알바레스 데 톨레도, 일명 알바 공작(Duques de Alba, 1507~1582). 에스파냐 군인, 정치가. 플랑드르 총독이었을 때 종교재판소를 설치해 1만 8천여 명을 처형했다.

218) Tomas de Torquemada(1420~1498). 에스파냐 도미니코회 수도사로, 교황 이노켄티우스 8세에 의해 초대 종교재판장으로 임명되어 수많은 무고한 인명을 처형했다.

219) '피우스(Pius)'라는 이름을 가진 로마 교황 중에서 유독 악명을 떨친 이들이 많았다.

였으며, 개인적 판단의 정당함은 전적으로 유지되었다. 언론의 사악한 농간으로 국가의 절대성을 내세워 교묘히 되살아나는 신정체제적 폐습을 우리는 결연하게 맞서 철저히 때려 부수어야 한다. 무엇보다 우선적으로 가장 중요하게 취급되어야 할 것은 개인의 존엄성이다. 개인이 위축되고 국가가 점점 비대해질수록 우리는 지옥의 불길을 실감하게 될 것이다.

그땐 와터슨 류의 이상이 대세를 이룰 것이고, (권력을 칭송하는 것 이외에) 감히 입을 놀리려는 자들은 누구나, 체제에 순응하라는 암시로, 그 입에 납물 들이부을 각오를 해야 할 것이다.

육식동물을 상대하면서 금욕원칙에 따라 행동하는 자는 스스로를 내팽개쳐, 상대로 하여금 자신의 인격을 짓밟고 승승장구하도록 허용하는 것과 같다. 자기 자신 이외의 다른 어느 누구 앞에서든 머리를 조아리는 순간, 그는 자기 고유의 존엄을 포기하는 것이다. 겸손은 비천한 존재에게는 미덕일지 모르나, 당당한 자격을 갖춘 남자에게는 범죄나 마찬가지다. 온순한 사람은 경쟁해야 할 상대로 하여금 높은 자리를 독차지하게 놔두면서, 자신은 그 발판 아니, 도어매트가 되겠다고 자처하는 것과 다르지 않다.

물론 처단을 각오하지 않고서는 결코 거스를 수 없는, 보다 높은 차원의 법이 있기 마련이다. 자연의 질서를 위반하는 자는, 올가미가 턱밑에 드리워져 언제 당겨질지 모르는 상황에서도 자신이 자유로운 존재가 되었다고 착각한다. 하지만 자연은 복수에 능한 아주 길고 튼튼한 팔을 가지고 있다. 소돔과 고모라 말고도 불살라진 "들판의 성

읍들"²²⁰⁾은 많다. 자연을 거스르는 개인은 언제나 정신 나간 짓을 하기 마련이다. 자신들의 본질에 대한 저항을 조직화하는 족속은 시키면 땀방울 흘려가며 소위 '진보'의 노래 악을 써 부르고, 죽음의 춤을 추며 자기들만의 '천국'으로 뒷걸음질 치는 오합지졸이 되고 만다. 예를 들어 문명세계의 노동자 계층과 그들의 정신 나간 행동들을 잘 관찰해 보라. 필시 그들은 신의 장난으로 눈이 멀었든지, 아예 악령에 사로잡힌 게 분명하다. 아무튼 정상이라고 할 수 없다. 모조리 창피해하면서 이렇게 울부짖을 날 머지않다. "오, 차라리 우리가 죽었으면!"

그런 짐승들은, 현재 그들이 담당하고 있는 작업을 대신할 기계들이 완벽해지면 죄다 '폐기처분'될 존재들이다. 다른 먹이와 피난처를 찾아 떠돌이 신세가 되는 것이다. 소위 '품꾼'²²¹⁾의 노동력이란 말이나 개보다는 싸지만, 전기모터나 증기기관보다는 비싸지는 추세다. 따라서 평균적인 노동자라면 누구나 자신이 신봉해온 '미덕'만으로 자기 모가지에 칼이 들어오는 것을 막을 수 없다는 절박함을 본능적으로 느낀다. 말하자면, 자기 손에 의한 논리적 결말이랄지, 전쟁터에서 선조가 당한 것과 유사한 운명에 맞닥뜨리는 것이다. 한데 그가 '미덕'이라 부르는 것(딱하게도 그걸 '미덕'이라 부르다니!)은 극단적으로 고생을 견디는 인내심과 극단적으로 고분고분한 태도, 극단적으로 정치적, 종교적 순진성을 고수하는 자세와 극단적으로 무기력한 자기방어 기술

---

220) 〈구약〉 창세기 19장 29절. 소돔과 고모라처럼 신의 징벌을 받아 소멸한 세계를 뜻함.

221) 이 책에서 품꾼(hireling)이란, 일 자체의 가치나 의미엔 아랑곳하지 않고 오로지 돈만 보고 남에게 고용되어 일하는 사람 전반을 가리키는 용어다. 분포상, 주로 단순노무자가 이에 해당한다.

을 총체적으로 뭉뚱그린 덩어리에 불과하다. 권력이 필요로 하는 한, 이런 자들로 이루어진 노예집단은 적절한 수준으로 자신을 지탱하기에 충분한 여건을 보장받는다. 다만 노동력이 더 이상 쓸모없어지면, 그 즉시 제거대상이다.

전쟁포로들은 왜 막대한 비용을 들여 살려두는가? 쓸모없어진 물건들을 줄줄이 폐기처분 하듯, 그들은 언제 그렇게 처분하는 것이 효율적인가? 이미 그와 같은 처지의 많은 사람들이 제몫의 할 일을 찾지 못한 절망감에 매일 자기 목을 긋고 있는 상황이다. 수많은 사람들이 알코올이나 다른 약물을 통해 서서히 중독의 길로 빠져들고 있다. 과학적 피임은 이제 하나의 풍속이 되었고, 중절수술은 정상적 업무에 속하며, 하루가 다르게 독신률이 치솟는다. 요컨대, 작금의 세계는 비즈니스 원칙에 입각해 움직이고 있으며, 비즈니스 원칙이란 "패배자에게 재앙을", "꼴찌에게 지옥을" 그리고 '적자생존'과 '힘이 곧 정의'라는 원칙의 다른 이름이다.

정의(RIGHT)란 물과 같아서 자신의 평형상태를 스스로 찾아간다. 자연의 힘이 작동하는 데 인간의 동의는 필요 없다. 아예 개입할 여지가 없는 것이다. 스스로를 구현하는 자연 앞에서 인간은 마치 해부대 위에 단단히 묶인 환자 꼴이다. 의사의 칼날이 살점을 가르고 들어오는 것을 느낄 수는 있다. 무서워서 파르르 떨고, 식은땀을 흘릴 수도 있다. 경련을 일으키며 신음하고, 자신만의 우상에게 기도를 하는 것도 가능하다. 하지만 도망칠 수 없다.

이런 사정을 다 알면서, 어찌 자연으로 하여금 그 침묵의 목표를 묵묵히 알아서 추진하게 놔두지 않는가? 왜 구더기 같은 집단의 무능한 종자들을 애써 옹호하려드는가? 부패한 유기체를 과감하게 제거하려는 중대한 기도를 왜 막아서려 하는가? 예수와 같은 유형의 인간들은 분명 매질을 당하고 십자가에 매달릴 운명이었다. 붓다와 같은 타입이 굶어죽을 운명을 타고났다는 것은 명백한 사실이다. 그들 모두 가난하고, 나약하며, 겁에 질린 들쥐 같은 무리들 아닌가 말이다!

브라흐마여! 붓다여! 공자여! 저거너트여! 그리스도여! 보라, 그대들의 거룩한 졸작(拙作)을! 겁 많고 비굴한 존재는 죽어 없어져라! 스스로 알아서 꺼져라! 그것이야말로 천체의 이치이니라. 이들 "무거운 짐 진 영혼들"이 사라지는 날 지구의 대기는 그만큼 맑아지리라. 지구상에 보다 순수하고 깨끗한 심신의 재탄생을 위한 공간이 확보되리라.

삶의 향연에, 쟁취하지 못하는 자를 위한 자리는 없다. 강인한 정신과 행동으로 마법의 울타리를 뚫고 들어오지 못할 자를 위한 공간은 없다. 스스로 정직하고 올바르다 자처하는 자들은 사실 무능하고 아둔한 존재일 뿐이어서, 자기 자신을 위해서나 그 자손을 위해 얌전히 죽어주는 것이 낫다. 공동체 전체가 달려들어 대대손손 세균덩어리나 길러내고 앉았다면, 그거야말로 정신 나간 짓이 아니겠는가!

존재의 우위는 오로지 쟁투를 통해서만 결정될 수 있다. 대립을 통한 분쟁은 선택과 배제의 가장 분명한 방법이다. 진화에는 끝이 없다. 그것이 저 유명한 다원주의의 논리적 귀결이다. "인간이 더 높이 성장하려면, 언제나 혹독한 싸움을 감내해야만 한다. 그렇지 않으면 금세 나태에 빠지게 될 것이고, 더 유능한 사람이 덜 유능한 사람보다 성공하지 못할 수도 있다."

노예혈통이거나 빈약한 의지력의 오합지졸만이 생물학적 원칙이 아닌 다른 근거로 옳고 그름의 문제가 결정될 질서정연한 사회를 꿈꾼다.

타락한 유대족속은 옛날부터 세계평화랄지, 평등, 정의 그리고 페어플레이(Fair Play)라는 멍청한 생각을 툭하면 주절주절 늘어놓곤 했다. 태생부터 병약한 그들은 원래 싸움하고는 담을 쌓은 노예근성 충실한 종족이 아니었던가? 그들의 역겨운 문헌을 가득 채운 거창한 횡설수설은, 세상의 터무니없는 부당함에 대해 오로지 굴종과 인내로 버티라는 '미덕 아닌 미덕'을 뇌리에 지겹도록 주입해오지 않았던가? 지랄병 걸린 그들의 예언자들은 황당한 윤리기준의 총체적 실패에 그저 울고불고 하다가, 언젠가는 "좋은 시절"이 올 거라는 정신 나간 소리나 해대지 않았던가? 이스라엘인이라면 누구나 "아무런 위협도 받지 않고 제 포도나무와 무화과나무 아래에 앉아"[222] 지내게 될 거라고 말이다. 그 얼마나 솔깃할 이야기였던가! 모세, 예수, 이사야, 베드로, 마르코, 마태오, 루카, 요한 같은 비열한 유대인들이 실은 죄다 망상에 들뜬 공산주의자들이었다면, 라살, 아들러 박사,[223] 야코비, 카를 마르크스 등 파멸의 숙주나 다름없는 이들 유대인들은 그 옛날 에세네파 신도[224]와 에비온주의자[225]들의 현대판 별종들 아니겠는가!

모든 도덕적 명령들, 모든 종류의 천년왕국설은 교묘한 최면술의 결과물이자 자의적인 종말론적 악마숭배다. 그것의 은밀한 복적은, 인간의 이성과 독립성을 전복시켜 이 세상을 소위 "지상의 하느님 왕국"이라 불리는 일종의 판데모니움(pandemonium. 魔鬼巢窟, 阿修羅場),

광대한 정신병동으로 삼으려는 것이다.

진실은 무엇인고 하니, 일명 "선과 악을 알게 하는 나무"[226]라 불리는 저 신들린 나무의 열매를 따먹은 결과 인간이 완전히 미쳐가고 있다는 사실이다. 그 알토란같은 과실 속 희귀한 독(毒)을, 맛은 감미로우나 치명적인 아트로핀을 맛본다는 것이 얼마나 달콤한 유혹인지! 그걸 먹는 자에게 저주 있을 지어다!

아무렴, 옳고 그름에 연연하는 자야말로 천번만번 저주받을 터! 죄 짓는 자 그들일지니.

9

인력과 중력이 별들의 운행을 유지해주듯, (정확히 동일한 작동원리로) 인간과 짐승의 무리 역시 태양에너지에서 유래하는 현상들을 통해 통합되고 분해된다.

---

222) 〈구약〉 미가 4장 4절.

223) Victor Adler(1852~1918). 오스트리아 정치가. 사회민주주의 노동자당의 창설자.

224) 에세네파는 예수 생존 당시 팔레스타인 지역에서 활동하던 유대교의 신비주의 일파다. 사해 주변 지역에서 금욕적인 공동생활을 했으며, '사해문서'를 작성한 쿰란 교단이 이 파에 속했던 것으로 보인다. 세례자 요한이 이 교파 소속이라는 설이 있다.

225) 기독교 초기시절 유대교에 기독교를 접목시키려 했던 신비주의 기독교 일파. 예수의 신성을 부인하되 모세와 같은 예언자로 보았으며, 마태복음만을 인정했고, 사도 바울을 '배교자'로 규정했다.

226) 〈구약〉 창세기 2장 9절.

강한 인간은 태초의 에너지가 자기(磁氣)를 두르고 체현된, 일종의 발전기다. 진정한 위대성을 갖춘 인격에는 거의 마술적이라 할 신비의 매력이 감돌기 마련이다. 열등한 인간은 쇳가루가 자석에 이끌리듯 자연의 강자에게 끌려 다니도록 되어있다. 이런 특별한 유인력이 육체적으로 나약한 존재에게서 확인되는 일은 (발작적인 경우를 제외하고는) 극히 드물다. 그것은 유별난 활력을 자랑하는 짐승이나, 속이 '마귀'로 가득 찬 사람에게만 왕성하게 융성하는 힘이다.

육체적 힘은 정신적 힘의 토대다. 뇌세포에 필요한 영양소는 심장박동을 통해 지속적으로 주입되는 혈구에서 나오는 것이다. 만약 심장의 판막이 약하거나 고장 날 경우, 영양의 흐름이 불순할 경우, 위에 장애가 생긴다든지 간이 감염되고, 폐 조직에 괴사가 일어날 경우에는 뇌 역시 굶주려 졸아들고 중독되며, 그 안의 생각들은 허약해빠져 부자연스럽고, 혼탁하기 일쑤다. 지난 수세기에 걸쳐 졸라(Zola) 류의 글쟁이들이랄지[227] 죽자고 성경구절만 챙기는 목사들, 엉터리 시인과 이름깨나 날리는 학자들의 오물과 다름없는 글 나부랭이들이 고만고만한 지적(知的) 하수구를 벗어나지 못한 이유가 바로 거기에 있다.

그런가 하면 위대한 인간이나 위대한 영웅주의가 도시에서 태동하고 성장한 일이 없다는 놀라운 사실 또한 거기에 기인한다. 자고로 도시라는 공간에서의 사고와 말, 행동은 혼탁하기 마련이다. 고결한 무

---

227) 프랑스 소설가이자 사회비평가인 에밀 졸라(Émile Zola. 1840~1902)를 말하고 있다. 사회주의 색채가 강한 그의 작품세계를 비꼬는 대목이다.

언가가 도시에서 융성할 수는 없다. 그것은 사실상 거대한 폐기물 처리장일 뿐이다. 종교, 정치, 사회, 법 전반에 걸쳐 저열하고 파렴치한 모든 행태의 총본산이 바로 도시라는 공간이다. 조직화된 매음굴인 그곳에서 더러운 매춘부와 신문쟁이들이 앞다투어 세상공기를 더럽힌다. 바람이 불 때마다 그들의 역겨운 독기운이 사방으로 퍼져나간다. 차라리 이 몸이 네로라면 비파를 연주하며 구경이나 하지. 그래봤자 성냥만 한없이 축나겠지만![228]

위대한 인간은 개인의 독자성이 보장되는 탁 트인 환경에서만 생장(生長)할 수 있다. 그는 산이나 숲에서 나타난다. 폭풍이 후려치고 빗줄기가 내리치는 가운데 자라난다. 먼저 자연의 원소들과 경쟁해서 이긴 다음, 인간집단의 우두머리가 되기 위해 막강한 동력을 기른다. 그렇게 해서 산송장과도 같은 문명세계의 중심을 파고들면, 그때부터 자연이 부여한 자기만의 권리를 찾아 일사천리로 주도권을 장악해나간다. 정복자가 되고, 지배자가 되어, 수상에 올라, 왕으로 등극해, 그야말로 인간 발전기로 군림한다. 노예로 자란 무리는 그 밑에서 중노동을 감수하고, 경쟁자는 손가락 하나 까딱 하는 것으로 명운을 달리한다.

열등한 인간에게 위대한 인간의 미소는 부와 영광을, 찌푸린 표정은 가난과 위법, 그에 따른 처단을 의미한다. 위대한 인간의 주위로 그보다 못한 사람들이 몰려들고, 참모와 부관, 대신으로서 충성을 바

---

228) 로마에 방화를 한 뒤, 불타는 도시를 내려다보며 비파를 연주했다는 네로 황제(37~68)의 일화.

237

친다. 개발도상에 있는 국가가 반란을 일으키면, 그 반란은 무력으로 진압된다. 통치자가 그 일을 잘 해내지 못하면, 그 자리에서 끌려 내려오는 것이 마땅하다. 그럼 당연히 반란 주도자가 대신 통치권을 접수한다. 지배자의 통치력은 절대적으로 그가 동원할 수 있는 무력에 의존한다. 생사여탈의 권한을 더 이상 행사할 수 없을 경우, 지배자가 가진 힘은 공중분해 된다. 프랑스 귀족체제는 장발을 휘날리며 전장을 누비던 프랑크 야만족의 잔혹한 행적에서 비롯된 것이다. 한데 그 유약한 후손들이 돈과 권력에 주려 파리로 쳐들어온 "험상궂은 촌놈들"에 의해 몰락하여 단두대에서 처형당한 것이다.

광활한 별들의 공간에서도 비슷한 현상이 관측된다. 태양이라는 항성의 강한 인력은 그보다 못한 다른 행성들을 주변에 거느린다. 그러다가 좀 더 강력한 인력과 자기력을 갖춘 회전체가 접근하면 그에 흡수되어 독자성을 상실하고 만다. 물질과 운동에 미치는 중력의 법칙은 사회학 분야에서 작동하는 힘의 법칙과 유사하다. 그 유사성 속에 어마어마한 의미가 숨겨져 있다.

별의 일생은 태초의 플루톤(pluton) 에너지가 발현하는 과정으로 알려져 있다. 우리의 태양계는 생명의 태양광선 속을 휘도는 (수많은 티끌 중) 하나의 티끌과도 같다. 우리의 지구는 별 볼일 없는 회오리의 부산물일 뿐이다. 우리가 발붙이고 사는 세상의 발전소 태양 자체는 활발하게 작동중인 열에너지 물질이며, 온기와 빛, 운동과 전기 그리고 생기(生氣)를 통해 자신을 드러낸다.

인간의 몸과 기력은 태양에서 직간접적으로 비롯된 것이다. 우리는 태양을 통해 살고, 죽고, 존립한다. 태양 중심의 에너지를 한순간만이라도 차단하면 모든 생명은 그 즉시 스러진다. 시공을 막론하여 모든 생물체에 기를 불어넣고 살아 움직이게 만드는 것은 스스로 작동하는 활력이다. 세상 어디에나 지배하니 강함이요, 지배당하니 나약함이다.

강철늑골의 순록 떼 같은 철선(鐵船)들로 하여금 회녹색 파도를 깨부수며 나아가게 만드는 힘! 육중한 화차(貨車)들로 하여금 저 광활한 들판과 산맥, 강줄기를 따라 질주하게 만드는 힘! 깊숙한 갱저(坑底)로부터 황금과 철, 은, 석탄덩어리 가득 실은 궤짝을 끌어올리는 힘! 시뻘겋게 달아오른 주철(鑄鐵)을 거대한 형체로 버무려내는 힘! 씨를 뿌리고, 흙을 일구고, 알곡을 거두고, 이삭을 타작하고, 돌을 깨고, 들보를 다듬고, 교각을 놓고, 나무를 자르고, 도시를 건설하고, 책을 쓰는 힘! 그 책을 쓰도록 영감을 불어넣고, 전파하고, 보존하는 힘!

이른바 "천체(天體)의 음악"이라는 것도 서로 으르렁거리며 쟁투하는 원소들끼리 힘의 영광을 칭송하는 파동(波動)에 불과하다. 과연 힘이라는 것이 태양계와 생명계를 통틀어 가장 중요한 것이라면, 그 또한 사회학적 의미의 만능키라고나 할까, 인간과 인간, 종족과 종족의 관계를 지배하는 원초적 원리로 삼을 만하지 않겠는가? 귀류법의 논리에 따라, 힘이 오늘날의 복음이 아니라면, 과거의 복음일 리도 없었을 테니 말이다.

어떤 체제가 공화정이건 왕정이건 독재이건, 결국 옳고 그름을 결정하는 것은 무력이라는 독단적 기제(機制)일 수밖에 없다. 냉혹했던 세소스트리스 1세,[229] 무자비했던 칭기즈칸, 대담했던 샤를마뉴 대제의 시대에 그랬듯이, 무력은 지금도 최고의 덕목이 아닌가? 산업사회의 모든 관계에서 역시 힘은 만물의 제왕이다. 별의별 형태를 두르고는 있지만, 권력은 어디까지나 권력인 것이다. 로마 황제의 칙서와 투르크 술탄의 칙령과 러시아 차르의 포고문과 대영제국 대법원 판결문에 어떤 근본적인 차이점이 있는가? 그 모두는 정확히 동일한 의미를 갖고 있다. 어떤 거추장스럽고 복잡한 과정을 거치든, 실제로 작동하는 것은 절대권이 보장하는 힘의 효력이다. 거짓된 설교로 이 사실을 영원히 위장할 수는 없다. 더욱이 중요한 것은, 아무리 감정적으로 부추긴다 해도 그 사실 자체를 지울 수 없다는 점이다.

권력은 그 자체가 사악한 것이 아니다. 권력을 가진 자가 약한 대중을 다스리는 것은 사자가 양을 잡아먹는 것처럼 자연스러운 일이다. 어떤 국가나 집단이 실질적인 힘을 소유하지 못하고 있을 때, 그들이 다른 나라나 집단에 종속되는 것은 적절하고 정당한 귀결이다. 반대로 그들이 힘을 회복해 강건해진다면, 이전의 위상을 되찾아 자기들을 지배했던 나라나 집단을 오히려 정복하고 지배함이 똑같은 논리로 정당해지는 것이다. 진화는 권력을 통해 작동하되, 거기엔 어떤 제한도 있을 수 없다.

패배의 대가는 엄청나다. (현대사회에서) 패배자는 밥값을 한다는 조건하에시만 존재를 허락 받는다.

---

229) 이집트 왕 세소스트리스 1세(재위기간 BC 1918~1875).

생명이 날뛰는 세계에서 공평무사한 정의란 존재해본 적도, 존재할 가능성도 없다. 그런 개념 자체가 어불성설이다. 진화는 그런 거 모른다.

맹수와 짐바리 짐승 사이, 자본과 노동 사이에는 영원한 싸움만이 존재한다. 그들은 서로에게 자연이 점지해준 적이며, 항상 강자가 약자를 지배하는 것이 정당함을 보여주게끔 살아간다. 싸움은 무제한 룰(rule)로 진행된다. 오늘내일 끝나는 싸움이 아니다. 영원히 끝나지 않을 싸움이다.

로마 공화정의 옵티마테스와 포풀라레스,[230] 그리스의 아리스토와 헬로트,[231] 카르타고의 왕과 누비아인(人) 머슴, 카르나크와 멤피스의 군인 특권층과 노예들 사이에 횡행했던 분쟁이 지금은 가진 자와 못 가진 자 사이에서 벌어지고 있다. 현대 아메리카 대륙의 채권자와 채무자 그룹 사이에 벌어지고 있는 소요와 갈등은 고대 그리스로마 세계에 있었던 사태의 정확한 판박이다. 그런데도 (양편 진영 모두에서) 현대의 리더들은 과거의 지도자들에 비해 한심하게 나약한 존재일 뿐이다. 그저 장난감과 자장가만 쥐어줘도 즐거워하는 어린아이 수준이다. 보아도 보지 못하고, 들어도 듣지 못하며, 머리가 있어도 깨치지 못한다.[232] 히죽거리며 혀짤배기소리만 낼 뿐, 기껏 웅변을 토한

---

230) 옵티마테스(Optimates)와 포풀라레스(Populares) 모두 로마 공화정 말기 부유층 출신 정치집단으로 전자는 원로원 귀족을 후자는 평민층을 대변했다. 고대 로마의 역사에서 폼페이우스와 카이사르, 안토니우스와 옥타비아누스의 대결은 두 정치집단의 대표적인 주도권 싸움으로 간주된다.

231) 아리스토(Aristos)와 헬로트(Helots)는 그리스의 귀족, 노예 계급을 말한다.

232) 마태복음 13장 13절의 패러디.

다는 것이 아무 의미 없는 헛소리다. 그들에겐 조야한 요람이 곧 우주
요, 꿈나라 방황이 곧 삶이다.

세상에 널리 퍼진 에너지의 갈등을 영구적으로 화해시키겠다는 이
야기는 구름 잡는 횡설수설에 불과하다. 단순한 임시방편이 아닌 타
협은 더 이상 생각할 수 없는 일이다. 부자와 가난한 자는, 마치 건전
지의 양극처럼, 각자 서로에게 불가피한 결과물이자 보완재다. 가난
한 자를 착취하는 것이 부자의 직무라면, 마찬가지로 부자를 패퇴시
키고 착취하는 것 역시 가난한 자의 직무다.

계층 간 억압은 언제나 희생자 편의 노골적인 소심함에서 비롯된
다. 부자든 가난한 자든 겁쟁이는 자연의 사랑을 받을 수 없다. 억압
은 진화에 꼭 필요한 단계다. 그를 통해서만 열등한 유형들의 종속과
제거가 이루어지는 것이다. 생존을 위한 투쟁은 모든 짐승과 마찬가
지로 인간에게도 똑같이 부과되는 숙제다. 난다 긴다 하는 학자들이
세계평화를 떠들어대는 동안에도, 서로 경쟁하는 집단은 옛날과 다름
없이 상대에게 달려들어 굴복시키려고 혈안이다. 과거에도 죽 그래왔
듯, 미래에도 힘은 모든 것을 결정하고야 말 것이다. 다른 소리를 떠
드는 자들은 정직하지 못할 뿐 아니라, 생물학적 결정론의 비중과 결
과에 대한 현실적 이해가 전무하다.

이제 온 세상이 빚더미에 올라 있다. 인간적인 노력으로 원금은 고
사하고 그 이자조차 물기 어렵다. 비스니스는 언젠가 포탄작렬을 통
해 청산되어야 할 모기지 부채의 암운(暗雲) 속을 연명하고 있다. 차용
증은 곧 차꼬를 의미하니 말이다.

재물이란 변형된 힘이라는 것을 이제 모르는 사람은 없다. 그것이 부족하다는 것은 불모와 쇠망의 확실한 신호다. 산업주의란 힘에 의한 힘의 조작을 일컫는 개념이다. 뇌와 근육은 인력(引力) 메커니즘의 중요한 요소다. 전쟁포로의 자손은 오랜 세월 굴종상태에서 단련을 받아, 가장 **빼어난** 기계공, 전문가, 하인을 배출해낸다.

자본은 힘에 집중되어, 추가로 힘을 얻어내 저장하는 데 활용된다. 자본이 어떤 식으로 작동하는가는 온전히 자본가의 재량에 달려있다. 자본의 소유와 사용에 관한 한 자본가는 그 어떤 간섭으로부터도 자유롭다. 권력을 점유한 이상, 자본으로 무엇을 하든 자본가 마음이다. 원하기만 하면, 자본을 통해 지구도 소유할 수 있다. 마음이 내키거나 이득이 점쳐진다면, 국가와 국민까지 사고 팔 수 있다. 자연의 관점에서 자본가의 에너지와 야심에 한계는 없다. 오직 필요한 것은 계획에 준하는 권력이다. 다만 또 다른 자본가나 집단에 의해 동일한 원칙이 작동될 수는 있다. 그로부터 발생하는 갈등을 통해, 누가 생존 적임자인지 한 점 의혹 없이 입증된다. '부자의 권리'가 그런 식으로 유지되고, '가난한 자의 권리' 또한 마찬가지다. 소유의 증식과 재분배에 그 어떤 제한도 있을 수 없다. 페어플레이는 본질적 문제도, 요망사항도 아니다. 물론 쌍방 모두 전략적으로 그걸 원한다면 가능은 하다. 그러나 철저히 무시할 수도 있는 무엇이다. 실제 삶 속에서 페어플레이 원칙은 물질적 힘의 우위를 점유한 자들에 의해 거의 언제나 묵살되는 것이 사실이다.

평등이란 동등한 사람들 속에서만 존재할 수 있는 개념이다. 문명은 노동의 분할을 의미하고, 노동의 분할은 종속을 의미하며, 종속은 불평등과 부당함을 의미한다. 내 말이 사실이 아니면 돌로 쳐라!

이런 말들 앞에서 무능함에 소심함까지 더한 자들, 끼리끼리 우상의 전당에 모여들어 목놓아 울부짖는다. "주여 저희를 불쌍히 여기소서!" "그리스도여 저희에게 자비를 베푸소서!" "저희를 악에서 구하소서!"

원시공동체들 속에서는 힘의 철학이 모든 계층에 의해 온전히 이해되었고, 왕성하게 작동했다.

생생하게 살아 숨 쉬는 뇌 속에 정의, 정당함, 순응 따위의 추상적 개념이 있을 자리는 없다. 사냥꾼과 전사들에게 삶이란 워낙 모진 것이어서 그런 인위적인 가치는 싸늘한 냉소만을 부를 뿐이다. 가족의 식사거리를 얻기 위해 매일 아침 사냥에 나서야 하는 (그리고 거처를 마련키 위해 땅을 차지해야 하는) 자는 그따위 자포자기적인 퇴행의 이론을 곧이곧대로 받아들일 만큼 순진하지 않다. 정치적 박애주의자라도 된 듯, 세금징수 도당(徒黨)에게 무한정 충성을 바칠 위인이 아닌 것이다. 그는 할 수 있는 한 자기만의 내재적 위엄을 고수하는 존재다. 그리고 절대적으로 우월한 힘 앞에서가 아니면 결코 머리 숙이는 스타일이 아니다. 심지어 그럴 때조차 훗날의 복수를 다짐하며, 현재 자기 위에 군림하는 세력에 대한 불굴의 증오심을 자손 대대로 물려주는 자다.

10

진화에 결말은 없다. 그것은 열등한 유기체를 없애고 완벽에 보다 가까운 유형을 지속시키려 애쓰면서, 항상 어떤 형태로든 진행 중이다. 고대의 신들처럼, 파괴적인 동시에 창조적이다. 과거의 강자는 현재의 강자에 의해 몰락한다. 엄밀한 연속의 과정 속에서 오늘의 강자는 내일의 강자에 의해 반드시 쓰러져야만 한다.

윤리적 독단론과 광신주의는 인간의 보다 높은 존엄성을 향한 진화에 실질적인 걸림돌로 작용한다. 윤리에 집착하는 자는 적극적으로 힘을 지향하기 어렵다. 그만큼 힘은 본질적으로 비윤리적이다. 그 결과, 가진 자와 못 가진 자 사이의 갈등은 자연의 의도만큼 노골적이지 않을 때가 많다. 윤리적인 사람은 비윤리적인 지배자에 대해 늘 허약한 경쟁상대로만 머물기 때문이다. 어리석게도 그는 (인지력에서 비교우위를 점한 것을 제하고는) 입만 살아있는 작자들이 무제한 권세를 부리는 걸 두고만 본다. 온갖 그럴듯한 구실을 붙여가며 얼마 되지도 않는 재산마저 갈취해가게끔 방치하는 것이다.

평균적인 필부의 삶에는 "세상만사 다 자기 탓(MEA CULPA)"이라는 사고가 필요 이상으로 많은 비중을 차지한다. 세상이 엉망인 것이야말로 바로 그 때문이다! 소위 "사회문제의 평화적 해결책"에 대한 약자들의 맥없는 희망이 죄다 그런 얼토당토않은 사고에서 비롯된 것이다. 원래 천성이 연약한 종자들이란, 자기들보다 그리 강하지도 않은 그저 만만한 상대가 전투태세를 갖추고 일전도 불사하겠다며 나설 경우, 어떤 사태가 발생할지 생각하는 것만으로도 오금이 저리기 일쑤다. 부자들이 분란을 피하기 위해 그토록 노심초사하면서, 어떻게든 '평화상태'를 유지하려고 애쓰는 진짜 이유가 바로 거기에 있다. 마찬가지로, 가난한 사람들이 주변에 먹을거리가 넘치는데도 굶주리는 이유, 가까이에 물이 흐르는데도 갈증에 허덕이는 이유 또한 거기에 있다. 법이라는 것, 복음이라는 요물이 그들을 망쳐놓았고 멀쩡한 감각을 두려움으로 마비시켜버렸다.

실상은 양진영 모두 서로를 두려워하고 있는 것, 단 하나뿐인 합리적 해결책이 두려운 것이다.

창백한 안색에 배짱이라곤 찾아볼 수 없는 종자들을 나는 저주한다! 도덕적이고, 준법적이며, 온건온당, 신심돈독, 유순한 사람이라 자처하는 자들에게 화 있을진저! 그들의 비둘기처럼 연약한 염통 속에 문명의 독한 기운이 주입될지어다! 그들의 가련한 허파 속에 매연의 신전(神殿)들이 뿜어대는 매캐한 독기가 흡입될지어다! 그들의 돼지우리, 인력시장은 스스로 영원히 들어가 살 무덤이 될지어다! 자기 자신과 자신을 지배하는 자의 빵을 벌기 위해 수치스러운 이마 가득 끈적끈적 땀이 맺힐지어다! 급기야는 버려진 똥개처럼 사멸하고 말지어다! 가난 속에서 나고 자라 모멸 속에서 죽어갈지어다! 그들이 섬기는 '신령(神靈)'의 고약한 업적도 바빌론과 니느웨,[233] 아나우악[234]과 로마처럼 갈아엎어질지어다! 그들이 권세 누리던 암울한 시기의 기록은 한때 인류의 뇌리를 맴돌다가, 천지가 벼락치고 심해가 솟구쳐 산산이 흩어질 악몽일지어다! 기필코, 기필코 그들 모두 대가를 치를지어다!

246

위축된 정신의 (예컨대 블룬칠리 같은)[235] 소유자들은 이처럼 과격한 생각이 사회의 기반을 위협한다고 주장한다. 설사 그렇다 쳐도, 도대체 사회라는 것이 무엇이기에 그 기반이 위협받아서는 안 되는가? 무엇이 그토록 흠 하나 없이 신성하고 순결한가? 인간을 뛰어넘어 기름부음이라도 받았나? 옳고 그름에 상관없이 무조건 보호해야 할 가치라도 있나? 또 다른 모리아 산(山)의 성전인가?[236] 우림과 둠밈인가?[237] 성스러운 법궤(法櫃)인가?[238] 지성소(至聖所. Sanctum Sanctorum)인가? 아니면 단지 "장막 뒤에 가려진 당나귀 머리통"인가? "사회를 위협한다"는 표현이 왜 엄혹한 금기나 광신적인 성전(聖戰)을 선포하는 것과 같은 취급을 받아야 하나? 왜?

사회란 하나의 편의적 산물이며, 수단이자 방편이다. 그것은 인간이 만든 것이고, 인간이 만든 것은 인간이 바꾸거나 파괴할 수 있다.

사회란 육식동물과 초식동물이 서로의 먹잇감을 찾아 한데 어우러진 집합체라고 정의할 수 있다. 한마디로 직립 보행하는 짐승의 무리에 지나지 않으며, 그런 무리에 초자연적인 신성함이 있을 리 만무

---

233) 아시리아의 수도.

234) 아즈테크 문명의 중심도시.

235) 요한 카스파르 블룬칠리(Johann Kaspar Bluntschli. 1808~1881). 스위스의 법학자이자 정치학자. 국가유기체론을 주장했다. 그의 이론에 따르면 국가와 개인의 인생은 동일한 것이다.

236) 솔로몬 왕이 모리아 산에 성전을 세웠다.

237) 고대 이스라엘 대제사장이 걸치는 흉패(胸牌)에 내장된 신성한 사물. 신의 뜻을 드러낸다고 믿어졌다.

238) 지성소 안에 모셔진 신성한 궤짝으로 모세의 십계명 판이 보관되어 있다.

하다. '무리(herd)'라는 개념은 언제나 게라사[239]라는 지명을 떠올리게 한다. 그렇게 인간의 무리는 개개인의 원심적, 구심적 에너지에 의해 무수히 통합되고 해체되어온 것이다.

여러 사회가 수립되었고 붕괴되었다. 그러나 인간이라는 단위, 그 생식질(生殖質)은 태양이 뜨고 파도가 가라앉는 가운데 고스란히 존속한다. 인간은 스스로 흙이자 도공(陶工)이며, 최고의 결정인자다. 그의 운명은 주어진 역량 안에서 전적으로 그 자신의 손에 달려있다.

솔론은 "강한 자에게 법이란 거미집과 같다"고 말했다. 그 법이 지탱하는 사회가 강한 자에게 지긋지긋하다면, 얼마든지 허물어버릴 수 있다. 그렇지 않으면 사회가 오히려 주인노릇을 하게 되고 결국에는 적이 되어 해치려고 할지도 모른다. 따라서 "사회를 위협한다"는 말은 단순한 과대망상적 히스테리의 발로가 아니다.

두 명 이상의 인간이 살아 숨 쉬는 한, (어떤 형태에서든) 사회란 존재할 수밖에 없다. 떼로 몰려다니는 벌의 습성이 자연스러운 것처럼, 더불어 관계를 맺는 인간의 습성 또한 자연적인 현상이니까 말이다. 그러나 '사회'라는 단어가 '사회적인 제약'을 의미할 만큼 발전할 경우, 그것은 형질의 진화에 방해가 되므로 가차 없이 파기되어야 한다. 우애란 필요하고 고결한 것이지만, 획일적인 감정적 연대는 인간의 존엄성과 사나이다운 기백을 훼손할 수 있다.

---

239) 마가복음 5장 1~20절. 예수가 마귀의 군대를 돼지 떼(무리) 속으로 몰아내, 그대로 절벽에서 떨어지게 만든 장소.

"사회를 위협한다"는 발상보다 더 위험한 것은, 서로의 즐거움과 이해관계, 동료의식을 토대로 순수하고 자연스럽게 이루어진 조합이 시간이 흐를수록 조직화된 다수결의 횡포로 변질될 수 있다는 사실이다. 가장 역겨운 독재적 성격의 조직만능주의 말이다. 그런 식으로 사회가 대규모 압력집단으로 변질되면, 그 구성원들의 삶과 재산은 전적으로 집단의 재량에 맡겨져, 결국에는 무자비하게 해체되기 마련이다. 자유는 아무리 비싼 대가를 치러도 아깝지 않은 가치다. 자유가 없는 삶은 판데모니움에 지나지 않는다.

정부와 사회는 별개의 개념이다. 그 둘을 혼동하지 않도록 주의해야 한다. 사회란 사람들끼리의 관용과 우애, 약속이 자생적으로 성장한 결과물이다. 하지만 정부는 강한 자가 패배한 적을 통제하고 착취하기 위해 동원한 물리력에서 나온다. 정부에 대한 승인(承認. sanction)은 동물학적, 태양 중심적 기준 전체를 통해 유효한 힘과 동일한 것이다. 바로 물리적 힘의 승인 말이다. 그러한 '승인'은 항상 검증의 대상이 되어야 한다. 형편없는 힘을 가진 자가 맨 처음 칼을 휘두를 수도 있기 때문이다. 우리는 진정으로 강한 자의 또 다른 칼끝이 목을 겨누기 전까지는 그가 약한 자인지 모른다.

색슨족의 영웅 베오울프 역시 '검(劍)'을 부르짖으면서 그와 같은 원초적 강령을 소리 높여 노래한 것을 보면, 우리 조상들은 본능적으로 그 중요성을 이해했음이 틀림없다.

"전쟁에 쓰이는 물건! 친구이자 동지! 명예의 아버지이자 왕위의 수여자! 명성을 벼리는 대장장이! 희대의 명가수! 청명한 울림 한번으로 깨끗하게 베어낼 줄 알고, 날렵하게 맞부딪쳐 부드럽게 마무리 지을 줄 아는 자! 죽음마저 아름답게 만들어버리니, 삶은 지난 세월 내기에 건 은전 한 닢이로다! 최고의 교란자이면서 최강의 건설자! 군주이자 복음전도사인 나는 신의 의지! 나는 검(劍)이로다!"[240]

뇌를 망가뜨리는 인공론(人工論. artificialism)[241]적 분위기, 본질적인 오류에 흠뻑 젖은 소모적 공동체 속에서 장기간 세뇌 당했을 경우에만, 인간의 '단단하고 쓰디쓴' 상식이 케케묵은 신인동형동성론적 신화와 타락한 망상에 자리를 내어주는 법이다. (모든 위대한 진리는 '단단하고 쓰디쓴' 법이다. 반대로 거짓은 병든 정신의 소유자에게 꿀보다 더 달콤하기 마련이다.)

우리는 알게 모르게 조금씩 현실주의를 버리고 파타 모르가나(Fata Morgana)[242]를 좇는다. 우리는 타락의 전당포에 우리의 운명을 저당 잡힌다. 보라! 동방의 속임수가 서방의 남자다움을 죽여버렸다!

우리는 지금 여자처럼 싸우고, 여자처럼 느낀다.
가슴에서 우러나는 생각일랑 고이 간직한다.
신의 꾸지람은 와 닿지 않아도,
바보의 비웃음은 폐부를 찌른다.

---

240) 영국시인 윌리엄 어니스트 헨리(William Ernest Henley. 1849~1903)의 시 〈검의 노래〉 중 일부.
241) 세상만물과 자연현상을 인간의 기준으로 판단하고 인간을 위한 관점에서 바라보는 사상.
242) 아서왕의 전설에 등장하는 요정 모건(Morgan)의 이탈리아 이름으로, 신기루를 의미한다.

지조 없는 세 치 혀와 소심한 펜촉,

잡놈들이나 휘두를 무기다, 결정하라!

용자(勇者)들은 서로 정정당당하게 남자처럼 싸웠느니,

세상이 광활하던 시절이었노라.[243]

그럼에도 세상은 아름답다. 발갛게 상기된 얼굴로 첫사랑을 떠올리는 소녀처럼 아름답다. "여명은 화사하게 웃고 미풍은 부드러이 분다."[244] 오로지 남자들만이 우두머리가 되어 포획하고 차지하기를 기다리고 있다.

남자다움이 죽어버렸다!

이 작은 팸플릿은 개인적 이익을 목적으로 작성한 것이 아니다. 지난 수세기에 걸쳐 유럽과 아메리카의 피를 더럽히고 두뇌를 좀먹어 온 해롭고 이질적인 관념들을 뿌리 뽑는 데 일조하는 뜻에서 만들어진 것이다. 오늘날 통념적인 도덕론과 정치적 가치기준은, 나무를 깎아 만든 우상들처럼, 인간이 만들어낸 작품들이다. 자연에 토대를 둔 것도 아니요, 초자연적인 근거가 있는 것도 아니다. 벌레 먹은 거짓에

---

243) 오스트레일리아의 대표적인 소설가이자 시인인 헨리 로슨(Henry Lawson. 1867~1922)의 〈세상이 광활하던 시절〉의 일부.

244) 영국의 역사학자이자 시인인 토머스 그레이(Thomas Gray. 1716~1771)의 〈방랑시인〉 중 한 구절.

서 다듬어낸 것, 뻔뻔한 억측이자 정신병자의 백일몽에 지나지 않는다. 대담하기 짝이 없는 사기다. 수천 년 전 동방의 타락한 종족을 노예화하기 위해 조작해낸 부자연스럽고 멍청한 원칙들 앞에서, 제아무리 형식적인 예의표시일망정 우리가 왜 머리를 숙여야 하는가? 가짜 영웅주의와 엉터리 복음들에는 이미 충분한 립서비스를 해주지 않았던가? 도대체 왜 노예의 미덕을 받아들이는 척하는가?

정체를 빤히 알면서도 왜 진실이 아닌 것을 계속 받들어 모시려 하는가? 진가가 빛나는 사람들이 왜 그렇지 않은 사람들의 "할지어다" 운운하는 소리에 연연해야 하는가? 이제 다시 자연으로 돌아가 우리의 도덕기준을 바로 세우자!

우리 자신의 심장과 두뇌를 탐색해 옳고 그름의 진정한 의미를 찾아내자. 지금 우리는 도덕적 치매와 사회적 질병, 정치적 망상이 고착화된 유독한 환경 속에서 살아가고 또 (대부분은) 죽어가는 중이다.

온당하고 정당함을 자처하는 자들! 위선자들! 사기꾼들! 고귀하고, 용감하며, 남자다운 모든 이의 적들! 자기주장을 파괴하는 자들! 영웅주의를 무력화하는 자들! 내게 악마의 군대가 있어 저들의 모가지를 비틀어버릴 수만 있다면!

(권력에 의해 탄압 받고) 십자가에 매달린 유대인 노예 하나가 신으로 옹립되어, 온 인류를 위한 판단기준으로 자리 잡았다. 바로 그것이 인간적 패기와 사상적 기품이 터무니없이 평가절하 된 원인이다.

기독교도는 노예들이다! 남자다움은 죽어버렸다! 우리 인종은 속았다!

Wight is Wight

제6장 ——————— 섹스와 여자와 전쟁

1

최고의 싸움꾼은 최고의 인종 번식자다. 이는 생물학의 결정사항이자 전체 여성세계의 보편적이고 본능적인 믿음이다.

유기적 자연에 다양한 주형(鑄型)을 뜨는 작업에서, 섹스와 전쟁은 (그에 수반하는 온갖 고난과 결과들까지 감안하여) 가장 유력한 두 개의 인자다. 전투는 순금으로부터 폐기물을 화학적으로 분리하기 위해 의도적으로 고안된 화덕 겸 증류기다. 그로부터 다시 순금입자를 결합하여 육체적 아름다움과 혈기, 용기, 끈기 같은 선택된 자질들을 영속시키는 합성작용이 바로 성욕이다. 다윈은 이렇게 썼다. "나는 자연의 선택이 변화를 유발하는, 배타적이지는 않지만 주된 인자임을 확신한다."

같은 생각이, 다소 감상적이지만 못지않게 의미심장한 표현으로 정착된 것이 드라이든[245]의 다음 시구다.

행복하도다, 행복하도다, 새신랑 새신부!
오로지 용감한 자가,
오로지 용감한 자가,
오로지 용감한 자가 미녀를 얻나니.

---

245) 존 드라이든(John Dryden, 1631~1700). 영국의 계관시인.

헤라클레이토스[246]는 이를 다음과 같이 조금 더 집약된 경구로 요약했다. "쟁투는 만물의 어버이." 심지어 (보잘것없는 나라의 임금이었던 백발성성한) 솔로몬조차 동방의 전형적인 시어로 이렇게 노래했다. "사랑은 죽음처럼 강하고, 정열은 저승처럼 억센 것. 그 열기는 불의 열기, 더할 나위 없이 격렬한 불길이랍니다. 큰물도 사랑을 끌 수 없고, 강물도 휩쓸어가지 못한답니다."[247]

싸움은 번식의 최적임자가 결정적으로 그 사실을 입증하는 방법이다. 새, 나무, 물고기, 꽃, 뱀 등등 모든 동식물이 끝없는 성적(性的) 경쟁관계와 전투 속에서 생존을 이어가며, 인간도 예외가 아니다. 유기체의 삶이란 사랑과 전쟁의 끝없는 순환이다. 섹스와 살상은 동반자 관계다.

세균은 세균을 몰살하고, 미생물은 미생물과 싸우며, 상어는 상어를 잡아먹고, 호랑이는 호랑이를 공격한다. 사자는 사자를 물어뜯고, 독수리는 독수리를 죽이며, 인간은 인간과 겨룬다. 목적은 암컷의 환심을 사거나, 패자(敗者)의 것을 갈취하기 위함이다. "땅에는 평화, 온유한 자에게는 자비"란 정신 나간 흰소리에 불과하다. 가장 그리스도적인 짐승이라는 양조차도 번식기만 되면 서로 맹렬하게 결투한다.

성욕만큼 혹독하고, 사납고, 자기중심적인 열정은 없으며 제아무리 로맨틱하고 숭고한 사랑의 감정이라 해도 그 저변에는 욕정이 자

---

246) 기원전 500년경 활동한 그리스 철학자로, 쟁투와 변화가 우주의 자연조건임을 설파했다.
247) 〈구약〉 아가 8장 6~7절.

255

리한다. 세상 어디에서나 "사랑의 계절은 전투의 계절"이며, 섹스의 열기가 시원찮은 나라의 남자들은 자기 씨를 번식시키기에 적합지 못한 만큼 자유를 향유하기에도 부적절한 상태에 놓이기 마련이다.

토피나르[248]는 바다에 사는 척추동물에게 섹스가 어떻게 기능하는지를 다음과 같이 설명하고 있다. "수컷 흰곰들은 11월에 포클랜드 제도에 도착해 해안선을 따라 흩어진다. 12월에는 암컷 흰곰들이 도착하고, 그 직후부터 암컷을 차지하기 위한 격렬한 전투가 사방에서 불붙는다. 흰곰가족의 삶은 정확히 인간의 그것을 따른다. 암컷의 행실이 나쁠 경우, 수컷의 가차 없는 응징이 가해진다. 그러면 암컷은 수컷의 발 앞에 웅크리고 용서를 구하는 자세를 취하며, 많은 눈물을 쏟는다. 때로는 수컷과 암컷이 함께 울기도 한다."

세계적 명성을 자랑하는 지리학자이자 박물학자 A. R. 월러스[249] 역시 이와 유사한 일련의 사실들을 다음과 같이 천명하고 있다. "고등 동물의 세계에서 수컷들이 암컷을 차지하기 위해 싸운다는 것은 일반적인 사실이다. 이를 통해 보다 강하고 잘 무장된 수컷이 다음 세대의 어버이가 되어, 자신의 자질을 물려주게 되는 것이다. 결국 수컷들의

---

248) 폴 토피나르(Paul Topinard, 1830~1911)는 프랑스의 저명한 인류학자. 1893년 발표한 다음 글에는 그의 인종학적 입장이 잘 드러난다. "역사를 돌이켜볼 때 골족은 다음 두 가지 요소로 이루어진 민족이다. 먼저 소수의 지배자 혹은 정복자가 있는데, 금발에 키가 크고, 장두(長頭)형 두상이다. 반면 대다수는 키가 작고 상대적으로 단두(短頭)형 두상이다. 단두형 두상은 언제나 억압을 당하는 쪽이었다. 그들은 장두형 인간들에 의해 삶의 터전에서 쫓겨나기 일쑤였다. (…) 금발 민족은 전사에서 상인과 공장 노동자로 변신했다. 한편 살아남은 단두형 인간은 선천적으로 번식력이 왕성해, 그 수가 증가한 반면 장두형 인간은 감소했다. (…) 과연 미래의 세상은 그들의 차지가 될 것인가?"

249) 알프레드 러셀 월러스(Alfred Russell Wallace, 1823~1913)는 영국의 저명한 지리학자로 다윈과 비슷한 시기에 진화론의 가설에 도달한 것으로 알려져 있다.

패기와 공격성은 지속적으로 증가해서 황소의 힘과 뿔, 멧돼지의 뚝심과 엄니, 수사슴의 날렵함과 가지뿔, 싸움닭의 발톱과 투지를 낳기에 이른다. 한데 이처럼 특별한 무장을 갖추지 않은 동물들도 대부분 수컷은 서로 싸운다. 심지어 토끼와 두더지, 다람쥐와 수달까지도 죽기를 각오하고 싸운다. 물론 수놈 새들에게도 동일한 법칙이 적용된다. 이와 같은 보편적 현상을 통해 자연도태의 한 유형이 정착될 수밖에 없는데, 그것은 수컷 동물의 패기와 전투력이 증가함과 동시에 상대적으로 약한 수컷은 상처를 입어 죽거나 삶의 터전에서 쫓겨나고 만다는 사실이다." 인간세계가 그렇듯이 말이다.

다윈도 '인간의 유래'라는 장에서 이와 유사한 언급을 하고 있다. "군집을 이루며 생활하는 동물의 경우, 젊은 수컷은 암컷을 차지하기 전까지 수많은 시험을 통과해야만 한다. 그리고 늙은 수컷은 새로운 싸움들을 치러냄으로써 자신의 암컷을 지켜야 한다. 인간의 경우에는, 온갖 유형의 적들로부터 암컷뿐만 아니라 새끼들까지 보호하고 지켜야 하며, 함께 섭취할 먹잇감도 사냥해야만 한다."

척추동물의 경우, 무리의 우두머리는 싸움에 임하는 용맹성을 통해 스스로 그 자리에 오른 셈인데, 이는 나폴레옹이 자기 손으로 머리에 왕관을 썼을 때의 논리와 똑같은 것이다.[250] 세계의 모든 왕실은,

---

250) 노트르담 대성당에서 나폴레옹이 황제의 자리에 오를 때, 대관식을 주관했던 교황 비오 7세가 왕관을 씌워주려 하자 나폴레옹이 그것을 빼앗다시피 낚아채 직접 자기 손으로 머리에 얹었다는 일화가 전해온다. 그렇게 함으로써 자신이 누구의 꼭두각시도 아니라는 메시지를 세상에 전하려 했다는 것이다. 하지만 이 일화는 다소 과장된 것이라는 게 역사학자들의 일반적 견해다. 실상은, 교황이 먼저 제단에 올라 왕관을 축성한 뒤 자리에 착석하자, 다음 순서로 나폴레옹이 제단에 올라 자연스럽게 손수 왕관을 썼다고 한다.

짐승의 세계에서와 마찬가지로, 싸움을 통해 세워졌고 싸움을 통해 유지되었다. 인간이나 동물이나 우두머리의 자격으로 가장 중요하게 취급되는 조건은 전투능력이다. '무리'는 유능한 싸움꾼에게서 유능한 지도자에게 필요한 모든 덕목이 잠재함을 본능으로 감지한다. 바로 그렇게 형성된 지도력을 무리는 원하는 것이다. 무리의 우두머리라는 자리는 쟁탈을 통해서만 옮겨간다. 새로운 승리자가 곧 계승자가 되는 셈이다. 시력과 청력, 기력과 용기가 지탱하는 한, 영토의 주인이자 판관, 번식자로서 우두머리의 권한은 절대적이다. 하지만 그 모든 능력이 쇠할 경우, 단 한순간도 유예는 허락되지 않는다. "국왕 붕어, 신왕 폐하 만세!"[251]는 생물학적으로 불변의 정언(正言)이다.

이상을 자연의 질서라고 한다면, 비자연적인 질서는 허약하지만 말발이 센 자를 행정의 수반(또는 입헌군주)으로 내세우는 것이다. 이는 총체적인 노쇠와 퇴행의 시대에 인간의 무리만이 채택하는 노선이다.

정치꾼들은 (우리가 매일 거짓으로 수놓아진 지면의 선정적 헤드라인을 곧이곧대로 믿는다면) 영원히 서로 싸우는 것처럼 보이지만, 그런 식의 싸움은 사실 눈속임일 뿐이다. 정치꾼들은 진정한 '싸움'을 하지 않는다. 그들이 '싸움'이라 부르는 것은 '예'와 '아니오'를 가지고 장난치는 도박일 뿐이다. 상대가 차지한 전리품과 모아둔 수확물을 가로채기 위해 일종의 동전던지기 게임을 한다고나 할까. 정신 차리고 잘 들어라!

---

251) "Le Roi est mort, vive le Roi!" 프랑스를 비롯한 유럽 전역에서 왕위계승 시 백성이 환호하며 외치던 말로 왕권 자체의 영속성을 의미한다.

"국민을 향한 신성한 열정" 운운하며 입에 게거품 무는 그들의 역겨운 소리가 들리는가? 무엇 때문에 그런다고 생각하나? (하나같이 파렴치한 모리배들 주제에) 힘 있는 자리 하나씩 꿰차고 앉아 나라를 제멋대로 조종하면서, 뒤로는 세금으로, 공갈로 제 호주머니 채우기 위해서가 아닌가! 돌이켜보건대, 용기와 자신감으로 충만한 진실로 강한 지도자가 앞장설 때 나라와 민족은 최고의 번영과 영광을 누릴 수 있었다. 한데 지금은 입만 놀릴 줄 아는 정치꾼들이 무모한 선거에 편승해서 세상을 엉망진창 주무르는 통에, 퇴행과 치욕의 수렁으로 나뒹구는 나라와 민족이 어디 한둘인가?

2

여자들은 군인, 운동선수, 왕, 귀족 등 싸움에 능한 사람에게 본능적으로 끌리는 성향을 타고난다.

여인이 보기에, 연적과의 대결에서 흠씬 두드려 맞는 남성보다 더 초라한 존재는 없다. 이는 모든 계층의 여성에게 예외 없이 확인되는 감정이다. 남자가 어떤 여자에게서든 (신앙이 깊은 여자까지도) 찬탄을 이끌어내는 가장 좋은 방법은 거칠 것 없는 육체적 활력을 과시하는 것이다.

젊은 여자들은 "착해빠진" 스타일의 자기만 바라보는 남자에게 본능적인 경멸감을 느끼기 마련이다. 그들은 안색이 창백한 겁쟁이 남성에게 분명한 거부감을 갖고 있다. 남편이 될지도 모를 남성에게서 바라는 것은 다른 어떤 자질보다 왕성한 기운과 활력 넘치는 성향, 거센 패기와 용기다. "대범하고 나쁜 남자"가 웬만큼 수용 가능한 수준이라면, 그 손에 처녀보쌈을 당하는 것도 나쁘지 않다는 게 여자들 속마음이다.

여자는 구애를 받다가 쟁취되기를 갈망하거니와, 일단 쟁취되고 나면 정복당하고 지배받아 소유된다는 기분을 느끼고 싶어 한다. 한마디로 자기 마음을 앗아간 남성이 '남자 중의 남자'이기를 원하는 것이다. 이 같은 여성 특유의 성향을 어느 익명의 저자가 꽤 감칠맛 나게 표현했다.

오래된 정원 구불구불 이어진 길로
사근사근 거니는 아리따운 처녀.
그런데 마음은 왜 그리 찬지.
저만치 왕자님이 다가와 구애했네,
진정 그대를 사랑하노라고.
처녀 왈 "그렇지 않은 걸요."
왕자는 그만 돌아섰네.

이번엔 향수냄새 풍기는 귀족나리
선뜻 한쪽 무릎 꿇너니 말했네,
바다보다 더 깊은
이 사랑 받아달라고.

하지만 매력만점 처녀 대답하기를
"당신의 사랑은 죽었어요."
향수냄새 풍기는 귀족나리
더 이상 할 말이 없었네.

마지막으로 나타난 낯선 사내
처녀 손목 거칠게 낚아채고는 말했네,
이 몸을 사랑하도록 만들겠노라고.
그녀는 대답했네, "물론이에요!"

주위를 압도하는 수컷은 최고로 매혹적인 암컷을 소유함으로써 마찬가지로 주위를 압도하는 자손을 키워낸다. 위대한 종족은 그런 식으로 탄생하는 것이다. 그보다 못한 수컷은 어쩔 수 없이 밀려나 다소 모자란 암컷과 짝을 이룬다. 결국 엄혹한 이치에 따라 가장 보잘것없는 수컷은 마지막 남은 암컷을 맞아들일 수밖에 없다. (하층민의 전형적인 속성은 그렇게 해서 형성되는 것이다).

우수한 수컷은 우수한 암컷을 혈통적 관점에서 취하고, 열등한 수컷 역시 열등한 암컷을 통해 자신의 혈통을 복제한다. 각 계층은 그런 과정을 밟아 (평균적인 차원에서) 자기 형질을 재생하는 것이다. 그러는 가운데 최선을 향한 자연의 투쟁이 진행되며, 그것이 인위적으로 봉쇄되지 않는 한, 지배계층은 주기적으로 힘을 보여주어 자신의 위상을 입증해야만 한다. 그렇지 않으면 새롭게 치고 올라오는 보다 용맹하고 대범한 동물에 의해 교체, 청산되어 모든 걸 몰수당할 수 있다.

귀족계급은 항상 전쟁 속에서 태동했다. 평화 시에 (독버섯처럼) 생장하는 것은 겉만 번주그레한 야바위 집단이다. 그 어떤 귀족계급이 칼의 힘을 잃었을 땐 세상의 지배권도 함께 내려놓아야 한다. 마찬가지로 종속집단은 전투능력을 상실한 지배자의 군림을 더 이상 용인해서는 안 된다. 일류가 이류 위에 군림하고, 이류가 삼류 위에 군림하는 것은 자연의 질서이나, 거기엔 분명 자유로운 투쟁에 의한 적자생존의 원칙이 작동해야만 한다. 그렇게 할 때, 비로소 열등한 종자가 쓸모없는 해충처럼 무자비하게 박멸되는 날이 올 것이다. 보라! 나는 과거의 진화를 토대로 미래를 판단한다!

격투기나 운동경기를 보러 모여든 여자들의 심리는, 두 마리 이상 수사자들이 짝을 차지하기 위해 서로 물어뜯고 뒹구는 동안, 그 혈투를 지켜보는 암사자의 본능적인 기대감과 크게 다르지 않다. 암사자는 승리한 수사자의 포옹을 자연선택의 결과로 받아들인다.

맹수사냥이랄지 창술시합, 결투, 격투기 등 '피와 잔혹'이 난무하는 남성적 스포츠를 즐겨서 어떤 종족과 나라가 멸망하고 노예로 전락했다는 얘기는 들어본 적이 없다. 천만에! 전혀! (무릇 자연이란 인간보다 백만 배는 더 잔인한 법이다). 하지만 우유부단함과 사치, 고리대금, 하루살이 노동, 정치적 술수, 미신, 퇴폐문화, 평화 등등이 낳은 인간적 소심함이 만연한 탓에 치욕스럽게 몰락한 문명은 부지기수로 많다.

대담성 결핍이랄지 육체적 쇠약, 비굴한 정신, 위험회피, 죽음에 대한 두려움(인종적 퇴행의 확실한 징표다)은 토너먼트 경기, 정복전쟁,

격투기에서 비롯된 것이 아니다. 교회가 '홀름강(holmgang)'[252]을 폐지하면서부터, 매서운 북구(北歐)의 자존심은 흔적도 없이 사라졌다. 교회가 올림픽 대회를 폐지하면서부터 그리스의 기상은 맥없이 수그러들었다. 교회가 검투사들의 대결을 금지하면서부터 불멸의 도시 로마는 몰락의 길로 곤두박질쳤다.

불도그(Bull-dog)의 미덕은 본질적으로 승승장구할 수밖에 없으며, 젊었을 때부터 생활화함으로써 지속적으로 발달할 수밖에 없다. 그렇기에 가급적 축구도 '난폭하게(brutal)', 싸움도 '난폭하게', 사람과의 대면도 '난폭하게', 생각도 '난폭하게' 할 필요가 있다. '난폭한' 종족은 언제나 승리하는 종족이었다. 역사상 거물들은 항상 최고로 '난폭한' 사람들이었다(알렉산드로스 대왕, 세소스트리스 1세, 카이사르 황제, 티투스 황제,[253] 네로 황제, 보나파르트 황제, 올리버 크롬웰, 율리시스 S. 그랜트, 오토 폰 비스마르크, 세실 로즈[254]).

실생활에서 '난폭하다'는 표현은 여성스럽고 유약하다는 말의 반대의미다. 인간은 결코 다른 쪽 뺨을 내어주지 않을 만큼 난폭한 존재다. 난폭한 야수(BRUTE)가 하는 행동으로 자연의 관점에서 옳지 않은 일이 무엇인가?

---

252) 기독교가 전파되기 전 노르웨이의 관습. 두 사람 사이의 분쟁에서 판관이 옳고 그름을 결정하지 못할 때, 분쟁 당사자들은 외딴 섬으로 가서 결투를 통해 누가 옳고 그른지를 판가름 낸다. 이때 켈트신화의 주신 오딘이 옳고 그름을 결정해 둘 중 한 명에게 승리를 허락한다고 믿어졌다. "힘이 정의(might is right)"라는 원칙이 적용된 대표적 사례인 셈이다.

253) Titus Flavius Vespasianus(39~81). 예루살렘을 함락시킨 로마황제.

254) Cecile John Rhodes(1853~1902). 영국출신 사업가로 케이프 식민지 수상을 역임. 아프리카 종단정책을 추진한 제국주의자다.

"자연은 일어서 있는데, 인간은 쓰러져 있다"라고 선언한 에머슨은 이 중대한 시대착오의 의미를 감지하고 있었다. 그리스도에 매달리는 자들은 "난폭하다"는 말로 서로를 겁박하기 일쑤인데, 그러는 자신들은 대체 어떤 존재인가? 하등 쓸모없는 인간찌꺼기에 비굴한 족속, 폐기처분되어 마땅한 폐물들 아닌가! 아리안족의 대이동에 빌붙은 종자들, 형편없는 지적 수준에 툭하면 울고불고 하는 퇴화한 종족 아닌가 말이다! 다시 에머슨의 말을 들어보자. 이만하면 상당히 공정한 견해라 할 수 있다.

부끄럼 없는 파랑(波浪)들
저마다 감미로운 율동에
미풍과 어우러져 놀아나니,
오랜 놀이친구가 만나누나.
떠도는 원소들 태초의 덩어리들
살아 숨 쉬는 극점(極點)들에 이끌려
이리저리 휩쓸리고 쏠려 다니니,
바다, 육지, 공기, 적막,
풀과 나무, 네발 가진 동물, 날개 달린 새들,
하나의 음악에 홀리고,
하나의 신령(자연)에 휘둘리누나.
서로가 서로를 꾸며주며,
고요히 어우러지고,

아침과 안개와 언덕을

밤의 베일이 가려주누나.

그러나 인간은 웅크린다, 부끄럽다,

도망친다, 감춘다.

기어 다닌다, 잠입한다,

속인다, 훔친다.

우울하고, 시기하고, 불안하고,

여기저기 흘끔거리는,

기형아, 공범자.

인간이 땅에 독(毒)을 푼다. [255]

운동경기는 보다 나은 인간을 육성하는 데 강력한 영향력을 행사한다. 누구든 대등한 적수를 상대로 정면대결을 펼친 뒤에 승리하든 패배하든, 그 사람은 이미 고결한 존재로서 자신의 몫을 다한 셈이다. 용기와 냉정함, 대담성, 깨끗한 피, 정신적 균형은 운동선수에게 첫 번째로 요구되는 덕목이다. 그런 존재는 강한 개성의 소유자이어야 하고 자주적이어야 하며, 무엇보다 침착한 자존감과 지략이 풍부해야 한다. 한마디로 당당한 사람이어야 한다.

당당한 사람은 관대하고, 솔직하며, 호탕하고, 거침없다. 높은 이마는 시원하고, 걸음걸이는 든든하니 겁이 없으며, 몸가짐은 사자와 같

---

255) 랄프 왈도 에머슨(Ralph Waldo Emerson. 1803~1882)의 시 〈스핑크스〉의 일부.

다. 상대를 응시하는 눈빛에는 흔들림이 없고, 한번 보면 상대의 모든 걸 간파한다. 사업에서 그의 말 한마디는 샤일록[256]의 차용증서보다 더 철저하다. 그는 박식한 철학자나, 심오한 학자, 유명한 정치가가 아닐 수도 있다. 영혼의 '구제'에도 딱히 연연하지 않을 수 있다. 대신, 그 모든 걸 뛰어넘어, 그는 사나이다. 다시 말해서, 어딜 가나 여성으로부터 각별한 관심과 최고의 호감을 얻는 존재다. 여성의 성적 본능은, 극점을 향하는 나침반의 바늘처럼, 자연 앞에서 항상 정직하다.

백묵 같은 낯빛으로 비굴하게 굽실거리는 매장종업원, 입으로만 젖과 꿀이 흐르는 돈독(毒) 오른 목회자, 아부와 저자세에 목숨 건 비쩍 마른 하급직원, 하는 짓마다 주제넘고 몰골스러운 시골 무지렁이, 세금 처먹는 데 혈안인 기름기 번들번들한 정치 모리배. 이런 쓰레기들로부터 과연 얼마나 멀리 벗어나야, 행동거지 하나하나 과묵하고 듬직한 구릿빛 용사를 만날 수 있을까? 힘과 아름다움, 패기, 좋은 혈통이 피 튀기는 쟁투의 삶에서 나오지 않는다고 누가 감히 말할 수 있을까?

건강한 동물성은 모든 미덕의 근본이다. 병든 몸은 병든 정신을 낳는다. 평균적 '자질'이 악질 타락상으로 이어지는 이유가 거기에 있다. 눈 먼 군중의 광기에 찬 아우성 또한 그로부터 기인한다. 평균적으로 '문명화된' 사람들은 설익은 과대망상증 환자이자 낙태아들이다. 제정신을 가진 인간들이 (유대인 거지가 만들어낸) 우상숭배에 빠져든 사례가 없다. 멀쩡한 인간은 발전이라는 미명하에 제 살 파먹고 제 자식들 골

---

256) 셰익스피어의 〈베니스의 상인〉에 등장하는 유대인 고리대금업자.

수 빨아먹을 "소시지 공장"[257] 따윈 결코 세우지 않는다.

인류를 영구적 파멸로 유인하는 것은 소위 입만 살아 나불대는 사이비 식자(識者)들이다. 이들 정신 나간 인간들이 조금씩만 더 일찍 세상을 하직한다면, 지구의 공기는 그만큼 더 깨끗해질 텐데 말이다. 그들이 얼마나 교묘하게 사람들을 미혹시키는가! 절대 고칠 수 없는 병에 걸렸음에도 모조리 완쾌될 수 있다며 돌팔이 의사노릇 하는 동안, 인류의 머릿속에는 얼마나 고질적인 정신병들이 뿌리를 내려왔는가!

설교대, 단상, 교단을 종횡무진 누비며 광기로 버무린 횡설수설 펼쳐놓으면, 발정 난 토끼 마냥 미쳐 날뛰는 군중이 몽롱해진 눈알 굴리며 넙죽넙죽 받아먹는다.

들리는가, 폐병 걸린 마귀의 족속이 저 높은 자리에서 세상 굽어보며 마른기침처럼 뱉어내는 독성 강한 요설(饒舌)들? 과연 그걸로, 지금 이 바닥에서 고통받는 자들이 치유될 수 있겠는가?

질병을 퇴치하지 못하는 처방은 쓸모없다! 인간의 재앙을 치유치 못하는 말솜씨는 필요 없다!

3

여자들은 진군을 알리는 북소리라든가 군대의 행진, '전투, 살인'

---

257) 인간을 획일화하는 국가적 규모의 제도와 기관들을 상징한다.

에 관한 소설이나 시를 읽으면서 희열을 느낀다.(〈폴리스 가제트〉[258] 지는 자극적인 살인관련 기사들 덕분에 여성들이 주요독자층을 이루고 있다.)

프랑스 여자들은 (그들의 뿌리 깊은 애국적 감상주의에도 불구하고) 1871년 (프랑스 프로이센 전쟁) 파리로 진군해 들어오는 독일군대의 당당한 체격과 군인다운 자태에 홀딱 반하는 분위기였다. 훤칠한 신장에 빛나는 혈색의 독일 점령군과 왜소하기 짝이 없는 프랑스 수비대간의 대조는 그야말로 충격 그 자체였다. 프랑스라는 나라에서 '난폭한' 스포츠는 전면 금지된 상태다. 수세기에 걸쳐 교권주의가 대세를 구가하는가 하면, 지금은 다수결 우선의 사회주의가 맹위를 떨치고 있다.

무릇 침략군이란 전쟁을 통해 어느 곳을 점령하든, 애국심에서 촉발된 초기 저항이 수그러들면, 결국 현지의 여자들 마음 또한 점령하고야 만다. 패배한 종족의 여자들은 전투에서 자기 배우자를 처치하고 나타난 남자들에게 대개는 순순히 몸을 허락하기 마련이다.

러디어드 키플링은 잘 알려진 자신의 발라드 한 편에서 그와 같은 집단적 속성을 훌륭하게 표현해내고 있다. "동쪽으로 바다를 바라보는 오래된 모울메인 탑 옆에 한 미얀마 소녀가 붙박은 듯 서있네. 나는 알지, 그녀가 나를 생각하고 있음을. 종려나무 속에 부는 바람, 사원의 종소리가 이렇게 말하고 있으니. '오, 그대 영국병사여 돌아와주오. 만달레이로 돌아와주오.'"[259]

---

258) 〈Police Gazette〉지는 1772년부터 현재까지 런던에서 발행되는 잡지다.
259) Rudyard Kipling(1865~1936)이 1892년 발표한 〈병영(兵營) 발라드〉일부.

센라크 전투[260]가 끝난 다음, 노르만 침략자들은 금발머리 색슨 처녀들의 먹잇감이나 다름없었다. 오늘날까지도 군인들이 가는 곳이면 어디든, 잔뜩 몸 달아 그들 품에 뛰어드는 피정복 섬나라 딸들이 허다하다. 뉴질랜드 마오리족 여자들이 영국군 장교와 사병, 선원과 결혼할 경우, 부대가 본국으로 송환될 때가 되어도 가정을 깨기보단 현지잔류를 택하는 군인들이 부지기수다. 지브롤터에서는 에스파냐 색시들이 영국군인 하나 붙들겠다며 바위 요새를 향해 그야말로 떼로 몰려든다.[261] 홍인종 인디언 처녀들과 '흰 얼굴' 전사들의 사랑이야기는 언젠가 호메로스처럼 위대한 시인을 만나 불멸의 기록으로 남을 것이다. 하긴 그중 일부는 이미 세계적으로 유명하다. 특히 유별난 해적 존 스미스와 포카혼타스의 사연은 익히 알려져 있다. 스트롱보우(Strongbow)와 에바의 결혼을 시작으로 켈트족과 색슨족의 피가 섞이는 과정 또한 바로 그와 같은 성격의 인연에서 이루어진 것이다.[262] 정복지역의 주둔군 도시에서, 계층을 막론한 현지 여성들이 주둔군 병사에게 노골적으로 매달리는 행태는 툭하면 비웃음거리가 되는 상

---

260) 센라크(Senlac)는 1066년 헤이스팅스 전투가 벌어진 언덕 이름. 노르망디 공인 정복왕 윌리엄이 잉글랜드를 침범해 해럴드 왕의 앵글로색슨 군대를 패퇴시켰다.

261) 지중해에서 대서양으로 나아가는 길목에 위치한 영국령. 이베리아 반도 최남단의 이 지역은 18세기부터 영국이 지배하고 있다.

262) '스트롱보우'는 웨일즈 남부지역 영주 펨브로크 백작 2세인 리처드 드클레어이며 에바는 아일랜드 렌스터 지방의 왕 더몬트 맥머로의 여식이다. 12세기 초, 왕위와 관련한 아일랜드 내부분쟁을 평정하기 위해 렌스터의 왕 더몬트가 잉글랜드에게 지원을 요청하자, 잉글랜드 왕 헨리 2세는 웨일즈의 영주를 보내 아예 아일랜드를 점령해버린다. 이때 '스트롱보우' 리처드 드클레어(색슨족)와 에바(켈트족)가 혼인으로 맺어지는데, 훗날 잉글랜드, 스코틀랜드, 아일랜드는 물론 유럽의 유서 깊은 가문들 다수가 이 결합으로부터 파생된다.

황이긴 하다.

골족(族)이 민족의 기세를 다시 회복하려면 북구 민족에 의한 철저한 침략과 정복을 경험할 필요가 있다. 정복세력이 전지역과 재산을 접수하다 보면 자연스럽게 사회 최상위층을 형성할 것이고, 프랑스 제일의 여성들이 곧장 줄을 설 것이다. 이렇게 해서 새롭게 유입되는 피는 정복세력이 아닌 피정복 종족의 육체적 자질을 강화하게 될 것이다.

스스로 허물어지는 종족이 완전히 무릎 꿇지 않도록 방패막이가 되어주어서는 안 된다. 나약한 생물체는 번성하는 것 자체가 바람직하지 않기 때문이다. 그들은 지상에서 깨끗이 사라지는 것이 좋고, 그것도 역병이 아닌 전쟁으로 그렇게 되는 것이 더 좋다. 총체적 절멸은 한 종족의 육체적 쇠약이 치러야 마땅한 대가다. 블랙풋(Blackfoot) 인디언이 디거(Digger) 인디언을 거세게 공략하는 것은 우주의 계획에 정확히 부합한다.[263]

과거를 들춰보면, 이런 식의 과정을 거쳐 종족 차원의 형질이 완전히 제거되거나 치환된 사례는 얼마든지 발견된다. 일단 개인적 요인들을 더 짚어보자. 브리세이스는 사랑하는 연인 헥토르가 아킬레우스의 손에 죽자, 승리자가 자신을 하나의 전리품 삼아 취할 것으로 생각하여 스스로를 위로했다. 발키리[264]는 오로지 자신을 정복한 사내들

---

263) 블랙풋 인디언은 아파치족 못지않게 호전적인 부족이다. 디거 인디언은 식물 뿌리를 캐서 먹는다는 뜻의 '디거(digger)'라는 별칭이 붙은 만큼 평화적인 인디언 부족을 일컫는다.

264) 북유럽 켈트 신화에 등장하는 여전사들.

과만 결혼했다. 트로이아가 함락된 후, 미네르바의 신전에 피신한 카산드라를 아이아스가 겁탈할 때, 무슨 대단한 절차가 필요했던 건 아니다. 대서사시 일리아스를 통틀어 여자란 누군가의 재산이었다가, 그걸 빼앗는 정복자의 전리품이 되고, 결국 모든 전사에게 영감을 주는 존재로 남는다.

고대 로마의 유부녀들이 자기 남편에게서 사내다운 형질을 더 이상 찾아볼 수 없을 경우, 대신 투기장 구경거리로 전장에서 압송된 금발수염의 야만족 남성(전쟁포로)에게 노골적으로 접근했다는 것은 유명한 사실이다. 고대 로마 귀족층 처녀들은 자신이 좋아하는 검투사끼리의 일대일 대결을 구경하면서 남모르게 성적 쾌감을 즐기곤 했다. 미국 여성들 사이에서 갈수록 만연하고 있는 외국인과의 결혼열풍도 그와 유사한 본능이 작용한 결과다. 미국 남성들은 최근 성불능에 가까운 증상들을 현저하게 드러내는 경향이 있다. 그들 중 상당수가 조로(早老) 현상에 시달리고 있으며, 특히 도시거주자 대다수는 비쩍 마른 방탕아 아니면 머리털 다 빠진 패배자다.

고대 로마의 귀족층 여인네는 처녀든 유부녀든, 율리우스 카이사르가 (수많은 사람을 죽이거나 노예로 만들고 나서) 개선하여 '임페라토르'가 되었을 때, 그의 미소 한번 받아보기 위해 서로 극심하게 경쟁했다. 여러 나라 여왕들이 그의 정부가 되는 것에 자부심을 가졌다. 다윗,

---

265) Aaron Burr(1756~1836). 미국의 대영항쟁과 독립전쟁에 참전하고 제퍼슨 정부 부통령까지 역임했으나, 정적과의 결투로 하루아침에 도망자 신세가 된 뒤, 메히코 루이지애나 지역에 새로운 공화국을 건설하려고 시도했던 시대의 풍운아.

솔로몬, 애런 버,[265] 지그프리트 왕, 헤라클레스, 주피터, 아폴론, 여호와,[266] 이시스, 갤러해드 기사,[267] 찰스 2세, 헨리 8세, 보나파르트 나폴레옹, 알렉산드로스 대왕, 월터 롤리 경(卿)[268] 그리고 거칠 것 없었던 집정관 마르쿠스 안토니우스 같은 존재들의 연애사는 좋은 방향이든 나쁜 방향이든 전 세계에 영향을 끼쳤다.

"신하의 부인보다 왕의 정부가 낫다"라는 말은 왕이 쇠미늘갑옷 입고 육중한 검을 휘두르는 진정한 용자이자 군주였던 시절, 유럽 여성들 사이에서 널리 회자되던 속담이다. 오늘날 옥좌에 앉은 자들은 그냥 닮은꼴의 허수아비일 뿐이며, 속인들의 즐거움을 위해 임금흉내 내는 것으로 봉급이나 타먹고 사는, 자줏빛 의복차림의 호사가일 따름이다. 실에 매달려 춤추는 꼭두각시들! 이들은 길에 바닥 돌로 깔기에나 적합한 존재다. 그저 누군가의 대리로 훈계를 늘어놓거나, 남이 적어준 사기 글을 낭독하는 따위, 그것도 아니면 허세 가득한 옷차림에 깃털모 꺼덕이면서 로스차일드, 이켈하이머, 블라이히뢰더 같은 거물들[269] 접견이나 하는 것이 그들의 일이다.

현대판 왕들은 죄다 타락한 종자들이다. 그 밑에서 아부만 열심인 신하들보다 훨씬 더 그렇다. 그들은 국부(國富)를 제 맘대로 주무르는

---

266) 성령으로 인한 동정녀 마리아의 예수 잉태를 환기하고 있다.

267) 아서왕의 원탁의 기사로서, 성배를 찾아 떠나는 세 명의 기사 중 한 명.

268) Sir Walter Raleigh(1552~1618). 영국의 정치가, 탐험가. 신대륙에 최초로 잉글랜드 식민지를 개척했다.

269) 세 명 모두 유대인으로, 영국을 대표하는 은행들의 대주주다.

유대인 자본가들의 사악한 기도에 왕권의 위신이 실컷 유린되는 것을 어쩌지 못한다. 한마디로 왕으로서의 직무에 어울리지 않는 자들이며, 모두 다 이스라엘 족속의 금권(金權)에 볼모인 입장이다. 유대인들은 알렉산드로스 대왕이나 카이사르, 나폴레옹조차 못 이룬 꿈을 제 것으로 누려오고 있다. 즉, 스스로 세계를 제패한 황제행세를 하면서, 온 세상으로부터 막대한 공물을 거두어들이는 것이다. 미시시피 협곡에서 황하 벌판까지, 노르웨이 빙산에서 뉴질랜드 해안까지, 유대인의 수하가 관리를 도맡고 있으며 그 녹을 받아먹는 자들이 징세, 약탈, 수탈을 일삼고 있다. 아리안 인종이 십자가 앞에 머리 조아리고, 십계명을 지키겠다며 쓸데없이 고생만 하는 한, 상황은 계속 꼬일 것이고 애먼 희생제물은 장자권을 가로챈 야곱의 자손들 차지가 되고 말 것이다.

히브리 사상가 모세 마이모니데스[270)]는 정통 탈무드 학자들을 상대로 과감하게 이런 전망을 제시했다. "기독교 교회의 가르침은 온 인류를 완벽의 경지로 이끌려 한다. 그렇게 해서 그들 모두가 만장일치로 여호와를 섬기게 하려는 것이다. 설사 오늘날 그 구속력을 부정한다 해도, 메시아의 말과 성서의 가르침 그리고 이미 세상 끝까지 퍼져나간 십계명이 천지에 만연할 테니 말이다." 이를 재해석하면 다음과 같은 뜻이 된다. "오, 이스라엘의 자손들아, 십자가에 매달린 예언자의 거짓 종교를 용인하여라! 그것은 결국 너희의 목적에 훌륭하게 이

---

270) 모세 마이모니데스(Moses Maimonides, 1135~1204). 유대인 의사이자 랍비.

바지할 것이다. 서방종족이 '만장일치로 여호와를 섬기면', 그들은 곧 너희를 섬기게 될 것이다. 그리스도가 그들을 '완벽의 경지로 이끌면', 너희는 그들을 옭아맬 수 있게 된다. 그들은 너희에게 고통을 주고 통곡하게 만들었다. 이제 너희는 그들로 하여금 피눈물을 쏟게 만들어야 한다."

이 장구한 복음화의 과정은 과연 어떤 결과를 초래했는가? 다름 아닌 유대인의 정치적, 사회적, 경제적, 철학적 군림이다. 역겹고 악취 풍기는 쓰레기더미 속에 최고선(最高善, summum bonum)이 숨겨져 있기나 한 듯, 우리는 속임수로 가득한 그 연대기와 암울한 문헌들, 예언이랍시고 내뱉는 말들을 열심히 주워섬기고 있다. 막후의 히브리 권력자와 직접적인 교감이 없고서는 한 뙈기 땅도 주고받을 수 없고, 그 어떤 전함(戰艦)도 출항할 수 없으며, 흙 한 줌 쟁기로 갈아엎지 못하는 현실이다. 대통령은 법안을 거부할 수 없고, 외교관은 의정서에 서명할 수 없으며, 황제의 명조차 바로 서지 못한다. 보라, "임금님은 궁정에서 돈을 세나니,"[271] 오호라! 가진 자인 이스라엘이 바로 절대자로구나! 세상의 금과 은, 현찰 모두가 그의 것이다. 정치꾼들 앞세워 물리력을 동원하고, 저당물을 챙기거나 강철금고 지키는 데 혈안인, 그야말로 무소불위의 변덕쟁이 여호와가 따로 없도다! 그러나 언젠가는 그의 힘이 다하리라. 그땐 성 밖의 굶주린 개들 으르렁대며 덤벼들어, 그가 탈취해온 것들을 도로 탈취해갈 것이니, 결국에는 적자

---

271) 18세기에 유행한 자장가의 가사 일부.

(適者)가 살아남으리라!

"유대인은 황금을 섬기는 자들이다. 국민과 국가를, 파헤칠 값어치가 있는 탄광 정도로 보는 물주(物主) 집단이다."[272] "돈맛 들린 저 하르퓌아[273]들이 우리의 싱싱한 피를 뽑아갔다. 저들은 우리가 가진 모든 것을 벗겨먹는 동안 환상으로 우리를 농락한다."[274] "유대인들에 의한 피해는 개개인이 초래하는 것이 아니다. 그것은 이들 종족의 기질 자체에서 기인하는 것이다. 메뚜기 떼처럼 탐욕과 욕심으로 똘똘 뭉쳐 프랑스를 쑥대밭으로 만드는 이들에게 절대로 상업적 거래를 허용해선 안 된다."[275]

우리 사회에 기생하는 셈족에도 두 가지 부류가 존재한다. 우선 카를 마르크스와 페르디난트 라살, 스테프니아크[276] 그리고 몽상가 예수와 같은 공산주의자들 집단이 있다. 그 다음, 리오넬 나탄 로스차일드 남작이라든가, 이블린 베어링 크로머 백작 1세[277] 그리고 이스카리오테의 '돈버러지' 유다 같은 종자들이 있다. 어디에 모여 살든 그들 사이에서는 시민의 자유나 개인적 자주권이 사실상 폐기된 거나 다름없다. 워낙 독사 같은 무리라, 젖을 주는 제 어미조차 물어버리지 않

---

272) 아나톨 르루아 보리외(Anatole Leroy-Beaulieu. 1842~1912). 프랑스 역사가이자 수필가. 〈르뷔 데 되몽드〉 96호에 게재된 글(원주).

273) 그리스 신화에서 여자 얼굴에 새의 몸을 가진 요괴.

274) 윌슨(Wilson). 런던 〈인베스터스 리뷰〉지 경제부 편집장의 글(원주).

275) 나폴레옹 1세의 발언(원주).

276) Sergey Stepnyak-Kravchinsky(1851~1895). 러시아 혁명가, 무정부주의자.

277) Evelyn Baring, 1st Earl of Cromer(184~1917). 영국 정치가, 외교관으로 이집트 총영사를 지냈다.

을까 염려된다. 자기들을 사상 처음 자유인으로 대우해준 프랑스의 골족에게, 심장을 파먹은 것 말고 무엇을 보답했는가? 현재 독일이나, 러시아, 잉글랜드, 아메리카, 아프리카, 오스트레일리아를 상대로 저들이 하는 짓이 과연 무엇인가? 노예처럼 일하는 대중의 머리에 몹쓸 독이나 주입하면서, 쟁기와 써레, 맷돌과 방앗간 모두 그 수중에서 빼앗아가고 있지 않은가?

국가, 제국, 식민지를 막론하고, 눈 닿는 곳마다 병의 치유와는 무관한 구리십자가가 우상처럼 내걸려있다. '세 개의 황금방울'[278]이 세상을 굽어보며 그 암울한 그림자를 드리우고 있다.

4

항성과 행성, 태초의 원소들이 '오드(od)의 힘'[279]에 의해 서로를 끌어당기듯, 미녀와 용자 사이에도 그런 현상이 일어난다. 눈부시게 아름다운 여성과 불굴의 용기를 갖춘 전사의 신경세포들은 서로 조화를 이루며 진동한다. 신비스러운 기운 속에 결합하는 그 기(氣)의 흐름은 종교적 신조나 문화적 틀로 가르거나 흩뜨릴 수 있는 것이 아니다.

---

278) 전낭포를 상징하는 표식. 한때 전당포는 유럽과 잉글랜드에 거주하는 유대인들이 거의 독점하다시피 한 업종이었다.

279) 심령학 연구의 선구자 중 한 명인 칼 폰 라이헨바흐(Karl von Reichenbach, 1788~1869) 남작이 주장한 일종의 '생체장력(生體場力)'. 인체는 물론 모든 동식물에게서 발현하는 기(氣)의 흐름을, 켈트신화의 주신 오딘(Odin)의 이름을 따 '오드의 힘(odic force)'이라 명명했다.

그것은 보다 높은 단계로 진화하기 위한 우주의 기획에 속하는 현상이기 때문이다.

"좋았던 옛 시절" 활쏘기 대회라든가, 콜로세움에서의 각종 투기 시합, 올림픽 경기와 원시시대 전투춤의 현장에 여인네들이 꼬박꼬박 모여들어 관람했듯이, 오늘날 특히 구기 종목 토너먼트에서 미녀군단의 응원은 보기 드문 광경이 아니다. 유독 전사를 우러러보고 그 활약에 열광한다는 점에서, 북아메리카 인디언 여자들과 암사자 무리 그리고 댄스홀 여자무희들은 오묘한 조화를 이룬다.

설사 평화 시라 해도 (평화 자체를 일시적인 휴전 혹은 생존경쟁이 부분적으로 유예된 상태라 본다) 일단 황금 술 장식을 두른 해군 장교나 구레나룻 풍성한 육군 장교가 주위를 어슬렁거릴 경우, 여성 사교계에서 일반인 남성의 가치는 큰 폭으로 하락하기 마련이다. 무도회장이나 연회장에 군복 정장차림의 사내가 나타나면 그 성적인 매력 앞에 버텨낼 여자가 없을 정도다.

대학교수나 대중선동가가 현란한 말솜씨, 그럴싸한 언변으로 군인 정신과 전쟁의 공포를 대놓고 매도할 수는 있다. 비록 밤하늘 빛나는 오리온좌에 놀라 호들갑을 떨든지, 북극광의 날카로운 빛줄기에 혼비백산할 정도의 배포밖에 없는 그들이지만 말이다.

도수 높은 안경 코에 걸치고, 머릿속은 병균으로 득실대며, 간은 잔뜩 부은 데다, 손에 쥔 펜과 가슴에선 오로지 두려움만 묻어나는, 소위 말발깨나 굴리는 글쟁이들은 씩씩하고 강단 있는 여성들에게 결코 열정적인 선택대상일 수 없다. 남자다운 데라곤 찾아보기 힘든 저열한 종자들이 어쩌다 (정말 운이 좋아) 여자와 짝을 이룬다 해도, 결국 그 여자의 인생을 고통으로 몰아넣고, 쓸 만한 후손일랑 남길 엄두도 내지 못할 가능성이 크다. 퇴행과 타락의 운명은 그런 자들의 몸 구석구석 뿌리내린 신경망까지 감염시키는 법이니 말이다. 사랑을 갈구하는 어느 처자가 실없이 허세만 부리는 좀팽이 따위와 인연을 맺어, 자신의 소중한 인생과 평판을 위태롭게 만들겠는가? 위대한 드라마의 주인공이 투쟁을 마다하는 것을 본 적이 있는가? 무릇 '백마 탄 왕자'란 용감한 행동들을 선보이는 자다. 그는 거인들을 무찌르고, 악한과 살인마, 괴물, 사악한 마법사들을 굴복시킨다. 세상을 휘저으며 쌓은 공적을 풍문으로만 접해도 그의 연적(戀敵)은 오금을 저리기 일쑤다.

최근 보고된 인도 메러트에서의 소요사태를 살펴보면, 그 발단이 재스민 화환을 걸친 어느 아리따운 현지 처녀의 태도에서 비롯된 것을 알 수 있다. 자신에게 구애하러 찾아온 세포이 병사 면전에다 그녀가 이런 쌀쌀맞은 소리를 했다는 것이다. "우리 여자들은 겁쟁이에겐 키스하지 않아요!" 격분한 세포이 병사는 그 길로 뛰쳐나가 폭동을 주도했고, 결국 반란의 주모자로서 영국 진압군의 대포로 참살 당하는 운명을 맞았다.

아무튼 사람의 마음 움직여 큰일을 해치우는 막후인물로서 여자의 자질은 남자를 월등히 뛰어넘는다. 코르넬리아[280]는 명석한 두 아들을 잘 가르쳐, 훗날 로마의 기존 체제를 무너뜨리고 개혁을 단행하는 주체로 키워냈다. 프랑스 대혁명 당시 상퀼로트[281]들을 이끌었던 것은 도시 매춘부들이었다. 부디카 여왕[282]은 브리턴족 군대를 이끌고 세계를 호령하던 로마군단에 반기를 들었다. (기적을 체험하면서) 발작을 일으킨 어느 여자[283]는 무쇠갑옷으로 무장한 채 군마(軍馬)에 올라, 사기가 땅에 떨어진 민중을 독려해 외국 침략군을 가차 없이 몰아냈다. 미국이 치른 전쟁들에서도 여성이란 존재는 자기 역할을 눈부시게 해냈다. 여성의 계보를 독립전쟁의 병사들과 해적, 나아가 아득한 옛날 쇠미늘갑옷을 착용한 기사와 영웅들에게까지 거슬러 올라가게 만든 것은 여성이라면 모두가 박수할 일이다. 이 나라의 어떤 공공도서관도 그와 관련한 기록을 완비해두지 않은 곳이 없으며, 여성들이야말로 누구보다 그에 대해 깊은 관심을 갖고 연구하는 집단이다. 형질유전의 결정적 힘을 본능적으로 이해하는 그들은 (여성 특유의 스타일로) 그 유명한 스펜서 식(式) 종합이론을 해결하고자 애쓰고 있다. "물질의 파괴불가능성, 운동의 지속성, 힘의 영속성, 그 힘의 지속적인 변형 그리고 최소저항선(線)을 따라 일관된 패턴을 그리는 운동의 속성을 확인한 다음에는, 개별적으로 공식화된 그 모든 법칙의 결과들을 포괄하는 마찬가지로 일관된 공식을 발견하는 일이 과제로 남는다."[284]

---

280) 한니발을 무너뜨린 스키피오 아프리카누스의 둘째 딸로, 기원전 2세기 로마의 개혁가 그라쿠스 형제를 키워낸 어머니.

281) 프랑스 대혁명 당시 동력의 주체였던 무산 하층계급을 지칭하며, 귀족의상인 '반바지(culotte)'가 아닌 '긴 바지(sans-culotte)'를 입었다 해서 상퀼로트라 함.

282) 브리튼 섬을 정복한 로마에 대항하여 큰 타격을 입혔던 이케아족 여왕으로, 영국을 대표하는 영웅적 여성상이다.

283) 잔 다르크를 암시한다.

284) 허버트 스펜서의 대작《종합철학》의 제1권〈제1원리〉의 11장 일부.

헤로데의 아내와 딸이 서로 작당해 세례요한의 머리를 베어 가진 사실 또한 간과할 일이 아니다. 그런가 하면 야엘이 잔혹한 간계를 품고 잠든 시스라 장군의 관자놀이에 천막말뚝을 박아 넣은 것 역시 주목할 사건이다.[285] 물론 저 유명한 삼손과 델릴라의 사연도 기억해둘 만하다. 여자들은 남자보다 훨씬 잔인하고, 탐욕스러우며, 피에 굶주리고, 복수심에 불타는 존재임을 여러 기회를 통해 스스로 증명해왔다.

여자는 또한 놀랄 만한 거짓말쟁이다. 사람을 속이는 것은 여자들에게 본질적이면서 꼭 필요한 자질이다. 그들은 타고난 사기꾼들이다. 그럼에도 불구하고 남자들은 그 점을 때 이르게 간과하기 일쑤다. 여자란 어떤 식으로든 사람을 속이지 않고서는 자신을 방어할 수 없다. 우리가 잊지 말아야 할 것은, 여자끼리는 극렬한 시기심이 항상 작동한다는 사실이다. 누군가로부터 얼굴을 한 대 맞았을 때, 여자가 어물쩍 넘겨버리는 것은 남자가 발끈하는 것만큼 자연스러운 반응이다. 그 자체가 여자의 무기다. 그렇기에 여자는 남자에 비해 훨씬 더 무난하게 거짓된 종교와 미신을 받아들일 수 있는 거다. 여자는 위선적인 상황에 매우 자연스럽게 대처한다. 이를테면 속은 육욕으로 충만하고, 아주 자기중심적이며, 지극히 물질주의적이면서도 겉으로는 얼마든지 "오, 거룩하신 주여!"를 되뇔 수 있다. 여자가 생각이라는 것을 할 때 잘못된 생각이기가 쉬운 반면, 본능을 따를 경우엔 자연의 요구에 정확히 부응하는 편이다. 물론 그마저 남자라는 피할 수 없는

---

285) 〈구약〉 사사기 4장.

존재에 의해 제한될 수밖에 없지만.

여자가 아름다운 동물이고, 즐거움을 주는 동료이며, 사랑 넘치는 어머니, 누이, 아내이자 다정다감한 친구인 것은 맞지만, 그래도 타고난 사기꾼인 것은 어쩔 수 없다.

여자란 생식세포로 이루어진 유기체이며, 태아 혹은 난자에 영양을 공급하기 위한 혈관망(網)과 골격구조로 요새화된 자궁이다. 섹스와 모성(母性)은 진정한 여성의 삶을 지배하는 속성이다. 그런 만큼 여자들은 '생각'을 할 시간(또는 성향)이 적고, 본질적으로 사고를 위한 기관에 어울리지 않는다. 마호메트가 "여자는 영혼을 가지고 있지 않다"라고 단정한 것은 바로 그런 뜻에서일 것이다. (영혼이란 어쩌면 남자에게도 가공의 산물일 수 있는데, 여자가 그런 걸 갖고 있지 않다는 건 명백한 사실이다.) 여자란 남성성의 결핍을 보충하기 위해 성적으로 어필하도록 만들어졌다. 그런 그들의 결핍을 채워주고, 그중 가장 나은 표본을 골라자신의 씨를 퍼뜨리는 것이 남자의 책무다. 여자들은 자기통제력과 논리적 일처리 능력이 부족하다는 것을 잘 이해하고 있다. 그들은 책임감과는 거리가 먼 존재이며, 세상과 관련한 일에는 아이 수준의 식견을 가지고 있을 뿐이다. 그들은 눈물샘과 언어기제가 비교적 잘 발달된 히스테리성 생물체이긴 하지만, 그래도 거의 언제나 사랑스러운 존재다. 여성과 노예는 자기관리 능력이 부족할 수밖에 없으며, 남성 동반자의 도움 없이 '세상일'을 헤쳐 나가는 데 어려움을 겪기 마련이다. 자연은 여자를 남자와 동등하게 만든 것이 아니라, 남자로 하여금 사랑 받고 보호받게 만들었다.

5

열정에 불이 붙었을 경우, 여자도 강단 있는 남자조차 주저할 영웅적 행동을 감행한 사례가 아주 없는 것은 아니다. 여자들 역시 그 누구보다 용맹하게 바다와 육지에서 싸웠다. 그들은 군대를 이끌고, 제국을 다스렸으며, 가장 극악무도한 범죄를 저지르기도 했다. 메살리나,[286] 아그리피나,[287] 샤를로트 코르데,[288] 러시아의 엘리자베타,[289] 아엘, 폴비아,[290] 테루아뉴 드 메리쿠르,[291] 이제벨,[292] 루크레치아 보르지아[293]는 그런 점에서 매우 악명 높은 여성들이다. 에우리피데스는 이렇게 말했다. "바다의 격랑은 무서워라. 가난의 공포도 두려워라. 하지만 그 무엇보다 더 끔찍한 것은 여자의 원한이어라." 최근 사이비 과학자들이 '여성범죄자'의 인체측정을 시도했는데, 그 방법이 참으로 유치하고 허술하다. 일단 첫 출발이 잘못되었다. 소위 범죄자 유형을 감옥에서 찾을 수 있다고 생각한 건데, 그야말로 피상적이면

---

286) 발레리아 메살리나(Valeria Messalina. 17?~48). 로마황제 클라우디우스의 마지막 황후.

287) 대(大) 아그리피나(BC 14?~AD 33). 칼리굴라 황제의 모친.

288) Charlotte Corday(1768~1798). 프랑스 대혁명기 장 폴 마라를 암살한 여자.

289) 엘리자베타 페트로브나(1709~1762). 러시아 로마노프 왕조 여제(女帝).

290) Fulvia(?~BC 40). 마르쿠스 안토니우스의 아내.

291) Téroigne de Méricourt(1762~1817). 프랑스 대혁명 당시 남장차림으로 폭동을 이끈 여성혁명가.

292) 〈구약〉 열왕기상에 등장하는 아합 왕의 왕비. 바알 신을 섬기고 예언자들을 박해했다.

293) Lucrezia Borgia(1480~1519). 교황 알렉산데르 6세의 사생아로, 악명 높은 보르지아 가문의 여걸. 체사레 보르지아의 여동생이다.

서 비과학적인 단견이다. 감옥에서 찾을 수 있는 건 범행에 실패한 자들뿐이니 말이다. 대부분의 진짜 범죄자는 범행에 실패하지 않는다. 요컨대 페리,[294] 롬브로조, 해블록 엘리스[295] 같은 범죄연구가들이 성공한 범죄자를 조사한 적은 없는 셈이다. 사정이 이렇다 보니, 그들이 아무리 유식한 결론에 이르렀다 해도 실효성은 없다고 보아야 한다. "오로지 바보만 붙잡힌다"는 것은 범죄자나 경찰 모두에게 자명한 진리로 받아들여진다. 사실 우리 주변에서 난다 긴다 하는 법조인, 의사, 과학자, 종교인, 정치인 중에 범죄자 아닌 사람을 찾기 힘들다. 그것도 가장 악질적인 부류의 범죄자일 가능성이 크다. 웅장한 성의 화려한 옥좌에 앉아 세상을 지배하는 사람과 그 어두컴컴한 지하감옥에 갇혀 살아가는 자의 차이는 성공과 실패의 차이일 뿐이다. 그만큼 범죄자와 정복자 사이에는 현저한 유사성이 존재한다. 예를 들어 워싱턴이 만약 실패했다면, 아마도 즉각 체포되어 무법자이자 반역자로 교수형에 처해졌을 것이다. 하지만 무력을 동원하여 성공했기에, 결과적으로 강력한 권력자가 된 것이다. 다윗 왕은 궁극의 성공에 이르기 전까지 '양 도둑질'[296]도 서슴지 않던 자다. 그런 그가 결국에는 신

---

294) Enrico Ferri(1856~1929). 19세기 유명한 이탈리아 범죄학자. 심리학을 범죄수사에 접목시켜 큰 효과를 거두었다.

295) Havelock Ellis(1859~1939). 영국 출신 의사, 작가로 인간의 성심리 연구의 대가이며 사회개혁가이자 범죄학자이기도 하다. 그는 범죄의 단계를, 정치적 단계, 치정적 단계, 정신병적 단계, 우발적 단계로 나누었다.

296) 부하의 아내인 바세바를 빼앗은 사건을 비유적으로 표현한 것. 〈구약〉 사무엘하 12장 1~7절 참조.

의 "마음에 드는 사람"[297]이 되었다. 노르망디공 윌리엄 또한 범죄자였고, 그가 잉글랜드를 침공할 때 거느린 군대의 절반은 추방당한 무법자들이었다. 하지만 정복전쟁을 통해 왕이 되었고, 부하들은 귀족으로 출세했다.

허버트 스펜서의 다음 발언은 그런 뜻에서 타당하다. "경험을 밑받침해줌으로써 경험을 초월하는 유일한 진리는 힘의 영속성이다. 모든 경험의 저변에는 힘의 영속성이라는 진리가 자리하며, 경험에 관한 그 어떤 과학적 체계도 바로 그 진리에 근거하여야 한다. 경험을 끝까지 분석해 들어갈 경우 우리가 가 닿는 지점이 바로 힘의 영속성이라는 진리다. 따라서 합리적인 종합 역시 그 진리를 토대로 이루어져야 한다." 범죄자와 정치인은 힘의 영속성이 가시화된 존재들이다. 그렇기에 과학자들은 '범죄자 유형'을 도식화하려고 애쓰기 전에, '범죄' 그 자체의 의미를 명백히 정의해야만 할 것이다.

그런데 어떤 범죄자가 성공하든 실패하든, 여성들은 범죄자의 존재 자체에 유난히 매료되는 경향이 있는 것 같다. 이른바 '행운을 거머쥐기 위해 목숨을 거는 존재'로서, 범죄자는 여성의 무제한적인 호감을 기대할 만하다. 성공하여 백만장자나 대통령, 왕이 될 경우, 손만 내밀면 당대 최고의 여성들이 줄을 설 것은 불 보듯 뻔하다. 설사 실패한다 해도, 여자들은 감옥에 있는 범죄자를 보러 때로 몰려들 것이고, 심지어 교수대 앞에까지 구애의 꽃다발을 들이대기 십상이다. 최

---

297) 사도행전 13장 22절.

근 미시간 주에서는 유죄판결을 받고 복역 중인 살인범, 절도범, 은행 강도들에게 여자들이 꽃을 보내는 걸 금지하는 법안이 발효되기도 했다. 체자레 롬브로조는 이렇게 말하고 있다. "정열적이면서 선량한 여성일수록 나쁜 남자를 사랑하는 성향을 숙명처럼 안고 있다."

유명한 여자강도 벨 스타[298]는 남북전쟁 당시 활약한 게릴라 대장의 딸이었다. 그녀는 자신이 이끄는 무리에서 가장 대범하고 거친 사내를 배우자로 선택했으며, 조금이라도 소심한 구석이 눈에 띄면 그 즉시 결별하고 또 다른 배우자를 맞아들였다. "나는 근성 있는 사내를 좋아해"는 그녀가 툭하면 내뱉는 말이었다.

역사상 질투로 유발된 피비린내 나는 결투의 목록을 작성한다면 아마도 50마일 길이의 두루마리는 족히 만들고도 남을 것이다. (카인과 아벨의 다툼이 대홍수 이전 어느 젊은 여인의 매력을 놓고 서로 경쟁하는 과정에서 빚어진 것이라는 설이 있다. 그 여자는 결국 카인의 차지가 되었고 말이다.)[299] 여기에 만약 모든 동물과 식물 사이에서 암컷을 놓고 벌어지는 다툼까지 포함시킨다면, 이 지구는 그 목록의 첫 장, 첫 페이지조차 온전히 담아내지 못할 것이다. 여자란 원래 두 남자가 자기를 놓고 경쟁했다는 이야기를 하고 싶어 하는 존재다. 이는 동식물을 막론하고 모든

---

298) 본명은 마이러 메이벨 셜리 리드 스타(Myra Maybelle Shirley Reed Starr. 1848~1889). 희대의 여성 무법자인 그녀는 또 다른 무법자 제시 제임스와 콜 영거 갱단과의 각별한 관계로도 널리 알려졌다.

299) 문제의 전설은 탈무드에서 기인한 것이다. 자세한 내용은 다음과 같다. 카인과 아벨 형제는 어느 자매와 혼인을 했는데, 아벨과 맺어진 동생이 카인과 맺어진 언니보다 훨씬 아름다웠다. 이에 카인은 아벨의 아내를 탐하게 되었고, 결국 동생 아벨을 죽이기로 계획을 세운다.《유대 대(大)백과사전(The Universal Jewish Encyclopedia)》, 뉴욕, 1942. 제2권, p.626)

암컷에게 공통된 특성이다.

산적, 해적, 노상강도의 소굴은 항상 사랑을 둘러싼 로맨스로 떠들썩한 세계다. 그들의 파란만장한 모험과 탈선을 소재로 만들어진 수많은 소설과 연극은 그 인기가 마를 날이 없다. 천일야화에서부터 마리 코렐리와 위더[300]의 작품들에 이르기까지, 한마디로 '사랑과 여인과 전쟁'의 생동감 넘치는 행렬이라 불러도 과언이 아닐 것이다. 특히 여류작가들은 작품 속 주인공 남성의 출중한 외모, 용기와 결단력, 과단성 따위를 즐겨 과장하고 미화하는 경향이 있다. 제시 제임스[301]와 그의 무법자 갱단에게도 치정에 얽힌 유명한 사건들이 존재했다. 제임스의 모친은 한밤중 어둠을 틈타 추격대가 침실 창문을 통해 던져넣은 폭탄이 터지는 바람에 한쪽 팔을 잃었다.

'황야의 브레넌(Brennan on th Moor)'[302]에 관한 기억은 (입고 있던 망토 자락 아래로 슬그머니 그에게 나팔총을 건넨 대범한 애인과 더불어) 아일랜드의 짙푸른 언덕만큼이나 여전히 생생하다. 마호메트나 윌리엄 텔, 윌리엄 월러스, 카이사르, 나폴레옹과 마찬가지로 이 유명한 무법자의 인기는 약간은 경제적 요인에서 기인하는 것이었다.

---

300) Marie Corelli(1855~1924)와 Ouida(1839~1908). 둘 다 빅토리아 시대에 큰 인기를 누린 로맨스 작가다.

301) Jesse Woodson James(1847~1882). 미주리 주에서 악명을 떨친 신출귀몰한 은행과 열차 강도. 서부 개척시대 전설의 무법자로 통한다.

302) Willie Brennan(?~1804). 아일랜드의 전설적인 강도. 로빈 후드처럼 부자를 털어 가난한 이들과 나누는 의적이었다고 한다. 1804년 붙잡혀 교수형에 처해진다.

누가 뭐래도 천하의 공도(公道)는

가난한 사람을 결코 갈취하지 않는 것.

대신 부자의 것을 빼앗아

가난한 자와 나누었다네.

용감하고 거침없는

황야의 브레넌.

그러고 보면, 브레넌 선생이야말로 당대의 노련한 정치가가 아니었나 싶다!

1886년 시카고에서 일어난 대규모 노동자 시위[303]의 폭탄투척사건 용의자들은 (당시 수사를 담당한 마이클 샤크 경감의 꼼꼼하게 작성된 보고서에 따르면)[304] 예외 없이 남다른 연애사의 주인공들이었다. 예컨대 어느 거액의 상속녀는 피의자의 변호를 위해 기꺼이 비용을 댈 뿐 아니라, 정식 청혼까지 해왔단다. 한데, 그중 가장 대담하면서 논리적인 피의자는(재판에 패하자), 브루투스나 카토, 사울 왕처럼 기어이 스스로의 존엄을 지켜내더라는 것이다. 즉, 연인을 통해 폭발물을 반입한 뒤, 그것을 터뜨려 자기 머리를 날려버렸다! 바로 그 자가 모국(某國)

---

303) 1886년 5월 1일, '하루 8시간 근무'를 기치로 내걸고 시카고 노동자 4만여 명이 참여한 대규모 총파업과 시위. 특히 헤이마켓 광장의 충돌로 경찰과 노동자 모두 다수의 희생자를 내는 가운데 유혈폭동으로 이어졌다. 오늘날의 노동절은 바로 이 사건을 기리기 위해 제정되었다.

304) 마이클 샤크 경감은 폭탄투척 용의자들을 검거하기 위해 시카고 일대의 노동계급을 이 잡듯 뒤지며 공포분위기를 조성했고, 검거한 '용의자'들을 고문해 거짓자백을 받아내기까지 했다. 그 결과 모두 여덟 명의 '테러주동자'가 기소되어 재판을 받았고, 이중 일곱 명에게 사형선고가 내려졌다.

왕세자의 아들이었다는 사실 또한 주목할 만하다. 혈통이 혈통이니 만큼 생각의 품격 자체가 다르다고 해야 하나. 그쯤이면 가히 "위대한 약자(弱者)"라 칭해도 손색이 없을 터.

또 다른 열성분자 한 명은 미국 장군의 동생이라는데, 대단히 굴곡진 인생을 살아오던 중 흑백혼혈인 어느 남부 여자를 만나 사랑에 빠졌던 것. 그 남부여자는 죽은 남편이 생전에 들쑤셔놓은 운동의 불씨를 (물론 경찰의 검열로 제한적이긴 하지만) 지금도 열정적으로 되살리려 애쓰는 중이다. 이 도시에서 그녀가 연설하기 위해 모습을 드러내면, 그 즉시 경찰 끄나풀이랄지 말끔한 제복차림의 무장경관들이 잽싸게 주위를 에워싸는 형편이다.

결국 검찰 측 구형이 받아들여져, 세상이 떠들썩하게 환호하는 가운데 피의자 네 명이 교수형에 처해졌다. 두 명은 숨이 막혀 죽고, 다른 두 명은 그 전에 목이 부러져 사망. 그들의 '힘'이 그들이 내세운 '논리'에는 미치지 못한 셈이다. 그 결과 적자생존의 법칙에 입각하여 모두가 압살 당하는 처지에 이르고 말았으니. 그런 걸 보면, "혁명을 반쯤 하다 마는 자는 스스로 제 무덤을 파는 자다"라는 생쥐스트의 말을 간과했음이 분명하다.

하여 말하건대, 물질과 운동의 파동은 모든 사회현상에서 목격된다. 그리고 제왕의 권위란 애초에 그것을 낳은 무력과 지략이 결합되었을 때 유지되는 것이다. 다윈은 말했다. "인간은 다른 모든 동물과 마찬가지로, 언제든 치열한 쟁투에 임할 자세가 되어있어야 한다."

성적 관계에서의 사랑, 사회학에서의 권력, 물리학에서의 극성(極

性)과 자성(磁性), 천문학에서의 중력은 정확히 동질적인 개념들이며, '힘의 영속성'이라는 근본속성이 여러 양태로 드러나는 현상들이다. W. E. 글래드스턴[305]이 다소 감상적으로 묘사한 튀르크의 술탄은 한마디로 "세기(世紀)의 도살자"다. 그럼에도 불구하고 동방의 여성들은 그의 하렘에 입적할 기회 반쪽을 움켜쥐기 위해, 서로에게 달려들어 눈알이라도 뽑아버릴 태세라는 것이다.

제임슨 박사[306]와 그의 상관인 세실 로즈는 아주 '사악한 짐승'이라는 비난의 꼬리표를 늘 달고 다니면서도, 유럽과 신대륙 양쪽 모두로부터 엄청난 부를 자랑하는 상속녀들의 구애편지를 끊임없이 받아왔다. 이 두 남자는 무력과 외교력을 총동원하여, 아프리카 최고의 방목지와 농지 2백만 에이커를 강탈했으며, 수많은 금광, 은광, 다이아몬드광, 구리광 그리고 엄청난 규모의 양 떼와 소 떼를 갈취한 인물들이다.

그들은 불과 칼을 휘두르며 적의 본거지로 쳐들어가, 그곳에 모셔진 온갖 신(神)들에게 총탄을 퍼붓고, 사제인 척하는 마법사들 목을 무수히 베면서, 그 피를 물 같이 흐르게 했다. 아울러 패배한 카피르(Kaffir. 이교도. 우상숭배자)들을 '헌법적 자유' 상태에 처하도록 했다. 세실 로즈에게 공염불이라든가 위선 따위는 존재하지 않는다! 천만에! 그는 나폴레옹이나 비스마르크처럼 맺고 끊는 것이 확실한 남자다.

---

305) William Ewart Gladstone(1809~1898). 영국의 자유당 소속 정치가로서, 4번이나 수상을 역임했다.

306) Leander Starr Jameson(1853~1917). 남아프리카에서 의사로 활동하면서, 세실 로즈가 추진한 아프리카 종단정책의 참모역할을 수행했다.

그는 자기 분야에서 카이사르와 크롬웰, 다윈 같은 인물이다. 내심 적자생존의 원리를 신봉하는 그는 목회자랍시고 나대는 자들에게는 좌절을, 정치 모리배들에게는 공포를 안겨준다. 그들의 소위 율법이라고 하는 양피지 두루마리와 새된 소리나 지껄이는 연설문을 그는 하찮게 여긴다. 그들의 황금률을 그는 무자비하게 짓밟고 넘어간다. 그들의 산상수훈을 조롱하고, 그들의 '십계명' 판때기에 침을 뱉는다. 그는 힘이 있어서 원하는 것을 취할 뿐, 다른 건 염두에 두지 않는다. 그는 구걸하지 않고, 기도하지 않으며, 몰래 훔치지 않는다. 천만의 말씀이다! 원하는 것을 향해 곧장 다가가, 능력이 닿는 만큼 거머쥔다. 자연이 열등하다고 명확히 낙인찍은 종족을 노예로 부리면서 악어의 눈물을 흘리는 짓거리는 결코 하지 않는다. 옛날, 앵글로색슨족의 전형적 인간상은 바로 그런 모습이었다. 그러나 지금, 참담하게도 그런 사람은 놀랄 만큼 보기 드문 존재가 되고 말았다!

40여 년 전 이 공화국에 세실 로즈 같은 이가 단 한 명이라도 있었다면, (멍청한 감상주의에서 비롯된) 남북전쟁 따위는 결코 일어나지 않았을 것이다. (보통 내전이라 하면 나라에 인구가 과잉일 경우 일어나기 십상인데, 1862년 상황은 그렇지 않았다.) 아마 그라면, 농장 검둥이들을 위한 '환희의 송가'[307] 대신, 자신의 종족을 위한 그것을 소리 높여 불렀을 것이다. 그랜트 장군과 셔먼 장군[308]을 파견해 고작 셰넌도어 협곡이라든가 워싱턴의 고향[309]을 초토화시키는 대신, 엘패소에서 케이프 혼에 이르는 중남미 아메리카 대륙을 정복하여 식민지화하는 과업을 추진했을 것이다.

6

저 스칸디나비아와 게르만의 우리 조상들에게는, 전쟁에 임했을 때 약해빠진 낙오자의 어미가 되는 것만큼 참담하고 수치스러운 '여자의 운명'이 없었다. 아마도 오늘의 여성들은 교회에서나 가르칠 순결의 법도가 훼손될 때 그와 같은 감정을 느낄지 모르겠다. 고대 로마의 여인들은 자기 자식이 비겁한 짓을 저지를 때 죽을 만큼 상심할 뿐 아니라, 수치심을 못 이기고 물에 뛰어들어 자살까지 불사하는 경우도 비일비재했다. 만약 지난 세대가, 연약하기 짝이 없는 철부지 계집아이라든가 겨우 난자 하나 바라보면서 보잘것없는 아녀자에 의존해 번식이라는 걸 해왔다면, 이미 오래 전 우리 모두 꼬리 달린 개코원숭이 떼로 전락해버렸을 터다.

과도한 지성주의(知性主義)는 (남자에게도 해가 되지만) 여자를 기형적인 존재로 만들어버린다. 처녀가 동물의 본성을 더 많이 가질수록 더욱 진정한 여자가 될 수 있고, 더 나은 아내와 엄마가 될 수 있다. 오랜 세월 이어온 아낙네 고유의 건강한 미덕들, 천연 그대로의 순수함, 숫처녀의 풋풋한 매력을 문명화된 세련미 따위로 대체한다는 것은 생각만 해도 끔찍한 발상이다. 지성주의는 사람을 보다 예민하게 만든

---

307) 남북전쟁 당시 북군의 행진곡 〈조지아 행군(Marching Through Georgia)〉을 말한다.

308) William Tecumseh Sherman(1820~1891). 일명 초토화 작전으로 유명한 '사바나 행군'으로 남북전쟁의 결정적 승리에 공헌한 북군 명장.

309) 버지니아 주. 남북전쟁 당시 남부의 수도 리치먼드가 위치한 곳이기도 하다.

다. 예민한 사람은 흥분을 잘 하고, 소심하며, 병에 걸리기 쉽다. 뇌세포를 과도하게 부려먹다 보면 (양성 모두에게) 틀림없이 육체적 퇴행현상이 오고, 결국 정신이상으로 치닫기 마련이다.

여자의 고귀한 직무란 단순히 연애소설이나 읽고, 우아하게 왈츠나 추면서, 스테이크와 양파요리를 잘 하는 것만이 아니다. 남자를 키워내는 것, 무적의 전사, 전사의 종족을 직접 양육해내는 것 또한 여자만의 숭고한 직분이다. 반면 여자가 할 수 있는 가장 천하고 사악한 일은 맥없는 겁쟁이를 양산하는 것, 비굴한 유대인을 낳고, 죽어라 남 좋은 일만 하는 멍청이를 키워내는 것이다. 어느 여자든 자기 자식이 용감하고 대범하여, 인생이라는 전쟁터에서 성공하기를 원한다면, 무엇보다 노예나 겁쟁이가 아닌 남자를 남편으로 삼도록 유의해야 한다. 남자 역시 노예근성을 가진 여자와 맺어지지 않도록 주의해야 한다. 올라프 트뤼그바손의 무용담[310]에는 그런 관점이 적나라하게 표현되어 있다. 랑느발드 백작에게는 다소 모자란 아들이 있었는데, 아니나 다를까 항해 후 기껏 살아 돌아왔다는 것이 전리품을 전혀 챙기지 못한 모습이었다. 이는 곧 가문의 수치로 여겨질 만한 일이었다. 랑느발드 백작은 말했다. "내 아들이 나의 조상을 닮지 않다니!" 아버지는 아들을 다시 바다로 내보내면서 일렀다. "나는 네가 다시 돌아오지 않았으면 좋겠구나. 나는 네가 가문의 명예를 드높이리라는 기대

---

310) Olav Tryggvason(960~1000). 유명한 바이킹 전사이며, 브리턴족에게는 공포의 상징이었다. 그에 관한 시 형식의 무용담으로, 1230년에 쓰여진 '헤임스크링라(Heimskringla. 노르웨이 王朝史)' 란 문헌이 전해 내려온다.

를 거의 하지 않는다. 네 어미가 원래 천한 집안의 여식이니 그럴 수밖에." 과연 오늘의 우리는 이런 사고에서 조금이나마 벗어났다고 할 수 있을까?

불임에 만성적 소화불량을 앓는, 소위 인텔리 여성에게는 딱히 끌릴 만한 구석이 없다. 패딩으로 덧댄 빈약한 가슴과 축 쳐진 좁다란 엉덩이, 게다가 안짱다리인 몰골에 무슨 매력이 있겠나? 그런 여자는 전리품으로 업어 와봤자 아무 쓸모가 없다. 아이 낳아 기르는 역할도 못 한다. 어쩌다 그럴 수 있다 해도, 인위적인 장치를 통해 발육부진 미숙아를 계속 돌보아야 하고, 나중에도 젖이 아닌 우윳병을 물려 키워야 한다. 그런 여자의 몸에서 나, 그런 식으로 키워진 아들이 무슨 대단한 존재가 되겠는가?

가정에 불화와 불행을 가져오는 여자들이 바로 그런 (한마디로 반자연적인 괴물) 부류다. 그들은 잘못된 교육을 받아왔고, 책에서만 진리인 인위적 사고에 길들여져 있다. 따라서 모성의 직무를 짊어져야 할 시기가 왔을 때, 정작 몸이 따라주질 않는다. 가정사에 대한 국가기관의 간섭주의가 만들어낸 (어쩌면 총체적 타락의 산물이라 해도 과언이 아닌) 이혼법정이 허구한 날 북적대는 이유다. 그래서인가, 호라티우스는 이렇게 노래했다.

죄악이 창궐하는 우리 시대,
무엇보다 신혼의 침대부터 더럽히고,
그 다음 가족과 집안을 오염시키네.

사회에 물을 대는 샘(泉)이 이러할지니,
로마와 로마인에게는
슬픔과 재앙뿐이네.

　이른바 법의 횡포가 모든 가정의 프라이버시를 점점 심각하게 침해하고 있다. 그에 힘입어 감상적인 여자들이 남편에게 도전을 일삼고, 전혀 책임도 권리도 없는 공권력을 만능이라 생각하며 의지한다. 더불어 불륜과 프리섹스가 갈수록 횡행하는 분위기다. 이런 상황은 가정 내 남편의 통제력을 심각하게 훼손하는데, 대체 그 반대급부라는 게 무엇인가? 여성의 동등권과 함께 총체적 잡혼번식(panmixia)[311] 이 정착되는 것이다. 과학이 뒷받침하는 외도(外道), 국가가 보장하는 불륜, 심지어 친족 간 교접의 해악까지도 감수해야 할지 모른다. 일반 여성, 특히 고등교육까지 받은 여성의 경우, 자기 남편보다 외간남자가 더 강하다는 인식이 뇌리에 박히면, 문란한 여자로서 몸을 제멋대로 굴리는 건 시간문제다. 결과적으로 (혼인제도가 쇠퇴한 시대에서 확인하듯) 어느 누구도 자기 친부가 누구인지 자신할 수 없는 세상이 오는 것이다. 과연 오늘날 세상 돌아가는 추세가 그러하지 않은가? 이른바 국가간섭주의와 다수결만능주의 그리고 교회주도의 그릇된 계몽주의가 끔찍한 결과들을 초래하고 있지 않은가 말이다! 실제로 교회는 아녀자들의 감상주의를 먹고산다. 그렇게 개인은 이지러져가고 국가는

---

311) 즉, 번식과정에서 자연선택의 효력이 정지되는 것을 말한다.

비대해져간다. 자연에 가까운 사회에서는, 남편이 아내에게 항상 설교자요 임금이다. 국가와 교회의 그림자가 결혼 위에 드리워지면 재앙과 파국이 지척에 와있음을 알아야 한다.

인종진화의 드라마에서 지금까지 주도적 역할을 해온 것은 피의 순도(純度)였고, 앞으로도 그건 마찬가지다. 노예로 살아온 인종은 퇴행의 과정을 거쳐 잡종화됨으로써 '평등화'되는 것이 필연이다. 못생긴 외모 역시 나쁜 혈통의 결과 중 하나다.

고급혈통이 결혼을 통해 저급혈통과 결합하는 것은 저 스스로 결정적인 타락의 길을 닦는 것과도 같다. 스파르타인과 아테네인이 외부에서 유입된 아시아나 이집트 노예와 섞였을 때 그들의 몰락은 예정된 것이었다. 기독교화된 이탈리아에서 '평등'이라는 것이 하나의 모토가 되자 라틴인, 아시아인 그리고 검둥이가 모조리 뒤섞이면서 오늘날의 '데이고(Dago)'[312]로 굳어져버린 거다. 그야말로 자기들 조상이 정복했던 종족의 자손에게 거꾸로 노예가 된 셈이니, 이런 망조(亡兆)가 있나? 오늘날 그리스인이나 이탈리아인의 가무잡잡한 피부와 곱슬곱슬한 머리, 육감적인 입술에는, 과거 어느 시기 그들 선조의 혈관에 (노예해방과 더불어) 마구잡이로 쏟아져 들어온 검둥이와 아시아인 피의 뚜렷한 형질이 확인된다. 유럽의 주도권 경쟁에서 그들이 밀려날 수밖에 없었던 원인이 바로 거기에 있다. 고트족, 몽골족, 튜튼족, 투르크족, 슬라브족에게 차례대로 정복당한 사정 또한 거기서 연유한

---

312) 이탈리아, 에스파냐, 포르투갈 등 남부유럽 인종을 비하하는 명칭.

다. 윈우드 리드[313]가 전하는 이야기는 그런 점에서 의미심장하다. 아프리카를 탐험하던 중, 눈에 띄게 훌륭한 외모를 갖춘 한 원주민 부족(졸로프족)과 마주친 그는 이렇게 물어본다. "여기서 마주친 사람들은 남녀를 막론하고 다들 잘생겼는데, 어떻게 그럴 수 있죠?" 그러자 돌아온 대답은 이랬다. "그야 간단합니다. 우리 중 가장 못생긴 사람을 골라 바깥 세상에 노예로 팔아버리는 것이 예로부터 내려오는 이곳 풍습이거든요."

메이슨 딕슨 선(線)[314] 이남에서 횡행하던 잡종교배가 결국 1862년 링컨의 남부침략을 수월하게 만들어준 셈이다. 문제는, 북쪽 주들에서도 (지금과 같은 하등혈통들과의 잡탕 버무림이 중단되지 않는 한) 얼마든지 유사한 침략을 불러올 수 있다는 사실이다. 요컨대, 우리 인종이 중국 놈들이나 검둥이들, 일본인, 유럽의 유랑민들과 자꾸 피를 섞다보면, 그 고유의 우월성을 계속 지켜내기가 어려워질 수 있다. 잡혼번식은 죽음과 노예의 운명을 의미한다. 중남미를 통틀어 인간의 잡종화가 창궐하는 중이다. (현 메히코 대통령 역시 반은 인디언 원주민 피다.)[315] 라틴 인종은 지금 구세계와 신세계 모두에서 돌이킬 수 없이 그 활력을 잃어가고 있다. 그런데 민족이란 경주마와 마찬가지로 이기기 위한 번

---

313) William Winwood Reade(1838~1875). 19세기에 활동한 역사가, 탐험가, 철학자. 저서로는《인간의 수난》이 유명하다.

314) Mason and Dixon's line. 18세기에 미국 식민지 분쟁을 해소코자 설정된 인위적 경계선. 19세기에는 노예의 유무를 가르는 지역경계선으로 정착되었다.

315) 포르피리오 디아스(Porfirio Diaz, 1830~1915). 1876~1880년과 1884~1911년 두 차례에 걸쳐 집권하면서 멕시코 근대화를 이끈 대통령.

식을 하는 법이다.

"그대는 과연 아둔한 촌부들이 지키는 법도를 뒤집어엎어,
열등한 혈통으로 우월한 혈통을 개량할 수 있는가?"[316]

유기적 생물체의 진화에 미치는 성욕의 숨겨진 영향력은 실로 어마어마한 것이다. 사랑, 명예, 충성, 경쟁, 결단, 미모, 완력, 용기 모두가 성적 욕망으로부터 직접적인 에너지를 얻는다. 전설이나 민담은 그 모든 것이 항상 복잡하게 뒤엉킨 상태로 존재함을 보여준다. "용감한 자만이 미녀를 얻는다." 즉, "담력이 부족하면 결코 미녀를 얻지 못한다." "사랑과 전쟁에서는 모두가 공평하다"는 것은 호랑이 담배 피우던 시절에나 먹힐 이야기다.

자연은 생존을 위한 투쟁과 섹스의 화학작용이 항상 충만한 상태다. 세계 전체가 남성 아니면 여성인 것이다. 그중 성자(聖者)만이 남녀양성이다. 남성의 성욕은 품위 있는 행동거지를 유발한다. 여성의 성욕은 모성본능과 헌신, 노래를 불러일으킨다. 사자가 물을 마시다 말고 그 황갈색 갈기를 털면서 으르렁거릴 때, 혈기왕성한 종마가 뒷발로 일어서며 우렁찬 울음 내지를 때, 털 수북한 황소가 육중한 발굽으로 초원을 박차면서 패기 넘친 울부짖음 토할 때, 종달새가 쪽빛 하

---

316) 미국 하원의원이자 변호사, 시인인 윌리엄 J. 그레이슨(William J. Grayson, 1788~1863)의 〈품꾼과 노예(The Hireling and the Slave)〉라는 시의 다음 구절을 패러디한 것. "아둔한 촌부들 믿고 사는 원칙 뒤엎어, 열등한 혈통으로 우월한 혈통을 개량하라."

늘 찌를 것처럼 전율의 명창(名唱)을 쏘아 올릴 때, 사나이가 번쩍이는 군복차림으로 북소리, 나팔소리 발맞춰 승리 아니면 죽음을 향해 행군할 때, 그 모두는 숭고한 힘에의 불가항력적인 도취를 증언하고 있다!

군인으로서의 명성은 예전에도 지금도 '최강동물'의 더할 수 없는 미덕이다. 자기부정은 항상 노예가 풀어야 할 숙제다. 기독교 광신주의는 더도 덜도 말고 신경중추의 기능적 혼란이자, 광증이고, 질환이다.

자칭 한 세상을 구한다는 존재가 허약한 비렁뱅이나 초라한 노숙자 꼴을 하고 나타났다는 이야기는 들어본 적이 없다. 반면 막강한 힘을 휘두르는 인간사냥꾼이자, 도시 하나쯤 눈 하나 깜빡 않고 초토화시키는 무시무시한 파괴자였던 적은 많다. 자신을 추종하는 이들에게 "가라!"[317]가 아닌 "오라!"를 외치는 자 말이다. 원래 해방자란 처음에는 사람들의 은밀한 기쁨과 약간의 불안감 속에서 소문으로만 떠도는 법이다. 그러다 때가 무르익으면, 허리에 큰 칼 비껴 찬 마상(馬上)의 위용으로 당당하게 등장한다. 축포의 포성 우렁차고 개선의 북소리 요란한 가운데, 고막을 터뜨릴 듯 찬란한 나팔소리, 거기에 전리품으로 배부른 종족의 지축을 울릴 듯한 환호성까지! 그토록 온 세상이 전사(戰士)를 아끼고 사랑하거늘, 넝마차림에 가시관 쓰고 단말마의 신음이나 내뱉는 할례 받은 유대인이 해방자일 수는 없다. 천만에! "짐 바리 짐승의 새끼를 타고"[318] 시온의 거리에 터덜터덜 나타나다니, 그

---

317) 마태복음 28장 19절, 마가복음 16장 15절 등, 예수가 제자들에게 "가서" 복음을 선포하라고 말하는 장면을 꼬집은 것이다.

런 자가 세상의 구원자일 리가! 그건 한낱 겁쟁이에 노망든 자들의 생각일 뿐.

거세된 믿음과 진부한 상업주의가 제아무리 기승을 부려도, 최강자(最强者)의 원초적 개념은 여전히 칼 잘 쓰는 전사이자 이 세상의 왕이며, 공갈범, 고리대금업자, 사이비 성직자, 남 등쳐먹는 놈들을 눈앞에서 깡그리 쓸어버릴 해결사다.

"누가 가장 각별하고, 고귀하며, 소중할까?

누가 과연 명예와 긍지의 이름으로 불릴까?

영광의 깎아지른 성벽, 유구한 성가퀴에 승전의 깃발 콱 꽂고,

꿈쩍도 하지 않는 당당한 사나이.

위험은 두렵지 않아, 거짓과는 거리가 멀어.

앞에 고난이 도사릴 때 결코 뒤돌아보지 않는,

그야말로 각별하고, 소중한 이,

우리 가슴속 으뜸으로 자리할 영웅이라네." [319]

어떤 연가(戀歌)는 이 유서 깊은 위대한 감정을 연정에 사무친 여인의 심정에 비추어 이렇게 표현하고 있다. "투쟁의 피비린내 흥건한 들판, 쓰러져가는 그대 조국의 영웅들과 더불어, 차라리 나 그대 죽어

---

318) 마태복음 21장 5절.

319) 스코틀랜드 시인이자 언론인인 찰스 매케이(Charles Mackay, 1814~1889)의 시 〈누가 가장 멋진가?(Who shall be fairest?)〉의 일부.

가는 모습 보리라. 겁쟁이에게 시집갈 바엔."[320]

그런가 하면, 존 러스킨은 (자주 인용되는 구절에서) 무력분쟁 속에 잠복하는 논리를 예리하게 잡아내고 있다. "전쟁은 인간이 발휘하는 모든 능력과 미덕의 자양분이 되어준다. 언뜻 기이한 발상인 듯 보이지만, 그것이 부정할 수 없는 사실임을 나는 이미 깨달은 상태다. 시민생활의 미덕이 평화와 더불어 발전해왔다는 통념은 완전히 잘못 짚은 단견이다. 평화와 더불어 발전하는 것은 시민생활의 악덕이다."[321] 평화와 타락은 그래서 동심원이다!

7

제복차림의 칼 휘두르는 사나이 그리고 건장한 체격의 운동선수 다음으로 여성의 마음을 움직일 만한 남자는 돈 잘 버는 사업가다. 그 역시 (조금 낮은 강도의) '전문싸움꾼'이라고 할 수 있다. 대신 그가 수집하는 전리품은 사람의 '머리가죽'이 아니라 부동산 권리증서, 농지 저당물, 은행신용장, 각종 주식과 채권이다. 그 또한 경쟁자를 짓밟고 성공을 향해 나아간다. 다른 선택의 여지가 없는 것이다. 상대를 제치

---

320) 시인, 역사가, 변호사로 활동한 알렉산더 B. 미크(Alexander Beaufort Meek. 1814~1865)의 시 〈그대를 사랑해도 될까요?(Would'st Thou Have Me Love Thee?)〉의 일부.

321) 존 러스킨(John Ruskin, 1819~1900)이 1865년 영국 '왕립 군사학교' 졸업생을 대상으로 행한 연설 〈전쟁이 예술을 낳는다(War Gives Birth to Art)〉 중 일부.

고 매일, 매순간 벌어지는 살벌한 싸움에서 승리해야만 손아귀에 돈과 성공이 쥐어진다. 소위 비즈니스맨이라 불리는 남자는 가장 잔인하고 무자비한 부류의 정복자다. 하지만 그렇다고 그를 비난해선 안 된다. 자기가 사업으로 피해를 준 무수한 희생자에 대해 인간적인 동정심을 조금이라도 내비치는 순간, 그보다 더 냉혹한 전략과 단단한 마음가짐으로 무장한 경쟁자들에 의해 가차 없이 추월당해 처참한 파멸을 맞을 테니 말이다. 물러터진 마음의 소유자는 전쟁에서나 사업에서나 항상 실패하기 마련이다. 전쟁은 일도양단(一刀兩斷)의 전격 승부를 의미하지만, 상거래는 매 단계가 승부의 연속이다.

지갑에 돈이 두둑한, 성공한 비즈니스맨은 비교적 자유로운 환경에서 가족을 부양하고 자식을 키울 수 있으며, 여자들은 특히 이런 점을 민감하게 받아들인다. 암컷의 심성이 원래 이런 문제에 예민하도록 결정되어 있는 것이다. 섹스를 제외한 분야에서 여성의 두뇌는 참새 수준을 못 벗어나지만, 결혼과 사랑에 관해서 만큼은 전문가다. 다른 조건이 모두 동일할 경우, 여자들은 가난한 남자보다 부유한 남자를 배우자로 선호하는데, 이는 과학적으로 정당화될 수 있는 성향이다. 상대적으로 남보다 재산이 없는 남자는 겁쟁이가 되거나 노예근성에 물들고, 때론 정신적 문제에 시달릴 수도 있는 것이다. 자신을 존중하고 아낀다면, 이런 머저리와 결혼할 여자는 없다.

단호하고 담대한 자,
죽을 만큼 주리지 않는다.

씩씩하고 당찬 자,
돈 떨어질 틈 없다.

'자립심'을 갖춘다면, 남자는 자신의 이상을 얼마든지 실현할 수 있다. 거기에 '유복한 태생'까지 가세할 경우, 그의 이상에 비루함이 개입할 가능성은 전무하다.

금전은 일종의 강력 용해제다. 그것은 승리를 정화시켜 얻어낸 추출물이다. 강자의 전리품이자 재산이다. 칼라일은 썼다. "누구든 6펜스 은화를 가지고 있다면 모든 사람에 대해 6펜스만큼 군림할 수 있다. 요리사에게 요리를 하라 주문할 수 있고, 철학자에게 강의를 요구할 수 있으며, 왕에게 나를 지키라고 명할 수 있다. 더도 말고 딱 그 6펜스만큼 말이다."[322] 따라서 자유를 얻고자 하는 모든 사람은 기어이 부를 거머쥐어야 한다. 로버트 루이스 스티븐슨이 말한 대로, "당신의 눈길이 닿는 모든 것에서, 당신 삶의 지평을 관찰할 수 있는 것"이다.

간신히 하루 벌어먹고 사는 남자의 아이를 낳아 기르는 것은 양식 있는 여성이 취할 최후의 선택이다.

돈이 궁한 여자들은 가난한 연인을 결코 열정 어린 눈빛으로 바라보지 않는다. 그런 건 통속적인 연애소설에서나 있을 법한 일이다. 논리적 사고능력이 모자람에도 불구하고, 여자들은 노예의 종족에게 용

---

322) Thomas Carlyle(1795~1881)의 《사르토르 레사르투스(Sartor Resartus, '다시 재단된 재단사' 일명 '衣裳哲學')》 제5장의 한 대목.

기가 부족하다는 것을 본능적으로 이해하고 있다. 남자가 (어떻게 번 것인지는 차치하고) 돈이 있으면 가장 사랑스러운 여자들 중에서 제 맘대로 상대를 고를 수 있다. 그렇다, 원하기만 한다면 여자들을 화차(貨車) 한 대 분량이라도 살 수가 있는 것이다. 정숙과 세련으로 포장된 겉모습 뒤로, 여자들이란 지위고하를 막론하고 여전히 거래 가능한 상품이다. 공급이 수요를 초과하는 순간, 그들은 곧바로 첩이자, 창녀, 노예로 돌변한다. 그중 적은 수의 여자들이 설사 상대를 선택할 만한 영향력을 갖추고 있다 해도, 대다수 적정한 자격을 갖춘 남자들에게 그만큼 많은 수의 적정한 자격을 갖춘 여자들이 존재하는 한, 여자 자체의 시장가치는 위축된다. 남자를 선택하기보다는 남자에게 선택받아야 할 처지가 될 수밖에 없는 것이다. 다윈의 설명을 들어보자. "성적 투쟁은 다음 두 종류로 나뉜다. 하나는 동성 간에 벌어지는데, 보통은 수컷들 사이의 분쟁이다. 이는 수동적으로 처신하는 암컷을 놓고, 경쟁상대인 다른 수컷을 내쫓거나 죽여버리기 위한 싸움이다. 다른 하나는 마찬가지로 동성 간에 벌어지지만, 이번에는 암컷들 사이의 분쟁이다. 이 경우, 암컷들은 더 이상 수동적이지 않고, 보다 나은 배우자를 고르기 위해 자기들끼리 경쟁한다."(《인간의 유래(Descent of Man)》 참조).

상식적이고 자연스러운 사회에서는 가장 정력적인 수컷들이 권력과 재산을 차지하게 되어있다. 그 결과 (성적 매력에 이끌리는 본능에 따라) 그들은 또한 가장 양호하고 아름다운 암컷들마저 차지하고 임신시킨다. 난자를 가진 나머지 암컷들은 그보다 정력적이지 못한 다른 수컷들의 몫으로 남겨두고 말이다. 하지만 반자연적인 사회체제 (이를테면 현재 우리가 주저앉은 이 끔찍스러운 사회주의적 체제) 내에서는 병약한 겁쟁이, 반(半)정신병자들이 재산권을 행사할 수 있게 되어있다. 본격적으로 자격을 물을 경우, 한 놈도 버텨내지 못할 것이 분명한데도 말이다. 다름 아닌 '법'이라는 것이 부적격자를 보호하고 있는 거다. 그러다 보니, 허약하기 짝이 없는 놈들까지 부유함을 내세워 최고의 암컷을 고르고 점유하는 데 기득권을 행사한다. 결과적으로 그 부자연스러운 결합에서 평균에도 못 미치는 씨앗이 생겨나는데, 이는 종족 차원에서 보아 수치와 재앙의 가능성이 더 불어나는 셈이다. 그 옛날 플루타르크는 이렇게 썼다. "타락하여 부덕한 남자들의 자식은 부모의 바로 그 성향을 그대로 재현하는 법이다."

이 나라는 천치나 다름없는 천박한 종자들(자궁에서부터 오염된 페인들)로 우글거리고 있다. 우리 가운데 그들이 버젓이 활보하고 있다는 사실은 진정으로 위대하고 고결한 모든 것에 대한 실질적 위협이다. 유약하고 어리벙벙한 지진아들을 먹이고 키우는 것으로는 국가의 품격이 향상되지 않는다. 어째서 (부유하든 가난하든) 천박하고 병든 동물들로 하여금 유약하고 무기력하며 퇴화한 씨앗들을 낳아 이 호사스러운 세상에 득실거리게 놔두는가? 자연은 단호하고 날카로운 칼날로 그들을 모조리 베어내기를 요구하는데 말이다!

헤이크래프트 박사는 사회가 사회주의적 관점에서 부적격자를 격리해야 한다고 주장한다. 그러나 누가 적격자이고 부적격자인지를 만족스럽게 판단할 정확하고 절대적인 기준을 사회가 제공하지 못하는 한, 그런 주장은 의미가 없다. 그런데 자연은 이미 그 기준을 제시한 상태다. 그것은 경쟁적 이해관계 안에서 벌이는 끝없는 투쟁 그 자체다. 최후의 승자에게 돌아갈 상은 돈과 권력과 여자. 독점적인 기득권들을 재분배할 수 있는 가장 확실하고, 공정하며, 과학적인 방법은 무제한적 투쟁이다.

최고(最高)가 흥하는 세상을 만들자! 그것이 바로 과학의 논리, 사실의 논리, 자연의 논리가 아닐까? 왜 앵글로색슨 족속은 썩어빠진 돈버러지들이 자꾸 새끼를 치게 놔두는가? 빈둥거리는 프롤레타리아가 떼거리로 우글거리는 걸 어째서 방치하는가? 찰스 다윈은 이렇게 썼다. "형편없는 종자의 새끼를 치고 싶어 할 만큼 멍청한 사람은 없다. 미개인들조차 기르던 동물들 중 어떤 녀석을 죽여야만 할 경우, 그중 가장 부실한 놈을 없애고 양호한 놈을 보존한다."

8

적자(適者)란 훔친 재산을 단순히 물려받거나, 평화적인 수단으로 슬그머니 소유하게 된 사람이 아니다. 적자란 차지하겠다는 분명한 의도를 공개적으로 드러내면서 스스로 주인이 된 자다. 쓸데없이 존중되고 있는 금기만 아니라면, 무능력한 소유자들은 단번에 제거되고 보다 우수한 자들에게 기회가 부여될 것이다.

이들이 당당하게 능력을 증명하는 한, 그렇게 자리잡은 소유권이 파기되거나 축소되는 일은 없다. 그러나 실패할 경우는, 당연히 더 나은 존재일 것이 분명한 승자가 새로운 기득권의 주인임을 입증하는 셈이다. "최고가 흥하는 세상을 만들자"라는 말은 대중적이면서 과학적이고, 많은 의미를 함축한 구호다. 최고의 능력을 가진 사람이 지배하는 세상은 이론과 현실이 모두 요구하는 것이다. 그런 사람의 정신과 육체는 자연 속 유기체의 바람직한 상태에 정확히 부합한다. 우월한 힘은 우주의 법칙이 미치는 한계의 '공소시효'다.

선험적인 '정의(正義)'란 교황이나 목사가 말하는 도덕적 금기, 신, 유령과 마찬가지로 비(非)실재적인 것이다. 그런 뜻에서 경찰들이 들고 다니는 곤봉은 (물체와 운동의 역학적 필연성에 적극 부응함으로써) 신적 질서의 중요한 요소다. 하긴 대체로 곤봉이라는 게 다 그렇다. 인간은 서로를 끝없는 혈투로 끌어들여야 한다. 속임수엔 속임수로 대처하고, 죽기 살기엔 죽기 살기로 맞서, 서로가 서로를 끝장내기 위해 분투해야만 한다.

만약 법적 제재나 다른 악마적 장치가 완전히 무시된다면, 그땐 가장 강하고 대담한 자(그리하여 똑똑한 자)가 짝짓기 최적의 규수를 수태시켜, 자신의 바람직하고 우월한 형질을 직계(直系)로 물려주는 데 주저할 이유가 없을 것이다. 같은 원리로, 차선(次善)의 수컷들 역시 차선의 암컷들과 짝을 맺을 수밖에 없다. 이런 현상이 격세유전으로 누적되는 과정을 통해 노예근성과 미신습성, 과잉발달한 잔머리의 씨는 점차적으로 가라앉고, 지워지고, 제거될 것이다.

미덕의 유전형질은 끊임없이 활용됨으로써만 유지될 수 있는 거다. 개인 간, 집단 간 무자비한 경쟁의 생물학적 필연성 또한 그렇게 해서 유지된다. 몸의 장기와 근육이 그런 것처럼, 인간의 자질은 꾸준히 활용되면서 진화하고, 활용되지 않으면서 퇴화한다. 역사상 인류라는 테두리 안에서 '엘리트'만을 따로 부각시킨 정신적 육체적 장점들은 거의 다 인간들끼리 싸우면서 빚어진 자질들이었다.

인종적 부패현상은 (이는 신성한 공수병과 국가가 보장하는 잡종교배의 합작품인데)[323] 인간의 번식과정에서 자연선택의 원리와 함께 인위적인 배제원칙이 얼마나 치밀하게 작동하느냐에 따라 척결될 수 있다. 특히 후자는 목숨을 건 싸움에서 그 가장 극단적인 작동방식을 확인할 수 있다. 전쟁은 인종과 성(性)의 진화에 가장 중요한 과정이다.

공포에 질린 겁쟁이 한 명이 전투의 패배를 불러올 수 있고, 한 차례 전투의 패배가 일정기간(어쩌면 영구적으로) 한 종족의 운명을 결정할 수도 있다. 그렇기 때문에 뛰어난 전사, 전사의 심장을 가진 수컷을 번식시킬 필요가 있는 것이다. 그렇기 때문에 수컷은 어린 시절부터 어떤 경우에도 상대를 격파하고 제압할 수 있도록 단련시켜야 하는 것이다. 제아무리 재주를 피우고 용을 써도, "수도원 암양의 젖으로 자란 순해빠진 양떼"에게서 자유인이자 전사의 종족을 빚어낼 수는 없는 노릇이다.

유럽역사에서 놀라운 역할을 수행한 튜턴족의 눈부신 자질은, 예컨대 '강철팔' 윌리엄, 로베르 기스카르, 로제 등, 오트빌 가문의 용맹

---

323) 종교적 광신주의와 인종간 혼인을 의미한다.

한 아들들[324]과 그 자손들에게서 고스란히 확인된다. 그들은 모두 치열한 전투에서 승리해, 이탈리아 남부의 풀리아와 시칠리아에 각자의 왕국들을 일구었다. 그들은 우람한 팔다리와 튼튼한 심장, 집요한 의지를 가진 혈기왕성한 종족이었다. 항상 육체적 에너지가 차고 넘쳤으며, 즐겨 술을 마시고 사냥을 했다. 다들 떡 벌어진 당당한 어깨에 금발머리, 푸른 눈동자의 소유자들이었다. 안나 콤네네[325]는 로베르 기스카르의 아들인 타렌툼 공(公) 보에몽을 "푸른 눈에 주황빛이 감도는 볼… 가장 큰 사람보다 1큐빗 더 큰 사나이"[326]로 묘사했다.

9

남의 밑에서 매인 몸으로 일하는 노동은 사람을 좀먹어들고, 타락시키며, 퇴행하게 만드는 악마적 병폐다. 돈에 팔려 땀흘리는 이마, 주인의 짐을 드느라 굽어진 허리의 저주스러움이여! 울퉁불퉁 굳은 살 박힌 손은 울퉁불퉁 굳은 살 박힌 마음을 대변할 뿐. "굴종의 미덕"

---

324) 모두 오트빌의 탕크레드(980~1041)로 알려진 노르만 귀족의 아들들이다. '강철팔' 윌리엄(1010~1046)은 사라센족에 대항해 비잔티움 제국의 용병으로 싸우면서 '강철팔'이란 별명을 얻은 풍운아. 로베르 기스카르(1015~1085)는 남부 이탈리아의 시칠리아에서 무훈을 떨친 노르만 정복자. 로제(1031~1101) 역시 사라센 치하의 시칠리아를 정복했으며, 오트빌 가문을 빛낸 열두 아들 중 막내다.

325) Anna Komnene(1083~1151). 비잔티움 제국의 황녀이자 역사가. 역사서《알렉시아드》를 남겼다.

326) 영국의 문헌학자이자 지명(地名) 전문가인 아이작 테일러(Isaac Taylor, 1829~1901)가 쓴《아리안 인종의 기원》중에서.

이라니, 무슨 정신 나간 헛소리인가?

'십장(什長)'의 배부름을 위해 몸과 마음을 혹사하는 남자에게는 어딘지 모자란 티가 나기 마련인데, 여자들은 그런 눈치가 엄청 빠르다. 여자들은 "하인이나 주인이나 다 같은 인간이다"라는 개똥철학엔 절대로 속지 않는다. 인디언 여자들은 머리 가죽을 단 하나도 챙기지 못한 '전사'는 거들떠보지도 않는다. 백인 여자들 또한 더러운 잡견(雜犬) 마냥 하루 벌어 하루 먹고살면서 '허우대만 멀쩡한' 남자에겐 매력을 못 느낀다.

남자가 대담하고 저돌적일수록 모든 계층의 더 많은 여자들이 열광하는 게 사실이며, 그 역도 마찬가지다. 그러니 미녀가 수태하기까지 들었다 놨다 하는 만유인력의 모든 조화가 오로지 강자에 의해 주도될 밖에. 태양 아래 미녀와 용자의 결합만큼 찬란한 것이 또 무엇이랴!

흙 묻은 손은 (그 흙이 남의 일을 해주다 묻었다면) 흙 묻은 '자존심'을 의미한다. 자존심에 "흙 묻은" 남자는 그냥 '열등한' 생물체일 뿐이다. 자기 자신을 위한 노동은 괜찮다. 그러나 남을 위한 노동은 사람의 몸과 정신을 심각하게 훼손하고, 저하시킨다.

유사 이래 패배자 그룹은 농노, 머슴, 무산계급 등으로 불리며 일만 죽어라 하는 계층이었다. 반대로 그들을 부리는 정복자 그룹은 항상 사제나 장군, 공사감독, 관리를 양산해왔다. 이는 테바이, 트로이아, 바빌론, 페르시아, 카르타고, 로마에서 진리였듯 오늘날 미국에서 진리다.

"태초의 안락(安樂)과 무구(無垢)에서 추락하여,

(내게 오직 즐거움으로 펼쳐졌던 낙원의 들판이여!)

농군은 일을 하네. 이마에 맺힌 땀방울,

밭고랑 파헤치는 쟁기 적시고.

가난 벗어나려 애써, 운명 피하려 악써,

전락한 이 내 신세 욕하고 자빡 치고,

머슴살이, 노예살이, 온갖 액운 피하려,

새 이름 바꿔 다니, 저주만 따라붙네.

꿈쩍도 않는 재앙.

다소곳이 말 바꿔, 하늘을 속일지언정,

지독한 이 팔자 바꾸지 못하리." [327]

고대의 노예와 현대의 '교육받은' 품꾼의 현저한 차이점이라면 단 하나, 후자가 완전히 '또라이'라는 점이다. 고대의 노예는 힘으로 억눌려 구속된 자신의 처지를 똑똑히 알고 있었다. 그런데 현대판 노예들은, 워낙 타고나길 타락해서 그런지, 전혀 그걸 모른다. 실제로 잉글랜드와 아메리카의 자유노동자들은 입센의 '주인공' 모습을 빼박았다. [328] 그는 자신이 (고갯짓 한 번으로 제국의 운명을 좌우할 만큼) 막강한

---

327) 윌리엄 J. 그레이슨의 〈품꾼과 노예〉 중에서.(원주)

권력의 군주인 것처럼 착각하는데, 마침내 카이로의 정신병원에 수감되어 머리에 지푸라기 관을 쓰는 처지가 되고 만다. ('그의 이마는 정직한 땀으로 젖었네'가 정신병원에서 부르는 국가다.)

어떤 각도로 살펴보아도, 오늘날 돈에 매여 일하는 일반적인 품꾼은 수치를 모르는 가련한 존재다. 식용 닭을 싸움닭이라 부를 수 없듯, 그는 '진정한 남자' 축에 들 수 없다. 계속되는 단순노동은 그의 신체를 경직시키고, 손과 두뇌를 굳게 하며, 사실상 바보로 만든다. 여자들조차 (아무리 너그러운 마음씨를 지녔어도) 그런 남자는 하찮은 물건 보듯 한다. 어떤 대단한 생각도 행동도 못할 뿐더러, 가정을 꾸리기도 벅찬 무능한 존재로 보아 넘긴다. 품꾼들은 거의 언제나 극빈자로 전락할 처지에 있다. 관리자 앞에서 울고, 빌고, 하소연하기 일쑤다. "오, 제발 나무라지 말아주세요! 앞으로 잘 할게요! 규칙도 잘 지키고, 교회도 꼬박꼬박 나간답니다! 그러니 잘 봐주세요!" 자본가이든, 왕이든, 대통령이든 이런 비굴한 자들을 배려할 리 없으며, 여자들 역시 마찬가지다. 무슨 일에 종사하든, 전체 작업의 규모가 커질수록 이런 품꾼 수준의 노동자는 원자재나 비품의 일부로 치부되기 십상이다. 성관계로 말하자면 그들은 매우 아쉬운 입장일 수밖에 없으며, 자기들과 비슷한 처지의 열등한 여성과 맺어지기 마련이다.

세상 어떤 여자가 중노동에 시달리는 정신 나간 무산계급의 씨를 낳아 키우고 싶을까? '노동'이라는 개념 자체가 속박과 굴종을 연상시

328) 헨리크 입센의 운문희곡 〈페어귄트〉를 말한다.

311

킨다. 굽은 등에 존엄함이라고는 없다. 땀 맺힌 이마에 영광이, 기름 때 묻은 작업복에 명예가 깃들 리 없는 것이다. 곡괭이와 삽, 굳은 살 박힌 손은 즐거운 인생과 아무런 관계가 없다. 노동의 존엄성이라니! 지옥에나 처바를 존엄성이다!

손에 굳은 살 박혔는데 무슨 위엄이 있나?
무릎 꿇었는데 무슨 자유가 있나?
무덤이 초라한데 무슨 당당함이 있나?
가진 것 없는데 무슨 대범함이 있나?

오, 그대, 그리스도를 따르는 자들아! 속아 넘어간 바보들아! 정신 나간 약골들아! 바싹 타버린 유골들아! 그대, 축복 받은 양떼야! 언젠가! 언젠가! 그대들, 사자 밥으로 던져지리니! 보라! 나는 그대들의 우상에, 그대들의 견해에 침을 뱉는다! 이제 내가 그대들 영혼의 숭숭 뚫린 구멍으로 지옥의 쇳물을 부어넣으리라.

"오, 비참한 정신아! 오, 몽매한 마음아! 어떤 어둠, 어떤 위험 속에서 우리네 이 짧은 인생 다하는지를 보지 못하다니. 어스름 속에 상상한 것들로 아이가 무서워하듯, 우리는 밝은 대낮에 그림자만도 못한 것들을 두려워하여, 그것들이 실재한다고 상상하는 것을." [329]

---

329) 그리스 철학자 티투스 루크레티우스 카루스(Titus Lucretius Carus, BC 96?~55)의 〈만물의 본성에 관하여(De Reum Natura)〉 제2권 중 한 대목. 저자는 유물론적 세계관을 펼친 그의 철학에서 많은 영감을 얻었다.

제 1 권 끝

PS – 제 2 권은, 상황이 무르익으면, 그때 가서 선보이겠음.

★ ★ ★

이 시대의 논리[330]

"열등한 유기체는 굴복하여 멸하거나 길들여진다.
우월한 유기체는 살아남아 번식하고 소유한다."
−다윈

"모든 인간은 평등하게 창조되었다"
라는 말은 지독한 거짓이다.

"오늘날 중대한 문제들은
연설이나 다수표결이 아닌,
철(鐵)과 피로써만 결정될 수 있다."
−비스마르크

---

330) 이하 '이 시대의 논리' '지고의 법' 'PAX VOBISCUM'은 1890년 오리지널 판에는 없고 1903년, 1910년, 1927년 판에 추가된 것이다.

힘이 정의였노라,

로마의 돌들 위로 카이사르가 피를 쏟았을 때.

힘이 정의였노라,

요르단의 바다 너머로 여호수아가 무리를 이끌었을 때.

힘이 정의였노라,

방탕한 파리로 독일군대가 쳐들어왔을 때.

그것은 고대의 복음,

이 시대의 논리.

모든 왕과 대통령,

온갖 정부와 법 뒤엔

군대와 대포가 포진하여

세상 겁박하나니,

칼로 흥하는 종족이 땅을 차지하고

승자(勝者)의 전차를 몰 수 있으리라.

전쟁을 통하지 아니하고서는

자유를 얻지 못하리라.

황금노다지의 주인이 누구더냐?

침묵하는 셈족 일당들?

약탈자들이 과연 누구더냐?

교황, 목사, 제왕?

대담하게 주인행세 해가며
싸움과 난동에 최적화된 자들,
이 시대의 논리를 꿰차
그걸로 승리 거머쥐는 자들 아니더냐!

카인의 투박한 몽둥이는 여전히 왕홀(王笏)이요,
'인권(人權)'은 사기로다.
그리스도 윤리는 비굴한 종자를 위한 것.
진정한 남자다움은 신을 비웃는 법.
철과 불의 회오리 속에 제국이 몰락하니
힘이 정의로다.
약골들이 쫓기고 피 흘리니
힘이 곧 정의로다.

하여, 만인(萬人)이 골고루 나누자는
꿈을 꾼들 무슨 소용인가?
기약 없는 땀과 눈물이 전부인
노예들의 힘없는 바람일 뿐.
턱도 없지, 그 짓무른 뇌수(腦髓)와
그 썩어빠진 골수(骨髓)로는.
어림없지, 철(鐵)의 승부에 운명을 거는 것이
이 시대의 논리인 것을.

강자가 약자를 영원토록 지배함은
궁극의 지엄한 법.
지구라는 드넓은 인종 타작마당에서
쭉정이는 가차 없이 털리는 법.
가라, 적의 모가지를 꺾고 권좌에 올라,
가로막는 그 무엇도 용납하지 말라.
그대가 적자(適者)라면, 그대가 지배하고 군림할 터.
그것이 바로 이 시대의 논리.

오로지 권력과 명성과 힘을 경주하여
그대의 당위(當爲)를 입증해야 할 터.
필요하다면, 적을 쓰러뜨리기 위해
지옥의 불길이라도 뒤집어써야 하리.
필요하다면, 잿빛 새벽안개를 벗 삼아
교수대에서 죽어갈 수도 있으리.
'자유 아니면 죽음'
그것이야말로 이 시대의 논리이기에.

힘이 정의였노라,
기드온[331]이 정예병을 이끌었을 때.

---

331) 〈구약〉 사사기 7~8장.

힘이 정의였노라,

티투스가 저들의 황금성전 허물었을 때.

벙커 힐[332]에서 마닐라 베이[333]까지,

땅이면 땅, 물이면 물에, 피로 새겨지도다,

이 시대의 복음,

힘이 곧 정의였노라고.

옛말 틀린 것 하나 없으니,

"군주를 믿지 말지어다."

이를 새롭게 옮긴 말 있으니,

"정부에 희망을 두지 말지어다."

모든 법전(法典)과 '황금률'은

애먼 놈 등쳐먹으려고 만든 것.

이 시대의 복음은

"강한 자가 살아남는다."

힘이 정의였노라,

카르타고의 횃불이 포에니 바다를 환히 밝혔을 때,

갈리아의 칼날이

332) 미국 보스턴 교외의 언덕. 독립전쟁 당시의 치열한 전장.

333) 1898년 미국 에스파냐 전쟁의 전승지.

로마를 겨누었을 때.

과연 힘은 정의였노라,

리치먼드[334]가 함락되고 테르모필레[335]가 뚫렸을 때.

그것이야말로 고대세계의 논리,

이 시대의 복음.

회전하는 지구를 둘러싸고

무수한 별들 명멸하여도,

고삐 움켜쥐고 삶과 죽음 헤쳐 나가는 것은

오로지 힘, 힘 뿐.

모든 유기적 생명을 다스리는 것도 힘.

옳고 그름을 일깨워주는 것도 힘.

하여, 인간을 솎아내 누가 강한 지를 시험하는 것이

자연의 계획이라네.

지고(至高)의 법

샌디 후크(Sandy Hook)에서 런던탑에 이르도록, 야파(Jaffa)에서 일

---

334) 남북전쟁 당시 남부연합 수도.

335) 페르시아와 그리스 연합군의 두 번째 대전에서 스파르타 정예군의 전멸을 가져온 방어선.

본에 이르도록, 힘 있는 자는 **빼앗을** 수 있으니 지킬 수 있는 자 지켜보거라. 이것이야말로 천국과 지옥을 통틀어 '너와 나의 모든 것'을 다스리는 가장 거룩하고 드높은 법, 신성하고 막강한 법이다. 그것은 태양과 별의 법, 교황과 제왕, 대통령의 법이다. 그것은 감옥에 갇힌 죄수의 법, 교수대와 올가미의 법이다. 그것은 변호사와 검사의 법, 양털 깎는 자와 양의 법, 창공을 맴돌며 자유(自由)하는 독수리의 법. 그것은 대양을 순항하는 대형전함의 법. 그것은 보증(保證)의 법, 저당(抵當)의 법, 이익과 손실의 법. 그것은 옥좌를 **빼앗은** 자의 법. 십자가에 매달린 우상의 법. 그것은 고트족의 법, 훈족의 법. 폭군과 그 먹잇감의 법. 불과 칼, 몽둥이와 총의 법. 오호라, 우리가 꼬박꼬박 내는 세금의 법! 그것은 모든 지역, 모든 풍토의 법, 만물이 따라야 할 법. 너와 내가 유념해야 할 모든 어마어마하고 대담무쌍한 시대의 법이기도 하다. 샌디 후크에서 런던탑에 이르기까지, 그린란드에서 일본에 이르기까지, 힘 있는 자는 **빼앗으려** 할 테니 지킬 수 있는 자 지켜보거라.

PAX VOBISCUM(평화가 그대들과 함께.)

그대의 창고를 전리품으로 가득 채워라,
그러고 나서 명하라, 시간이여 멈추라고.
이제 벨사차르의 송가를 소리 높여 부르니,
"오, 바알 신이여, 평화를 정착시키소서!"

1890년에 나왔던 괴문서(怪文書)를
2015년에 해독(解讀·解毒)하기

래그나 레드비어드의 《힘이 정의다》는 마치 진도 나가지 않는 수업처럼, 지은이의 주장과 요지가 그칠 줄 모르고 반복된다. 이 책의 골자는 '문명과 발전', '정부(政府)와 법', '종교와 학습', '진보와 문화', '교육과 계몽' 일체에 의문을 제기하면서, 그 모두를 부정하는 것이다. 서구 문명 전반에 대한 이런 과격한 부정 때문에 지은이는 가명으로 책을 낸 니체로 오해되기도 했다.

지은이가 극렬하게 부정하고 있는 것 가운데는 기독교도 있고 자유·평등·우애와 같은 프랑스 대혁명의 유산도 있는데, 특히 독자의 관심을 끄는 것은 서구의 가장 뛰어난 정치 제도적 발명품인 민주주의를 부정하는 것이다.

사회주의, 기독교신앙, 민주주의, 평등주의는 사실상 비천한 태생의 잡종무리가 처량하게 울부짖는 절규에 지나지 않는다. 이들은 국가의 적극적인 개입, 그러니까 "고통 받는 인간에 대한 보호책"을 소리 높여 하소연하고 있다. 그들에게 국가란 지고의 우상이자, 주인이고, 신이며, 지체 높으신 어른, 글자그대로 모든 것이다. 가엾어라, 속고 사는 데 이력이 난, 천박한 '잡초들'. 실제로 '신의 저주'가 그들의 골수 깊숙이, 그들의 죽어가는 심장박동에 속속들이 사무쳐있다.

정치꾼이 우리를 잘 살게 해주기를 바라고, 늠름한 군대가 우리를 보호해주기를, 우상을 모시는 사제가 우리의 구원을 책임져줄 것을 기대하면서, 국가제도를 통해 우리의 안정을 갈구하는 자는 누구나 가련하고, 비굴하며, 남자답지 못한 머저리다. (124~125쪽)

성귀수 씨가 쓴 '옮긴이 해설'을 보면 이 책이 타자본 형태로 독자에게 처음 읽혔던 때는 1890년부터다. 하므로 지은이에게 어떤 혜안이 있다고 한다면, 민주주의가 오늘처럼 완전히 타락하기도 전에 민주주의의 타락을 미리 예견했던 것에 있다. 물론 그보다 앞선 사례로 장 자크 루소가 있기는 하다. 그는 1762년에 출간한 《사회계약론》(펭귄클래식 코리아, 2010)에 이렇게 썼다. "영국 인민은 자신들이 자유롭다고 생각한다. 하지만 그들은 크게 잘못 생각하고 있다. 그들은 의회의 의원 선출 기간에만 자유로울 뿐이다. 의원을 선출하자마자 그들은 곧 노예가 되며, 별 것 아닌 존재가 되어버린다."(135쪽)

루소보다는 늦기는 하지만, 래그나 레드비어드도 민주주의가 "투표함 속 수천만 표보다 선견지명과 물리적 과단성을 갖춘 말없는 실세(實勢) 열 명에 의해 좌우"(37쪽)된다는 것을 일찌감치 알았던 편이다. 그의 예견대로 오늘날 민주주의가 가장 발달했다는 미국을 보면, 민주주의의 타락상은 더 이상 의심할 바 없어 보인다. 최근에 볼 수 있었던 신문 기사 하나를 인용하겠다.

내년도 미국 대선을 앞두고 후보들이 모금한 선거자금의 절반가량을 400개도 채 안 되는 가문이 기부한 것으로 드러났다. 미국 선거의 고질적인 문제점으로 지적되는 '부자들의 잔치' 현상이 갈수록 심해지는 것 아니냐는 비판이 나온다.

〈뉴욕 타임스〉는 1일(현지시각) 미국 연방 선거관리위원회와 국세청 자료를 분석한 결과, 선거자금 모금 경쟁 탓에 대선 후보들이 점점 더 소수의 최고 부자들에게 의존하고 있다며 "현대 시대에 이는 전례 없는 일"이라고 보도했다. 선거 자금 모금 창구가 '슈퍼 부자'로 집중되는 현상은 후보들의 외곽 지원 조직인 이른바 '슈퍼팩'(정치활동위원회) 탓이라고 신문은 지적했다. 미국 대법원은 지난해 슈퍼팩에 대한 개인의 선거자금 기부 제한을 폐지했으며, 2010년에는 슈퍼팩의 선거자금 지출을 무제한 허용해 과열 모금 경쟁의 길을 터줬다는 비판을 받고 있다. […]

신문은 "정치 분야에서 '빅 머니'에 대한 의존도가 심화되는 것은 미국의 부가 갈수록 집중되고 있는 현상을 반영하는 것"이라며 "미국 대법원의 잇단 판결로 (선거에 대한) 부자들의 영향력이 강화되고 있다."고 비판했다. 지미 카터 전 대통령도 지난 31일 한 독립 라디오방송에 출연해 "무제한의 정치적 뇌물이 대선 지명전이나 대선의 본질"이라며 미국에선 더 이상 민주주의가 작동하지 않고 있다고 개탄했다.

– 이용인 워싱턴 특파원, 「미국 대선은 '슈퍼 부자'들이 지배한다」, 〈한겨레〉, 2015. 8. 3.

인용된 기사를 보면 국가란 "물리적 과단성을 갖춘 말없는 실세 열 명에 의해 좌우"된다는 래그나 레드비어드의 주장이 조금도 틀리지 않다. 여기서 그와 마르크스·엥겔스는 서로 만난다. 1848년에 인쇄된 《공산당 선언》(펭귄클래식 코리아, 2010)에서 마르크스·엥겔스는 이렇게 말하지 않았던가? "현대 국가의 집행부는 부르주아지 전체의 공동 업무를 관장하는 위원회에 불과하다."(231쪽) 선거에 의해 선출된 정부란 부자들, 그것도 한 줌의 '슈퍼 부자(super rich)'들의 위원회에 불과하다. 바로 이런 이유로 래그나 레드비어드는 민주주의에 매달리는 사람을 "가련하고, 비굴하며, 남자답지 못한 머저리"라고 비난한다.

그렇다면, "나는 전부 다 부정한다!"(23쪽)는 그가 오로지 긍정하는 것, 즉 부정의 해결책으로 제시하는 것은 어떤 것일까? 그것은 "오직 힘 있는 자만이 자유로울 수 있으며, 힘은 도덕과 무관한 것"(40쪽)임을 굳건히 믿으면서, 오직 강한 개인, 자유로운 개인, 용기 있는 개인이 되는 것이다.

자유인은 자유롭게 태어나고, 자유롭게 살아가며, 자유롭게 죽는다. 비록 인위적인 문명 속에 살고 있어도, 그의 위상은 모든 법과 제도, 옳고 그름에 관한 일체의 이론을 뛰어넘는다.(32쪽)

삶의 법칙은 쿠란, 성서, 십계명, 율법서를 들춰 찾을 수 있는 것이 아니다. 차라리 퇴행과 죽음의 법칙이라면 몰라도. 법(法)에서도 으뜸인 법은 히브리 자음들이나 청동과 돌의 서판(書板)이 아닌, 인간 개개인의 마음속에 새겨져 있다. 자기 내면의 결정을 따르기보다 옳고 그름에 대한 세상의 기준에 연연하는 자는 연자맷돌에 옭아매려고 호시탐탐 그를 노리는 적들의 수중에 떨어지고 만다. 그리고 가장 위험한 적은 이웃 가운데 있는 법이다.(35쪽)

인간은 그 무엇에도, 그 누구에게도 복종할 의무를 지지 않는다. 오로지 하인만이 복종한다. 겁쟁이로 태어나 자라고, 먹고살기 때문이다. 도덕은 부도덕한 집단, 이를테면 통제가 요구되는 집단에게나 필요한 것이다.(36쪽)

목에 칼을 들이대도 결코 목숨을 구걸하지 않는 용기. 뻣뻣하게 쳐든 머리를 절대 수그리지 않는, 거칠고 가차 없는 용기!
머뭇거리지 않고, 물러나지 않는 용기!
일체의 노예규칙, 일체의 옳고 그름, 일체의 선과 악을 고고한 경멸의 눈빛으로 내려다보는 용기!
극복하지 않으면 파멸하리라 내심 작정한 용기!

그런 용기가 지금 이 세상에는 턱없이 부족하다. 그런 용기야 말로 적자생존, 최강이 살아남는 과정에서 능동적으로 작용하는 요소다.(41쪽)

서문에서 뽑은 것만 해도 이 정도일 만큼, 국가·종교·도덕으로부터 완전한 자유를 쟁취하려는 지은이의 신념은 확고하다. 하지만 "오직 힘 있는 자만이 자유로울 수 있으며, 힘은 도덕과 무관한 것"이라는 새로운 긍정이 유일무이한 십계명이 되기 위해서는 필히 두 가지 조건 혹은 규약이 전제되어야 한다. 첫째, 이 책의 제목이기도 한 '힘이 정의다.' 둘째, 마거릿 대처 전 영국 총리의 말로 유명해진 '더 이상 사회는 없다.' 이 두 가지가 조건이나 규약이 되어버린 세계는 낯설지 않으며, 브라질과 한국의 특정 지역에 이미 당도해 있다.

언젠가 상파울로에 간 적이 있어. 그곳이야말로 진화가 극에 달한 곳이지. 그곳은 심지어 하나의 도시라기보다 빈민가, 사무실이 들어찬 거대한 빌딩들, 철저히 무장한 경비들에 둘러싸인 호화로운 저택들이 끝도 보이지 않게 들어선 일종의 도시 영토야. 인구가 이백만도 넘는데, 그중 많은 이들은 그 영토 바깥으로 한 번도 나가본 적이 없이 그곳에서 태어나 살고 죽지. 그곳 거리들은 아주 위험해서, 심지어 차를 타고 가도 빨간 신호등에 걸렸을 때 무장 강도를 만나거나 차를 탄 떼강도에 당하기 십상이야. 가장 무장이 잘된 놈들은 기관총이나 로켓포를 지니고 있어. 사업가들과 부자들은 이동할 때 오직 헬리콥터만 타고 다니지. 은행 건물 꼭대기나 주거 건물 옥상 등 착륙장은 어디에나 있어. 땅으로 난 길은 가난뱅이들 그리고 갱들에게나 맡겨진 거지.

– 미셸 우엘벡, 《플랫폼》, 열린책들, 2002, 205쪽.

도곡동 타워팰리스 같은 공간을 보면 출입 자체를 엄격히 통제합니다. 이른바 게이티드 커뮤니티(gated community)라고 부르는데, 미국에서 1990년대 등장했던 방식입니다. 부유층이 민간경비로 보안시설을 세우고 자기들만의 주거공간을 세워요. 어쩌면 새로운 봉건사회의 출현이라고 할 수 있습니다. 예전 봉건시대 영주들이 자기 성에서 자급자족하며 살았듯, 이제는 부르주아들이 하층민과 더 이상 어울려 살지 않겠다는 의지를 노골적으로 천명하는 것이죠. 미국 LA의 경우 다운타운에는 흑인들이나 빈민이 주로 모여 살고 부자들은 교외에 자기들만의 대저택을 가지고 있습니다. 다운타운과 연결되지 않는, 자기들 주거지역만 순환하는 순환도로를 만들기도 하죠. 부유층은 하층민을 볼 일도 없고 만날 일도 없습니다. 하층민이 부유층과 싸우려 해도 싸울 수 없는 상황이 되죠. 완전히 다른 세계에서 살게 되는 겁니다.

– 최철웅, '편리함 뒤에 숨은 감시의 그늘', 한홍수 외, 《감시사회》, 철수와영희, 2012, 77~78쪽.

120여 년 전에 나왔던 괴문서(怪文書)를 2015년에 해독(解讀·解毒)

하기의 괴로움은, 강력한 사회진화론의 자장 아래 작성된 이 책이 오늘의 세계와 너무나 잘 부응하기 때문이다. 《힘이 정의다》를 처음 손에 쥔 당대의 독자들은 종교(도덕)와 국가(법)라는 우상이 파괴되는 것에서 해방감을 느꼈을 것이다. 하지만 종교와 국가의 힘이 현저히 떨어진 지금, 이 책은 모든 것을 개인의 능력('힘이 정의다')과 책임('더 이상 사회는 없다')으로 환원하는 신자유주의 교설과 단단히 합체된다.

뿐 아니라, 이 책에 가득한 인종주의와 여성 혐오는 한국에서 악명 높은 어느 넷우익 사이트가 번성하는 이유를 설명해 주고도 남는다. 지은이는 개개인 모두에게 자신만의 능력을 자원으로 자유와 자립을 행사하라고 부추긴다. 하지만 무한하게 자유로운 개인이 환상일 때, 환상은 깨어진 환상을 무마해 줄 또 다른 환상을 요청하게 된다. 그럴 때, 무한 능력주의 세계에서 도태된 사람이 자신의 실패를 누군가의 탓으로 전가하면서 '나는 강하고 정의롭다'는 오도된 확신을 얻을 수 있는 손쉬운 방법이 있으니, 그것이 바로 인종주의이며

"모든 인간은 동등하게 창조되었다"라고 엄숙하게 선언하는 것은 모든 개와 소, 원숭이, 나무는 동등하게 창조되었다고 선언하는 것만큼이나 어리석고 비과학적이다.(123쪽)

여성 혐오다.

여자란 남성성의 결핍을 보충하기 위해 성적으로 어필하도록

만들어졌다. 그런 그들의 결핍을 채워주고, 그중 가장 나은 표본을 골라 자신의 씨를 퍼뜨리는 것이 남자의 책무다. 여자들은 자기통제력과 논리적 일처리 능력이 부족하다는 것을 잘 이해하고 있다. 그들은 책임과는 거리가 먼 존재이며, 세상과 관련된 일에는 아이 수준의 식견을 가지고 있을 뿐이다. […] 여성과 노예는 자기관리 능력이 부족할 수밖에 없으며, 남성 동반자의 도움 없이 '세상일'을 헤쳐 나가는 데 어려움을 겪기 마련이다. 자연은 여자를 남자와 동등하게 만든 것이 아니라, 남자로 하여금 사랑 받고 보호받게 만들었다.(281쪽)

이런 온갖 사례는 이 책의 질긴 생명력을 보장하는 것처럼 보이며, 부인하기 어려운 진정성마저 간직하고 있는 듯이 보인다. 이 책의 어둡고 질긴 생명력과 도착된 진정성을 어떻게 끝장낼 수 있을까? 신자유주의 시대가 도래하면서, 돈과 지배 엘리트가 결탁된 과두제에 무력한 민주주의를 비난하는 것은 전 세계적인 '지적 오락'이 되었다. 민주주의를 재장전(reload)하는 변혁이 없는 한, 민주주의를 씹으면서 재장전의 즐거움을 계속 누릴 승자는 《힘이 정의다》를 쓴 정체불명의 지은이다.

소설가 장정일